ALLES ODER NICHTS

Andreas Salcher
Johannes Huber

ALLES
ODER NICHTS

Der große Wurf der Päpste

ecoWIN

Leserhinweis:
Um die Lesbarkeit des Buches zu verbessern, wurde darauf verzichtet, neben der männlichen auch die weibliche Form anzuführen, die gedanklich selbstverständlich immer mit einzubeziehen ist.

FSC
www.fsc.org

MIX
Papier aus ver-
antwortungsvollen
Quellen
FSC® C012536

Das für dieses Buch verwendete FSC-zertifizierte Papier
EOS lieferte Salzer, St. Pölten.

© 2015 Ecowin Verlag bei Benevento Publishing,
eine Marke der Red Bull Media House GmbH, Wals bei Salzburg

Medieninhaber, Verleger und Herausgeber:
Red Bull Media House GmbH
Oberst-Lepperdinger-Straße 11–15
5071 Wals bei Salzburg, Österreich

Gesamtherstellung: Buch.Bücher Theiss, www.theiss.at
Printed in Austria
ISBN 978-3-7110-0083-5

1 2 3 4 5 6 7 8 / 18 17 16 15

*Gewidmet allen, die etwas wagen, scheitern,
niederfallen, zweifeln, wieder aufstehen und niemals aufhören,
für das zu kämpfen, woran sie glauben.*

Inhalt

Orientierung –
Worum es in diesem Buch geht

Die Sehnsucht der Menschen nach großen moralischen Autoritäten wird in Zukunft weiter wachsen. Nelson Mandela ist tot. Der Dalai Lama könnte mit hoher Wahrscheinlichkeit der letzte gewesen sein. Es bleibt der Papst. Eine Möglichkeit, vielleicht die einzige. Es wird sehr von den jeweiligen Persönlichkeiten der nächsten Päpste abhängen, wie sehr sie diese Chance nutzen können.

Dieses Buch erzählt die Geschichte der Welt bis in das Jahr 2035 aus der Perspektive von Papst Franziskus und seiner Nachfolger. Das entworfene Szenario für die nächsten 20 Jahre versteht sich als »Science Faction« – nicht »Science Fiction«. Es basiert auf 80 Gesprächen mit Insidern der Kirche, darunter einflussreichen Kurienkardinälen, Bischöfen, Äbten, Theologen, Jesuitenpatres von fünf Kontinenten, langjährigen Vatikanjournalisten ebenso wie einfachen Priestern und Ordensschwestern. Die meisten unserer Interviewpartner bestanden dabei auf der Zusicherung absoluter Vertraulichkeit. Sie sind daher nicht, wie sonst bei Sachbüchern üblich, im Quellenverzeichnis angeführt. Viele der wörtlichen Zitate von fiktiven Personen in diesem Buch stammen aber aus unseren vertraulichen Gesprächen mit Repräsentanten der Kirche und sind daher authentisch. Am Ende jedes Kapitels wird auf die realen Zusammenhänge und Fakten hingewiesen, um dem Leser die Orientierung zwischen Fiktion und Wahrheit zu ermöglichen.

Von Mark Twain stammt das berühmte Zitat, dass man sich vor Prognosen unbedingt hüten sollte, vor allem vor solchen, die die Zukunft betreffen. In seinem bedeutenden Buch »Megatrends« sagte John Naisbitt die großen Entwicklungen wie den Aufstieg Asiens oder »High Tech – High Touch« richtig voraus. Trotzdem konnte er im Jahr 1982 selbst mit seinen ausgefeilten Analysetechniken den Zusammenbruch des Kommunismus oder die Folgen von 9/11 nicht vorhersehen.

Manchem Leser werden die Veränderungen, die wir in unserem Zukunftsszenario beschreiben, als zu gewagt, ja unrealistisch erscheinen, vor allem für einen so kurzen Zeitraum. »Die katholische Kirche denkt in Jahrhunderten, nicht in Jahrzehnten«, hört man oft in Rom. Wir glauben das nicht, schon deshalb, weil die Kirche keine Jahrhunderte mehr Zeit hat, um im 21. Jahrhundert anzukommen. Die beschriebenen Veränderungskräfte werden sich wechselseitig beschleunigen, die Intelligenz und das Bewusstsein der Menschheit wachsen und die Probleme der Welt exponentiell zunehmen. An diesem kritischen Punkt wird die Menschheit entscheiden müssen: Untergang oder Einswerdung – alles oder nichts.

Heute schreiben wir das Jahr 2015, das Jahr 2035, in dem unser Szenario endet, scheint sehr nah, zu nah für radikale Veränderungen. Um zu erahnen, wie viel sich in den nächsten 20 Jahren verändern wird, kann es hilfreich sein, kurz in die Welt vor 20 Jahren zurückzukehren. Erinnern wir uns daran, wann wir das erste Mal eine E-Mail geschrieben haben? Bei 99 Prozent von uns wird das weniger als 20 Jahre her sein, weil im Jahr 1995 nur ein Prozent der Menschen über einen Internetanschluss verfügte. Haben wir vor 20 Jahren schon gegoogelt? Sicher nicht, denn Google wurde erst 1998 gegründet.

Das Internet ist ein typisches Beispiel für einen »Schwarzen Schwan«. Der Ausdruck stammt aus dem gleichnamigen Buch von Nassim Nicholas Taleb. Er bezeichnet damit ein Ereignis, das extrem unwahrscheinlich ist, völlig überraschend eintritt und sich im Nachhinein einfach erklären lässt. Wir gehen davon aus, dass die Entwicklung der Kirche und der Welt in den nächsten 20 Jahren massiv von »Schwarzen Schwänen«, also der Macht höchst unwahrscheinlicher Ereignisse beeinflusst werden wird. Die im Buch vorhergesagten »Schwarzen Schwäne« sind als Beispiele für unerwartete Ereignisse zu verstehen, die unsere Erwartungen an die Zukunft völlig über den Haufen werfen könnten.

Wir möchten zu Beginn einige Ausgangsthesen offenlegen:

> Der Veränderungsprozess in Richtung einer lebendigen Kirche, den Franziskus eingeleitet hat, ist unabhängig von seiner Person und seiner möglichen Nachfolger unumkehrbar.

> Das ständige Wachstum des menschlichen Gehirns und Bewusstseins ist ein Faktum. Die Ausdehnung des Kosmos ebenso. Wir folgen den Spuren eines genialen Jesuiten, der vor 60 Jahren erahnt hat, dass es einen Zusammenhang zwischen diesen Tatsachen gibt. Sein faszinierender Versuch einer Synthese von wissenschaftlicher Erkenntnis und Spiritualität ist das Fundament, auf dem wir aufbauen.

> Wir glauben, dass der rationale moderne Mensch sich darauf einlassen kann, dass es Dinge gibt, die er mit seinem Verstand nicht erfassen, von denen er sich aber berühren, überraschen und überwältigen lassen kann.

> Unsere Welt wird in den nächsten 20 Jahren nicht von der Auseinandersetzung zwischen dem Islam und dem Christentum, sondern vom Krieg »Fundamentalismus gegen Aufklärung« geprägt sein. Dieser Krieg findet innerhalb und zwischen den Religionen statt und beherrscht auch die politische Auseinandersetzung.

> Im besten Fall schafft die Kirche in den nächsten 20 Jahren den Schritt zu einem universellen Verständnis von Gott und Kosmos, von dem sich dann die in ihrem Bewusstsein erweiterten Menschen wieder mehr angesprochen fühlen.

> Die Kirche wird in 20 Jahren weiblicher, jesuitischer und spiritueller sein – oder sie wird nicht mehr sein.

11

Es gibt viele Szenarien über die EU, die USA, China oder das Weltklima. Ist die Frage, an wen oder was wir in 20 Jahren noch glauben werden, nicht mindestens so wichtig für jeden von uns? Wir freuen uns, wenn Sie uns auf dieser Reise in die Zukunft folgen.

Andreas Salcher und Johannes Huber
Wien, im September 2015

Liste der Päpste, die im Buch vorkommen

Petrus (Simon Petrus, Galiläa, heute Israel):
Bischof von Rom 33–67 n. Chr.
Mit seiner Einsetzung durch Jesus begründet die Kirche das Papstamt. Die Jahreszahlen seiner Amtszeit sind biblische Annahmen, nicht historische Fakten.

Alexander VI. (Rodrigo Borgia, Spanier):
Papst vom 11. 8. 1492 bis zum 18. 8. 1503
Gilt als berüchtigter Renaissancepapst.

Pius IX. (Giovanni Mastai-Ferretti, Italiener):
Papst vom 16. 6. 1846 bis zum 7. 2. 1878
Ließ am Ersten Vatikanischen Konzil die Unfehlbarkeit des Papstes beschließen.

Pius XII. (Eugenio Pacelli, Italiener):
Papst vom 2. 3. 1939 bis zum 9. 10. 1958
Seine Führung der Kirche durch die schwierige Nazi-Zeit ist historisch umstritten.

Johannes XXIII. (Angelo Roncalli, Italiener):
Papst vom 28. 10. 1958 bis zum 3. 6. 1963
Berief das Zweite Vatikanische Konzil ein und sorgte für Aufbruchsstimmung.

Paul VI. (Giovanni Montini, Italiener):
Papst vom 21. 6. 1963 bis zum 6. 8. 1978
Brachte das Zweite Vatikanische Konzil erfolgreich zum Abschluss. Seine Entscheidung, die »Pille« zu verbieten, belastet die Kirche bis heute.

Johannes Paul I. (Albino Luciani, Italiener):
Papst vom 26. 8. 1978 bis zum 29. 9. 1978
Verstarb nach nur 33 Tagen im Amt. Die durch eine verfehlte vatikanische Kommunikation ausgelösten Gerüchte um seine Ermordung halten den Fakten nicht stand.

Johannes Paul II. (Karol Wojtyła, Pole):
Papst vom 16. 10. 1978 bis zum 2. 4. 2005
Beliebt wegen seines Charismas und seines Sieges gegen den Kommunismus, umstritten wegen seines erzkonservativen Kurses und einiger missglückter Bischofsernennungen.

Benedikt XVI. (Joseph Ratzinger, Deutscher):
Papst vom 19. 4. 2005 bis zum 28. 2. 2013
Langjähriger oberster Hüter der Glaubenslehre, trat nach schweren Indiskretionen in der Kurie aus gesundheitlichen Gründen zurück.

Franziskus I. (Jorge Mario Bergoglio, Argentinier):
Papst vom 13. 3. 2013 bis zum 31. 1. 2019
Derzeit amtierender Papst, der versucht, die Kirche grundlegend zu reformieren.

Franziskus II. (Thomas Gleeson, US-Amerikaner):
Papst vom 21. 2. 2019 bis zum 15. 1. 2029

Johannes XXIV. (Sanjay Xavier, Inder):
Wahl zum Papst am 4. Februar 2029

Prolog –
Der Papst vom anderen Ende der Welt

In Rom lebte einst ein Papst, der im Appartement 201 im Gästehaus der heiligen Marta nahe den vatikanischen Gärten wohnte. Das fünfstöckige Gebäude erinnerte eher an einen kommunalen Sozialbau als an einen vatikanischen Palast. Der Papst, der den Namen Franziskus gewählt hatte, trug strahlend weiße Kleider und ausgetretene schwarze Schuhe. Er predigte eine Kirche der Armut und des Mitgefühls. Er scheute sich nicht, Häftlinge in Gefängnissen zu besuchen, auch wenn das, was er dort sah, schrecklich war. Von seinen Priestern forderte er, ihre Verpflichtung gegenüber den Bedürftigen aus nächster Nähe zu erfüllen. Man dürfe sich vor einem Armen nicht ekeln, man müsse ihm in die Augen sehen. Gute Hirten müssten wie ihre Schafe riechen.

Schafe riechen meist nicht gut. Vor allem für Kardinäle, die gewohnt waren, in Palästen zu wohnen. Deren einzige Berührung mit Schafen waren die purpurroten Socken, die sie bei »Euroclero« in der Via Paolo VI, 31 kauften. Doch die meisten bevorzugten die Ausführung in Seide. Bei diesem Meister der klerikalen Schneiderkunst quollen die Regale über vor Stoffballen aus feinster Seide, Wolle, Leinen und Popeline, dazu jede Menge Zöttelchen, Quasten, Seidenbordüren, Fransen und Knöpfe. Für die Prälaten[1] wurden die exakten Größen handgeschrieben in großen Folianten im Hinterzimmer für deren hohen Besuche bereitgehalten.

Die erste Schlacht gegen diesen barocken Ausstattungswahn focht und gewann der neue Papst unmittelbar nach seiner Wahl im Umkleideraum. Er lehnte sowohl die roten Schuhe als auch den Samtumhang, die Mozetta, ab. Als der Zeremonienmeister insistierte, machte er diesem mit wenigen Worten klar, wer der neue Herr im Vatikan ist: »Der Maskenball im Vatikan ist nun zu Ende.« Nach seiner ersten Ansprache am Petersplatz stand ein S-Klasse-Mercedes für ihn bereit. Darin wartete der Kardinaldekan, der in der Vakanz nach dem Rücktritt des alten Papstes die Geschäfte des Vatikans geführt hatte, auf den neu gewählten Stellvertreter Christi. Er wartete lange. Der Platz neben ihm, auf dem noch das Papstwappen seines Vorgängers eingestickt war, blieb leer. Franziskus stieg gemeinsam mit den anderen Kardinälen in einen Bus. Seitdem fuhren viele vatikanische Würdenträger mit der U-Bahn statt mit Limousinen mit dem Vatikankennzeichen SCV, dessen Bedeutung von den Römern immer als *Se Christo vedesse* – »Wenn Christus das sehen würde« verhöhnt wurde. Man reiste in der Economy-Klasse. Jesus begegnet einem nicht in der ersten Klasse, hatten sie sich sagen lassen müssen.

Viele im Hofstaat, genannt die Kurie, fürchteten ihren neuen Chef. Vor allem die italienischen Kurienkardinäle hatten ihre Macht unter seinen Vorgängern ständig ausgebaut und fühlten sich nun bedroht. Ihrer Ansicht nach war es unwürdig für einen Stellvertreter Christi, sich so weltlich zu verhalten. Hinter vorgehaltener Hand stellten sie die Frage, ob die Malachias-Prophezeiungen vielleicht doch recht hatten, dass mit Franziskus das Ende des Papsttums und sogar der Kirche drohte.

Genau das hatte Malachias, ein irischer Mönch und späterer Bischof von Armagh, der im 12. Jahrhundert lebte, einst düster vorhergesagt. Seine 112 Papst-Prophezeiungen begannen mit Papst Cölestin II. im Jahr 1143 und endeten mit dem 112. Franziskus war der 112. Papst in der Reihe. Nach ihm werde Rom zerstört werden und »der furchtbare Richter sein Volk richten. Ende.« Die Weissagungen des Malachias hatten sich tief in die römische Volksfrömmigkeit eingegraben, weil sie selbst in der Neuzeit auf rätselhafte Weise zuzutreffen schienen. So wurde Johannes XXIII. (1958–1963) beispielsweise als »pastor et nauta« (»Hirte und Seefahrer«) beschrieben, und tatsächlich war Angelo

Giuseppe Roncalli vor seiner Wahl zum Papst Bischof der Seefahrermetropole Venedig gewesen. Auch die Weissagung für Johannes Paul II. »De labore solis« (»Von der Mühsal der Sonne«) konnte man dahin deuten, dass Karol Wojtyła am 18. Mai 1920 während einer Sonnenfinsternis geboren wurde. Nicht nur die totale Sonnenfinsternis im August 1999 fiel in sein Pontifikat, auch am Tag seines Begräbnisses verdunkelte sich die Sonne über dem Pazifik zu einer totalen Sonnenfinsternis.

Die Wahrheit war eine andere. Die Wissenschaft hatte die Malachias-Prophezeiungen schon lange als eine der vielen Fälschungen in der Kirchengeschichte entlarvt, eine besonders raffinierte allerdings. Forscher hielten Alfonso Ceccarello für den Urheber. Dieser war bei der Papstwahl 1590 Sekretär des Kardinals Girolamo Simoncelli und wollte mit der Fälschung wohl die Chancen seines Herrn im Konklave erhöhen, erfolglos jedoch. Um den Malachias-Prophezeiungen hohe Glaubwürdigkeit zu verleihen, hatte Ceccarello die Prophezeiungen einfach 500 Jahre zurückdatiert und Bischof Malachias untergeschoben. Nur deshalb wirkten die Vorhersagen so präzise, was die Vergangenheit betraf. In der Gegenwart wurden die Weissagungen des Malachias nun von den Gegnern des Papstes Franziskus als Waffe gegen ihn verwendet. Sie schürten die Ängste bei für Untergangsprophezeiungen anfälligen Menschen.

Offenen Widerstand gegen Franziskus wagte am Anfang niemand von den Wölfen im Kardinalspelz. Denn nur scheinbar verlief die Frontlinie zwischen den Verteidigern der ewigen Glaubenswahrheiten und den Kämpfern für grundlegende Reformen. Die bei Weitem stärkste Gruppe waren die Vorsichtigen und Ängstlichen. Die Frage, für welche Seite sie sich entscheiden sollten, war absurd für sie. Man überlebte im Vatikan, indem man rechtzeitig auf die richtige Seite wechselte.

Die besonders Vorsichtigen hatten sich in ihre eigenen vier Wände zurückgezogen und warteten, was passierte. Sie überlegten zweimal, ob sie weiterhin gerne in Luxusrestaurants gesehen werden wollten, solange ihr oberster Herr vornehmlich in der Kantine speiste. Um sieben Uhr morgens las Franziskus werktags die Messe und lud dazu jeweils 50 Gäste ein, mit ihm danach zu frühstücken. Diese Einladungen waren natürlich heiß begehrt, wurden aber nicht an politische oder wirtschaftliche Würdenträger vergeben, was viele Protokollbeamte zur Verzweiflung trieb. Erst kamen die Arbeiter, die Küchengehilfen, die Gärtner und die Feuerwehrleute dran. Dann bat der Papst Pfarrer aus Rom mit jeweils fünf Gemeindemitgliedern zum Frühstück. Bei den eingeladenen Pfarrern löste das immer Stress aus, denn wen sollten sie mitnehmen und wem absagen?

In der Öffentlichkeit wurde viel darüber diskutiert, dass der neue Papst vom »anderen Ende der Welt« kam. Dabei übersah man eine entscheidendere Tatsache: Er stammte im Gegensatz zu seinen Vorgängern nicht aus Kleinstädten wie Marktl am Inn, Wadowice oder Canale d'Agordo, wo die katholische Welt noch in Ordnung war, sondern aus einer Metropole mit 13 Millionen Einwohnern. Dort trafen die verschiedenen Religionen auf den Atheismus, so unterschiedliche Gruppen wie die Jesuiten oder die Freimaurer hatten eine große Tradition. Vor allem prallte extremer Reichtum auf ungeheure Armut. Diese Erfahrungen prägten den einstigen Erzbischof von Buenos Aires, wenn er jeden Tag mit der U-Bahn durch die Stadt fuhr.

Das satte, selbstverliebte Europa war für Franziskus 76 Jahre seines Lebens sehr weit weg. Ihn erschütterte, mit welcher Gleichgültigkeit man dort akzeptierte, dass jedes Jahr mehr Menschen in der Welt an den Folgen von Übergewicht als an Hunger starben. Ihm ging es darum, keinen Menschen seiner Würde zu berauben und ihn wie Abfall zu behandeln. Diese Überzeugung machte ihn aus: Hilf dem, dem Du helfen kannst. Rette nicht die Welt, aber Deinen Nächsten. Du brauchst nicht zwischen den Palästinensern und Israeli Frieden zu stiften, aber Du kannst jemandem, mit dem Du zerstritten bist, einfach sagen: Ich habe einen Fehler gemacht, es tut mir leid.

War Papst Franziskus ohne Fehler oder gar ein Heiliger? Wo viel Licht ist, gibt es immer auch Schatten. Manches, was er sagte, klang im besten Fall seltsam, wie sein Bekenntnis zum Exorzismus. Wilde Empörung löste er aus, als er einen Vater ausdrücklich lobte, der seine Kinder manchmal schlug, wenngleich nie ins Gesicht, um sie nicht zu erniedrigen. Das war ein Satz, der lange haften blieb, den er nicht wieder so schnell loswurde.

Europa: Auf diesem ihm so fernen Kontinent fand er aus nächster Nähe alles bestätigt, was er aus der Ferne geahnt hatte. Das Heilige war schon lange aus dem Alltag der Menschen entwichen. Selbst im katholischen Italien mussten bei Hochzeiten und Taufen die Texte mit dem »Vaterunser« in den Kirchen aufgelegt werden, weil es die meisten Besucher sonst nicht mitbeten konnten. Kirchliche Feiertage wurden als willkommene Urlaubstage wahrgenommen, das Weihnachtsfest als Shoppingexzess gefeiert, Ostern für Städtereisen genutzt. Die Begriffe Sünde und Buße waren aus der öffentlichen Diskussion verschwunden. Ein italienischer Priester erzählte dem Papst von verschreckten Paaren, die ihn bei den Ehevorbereitungskursen fragend ansahen, wenn er von Keuschheit sprach: »Keuschheit, was ist denn das, können Sie das bitte erklären?« Sie verstanden ganz einfach das Wort nicht. Es war zum Fremdwort geworden.

Franziskus' wichtigster Vorsatz war, unter allen Umständen sich selbst treu zu bleiben. Das ging am einfachsten, wenn er das Leben eines Jesuiten fortsetzte. So klingelte jeden Tag um 4.45 Uhr der Wecker. Nachdem er geduscht und sich rasiert hatte, begann er den Tag mit einem Gebet. Danach brühte er sich selbst seinen geliebten Matetee. Die wirkliche Herausforderung begann, sobald er sein Appartement verließ. Immer wieder hatte man versucht, ihm ein Protokoll und starre Zeitpläne aufzuzwingen. Eine seiner wirksamsten Gegenstrategien war seine Weigerung, in den Apostolischen Palast einzuziehen.

Er war der erste Papst, der Briefe einfacher Bürger nicht nur las, sondern auch selbst beantwortete. Berührte ihn eine E-Mail besonders, griff er zum Telefon und rief einfach an. So hatte ihm eine geschiedene Frau, die von ihrem Mann verlassen worden war, geschrieben, dass sich ihr Pfarrer weigerte, ihr die Kommunion zu spenden. Sie brauchte einige Zeit, um zu realisieren, dass es der Papst persönlich war, der ihr am Telefon riet, zu einem anderen Pfarrer zu gehen. Immer wieder passierte es, dass derartige Gespräche in die Öffentlichkeit gelangten. Das sorgte dann für Aufregung im Apostolischen Palast. Das war Franziskus ziemlich egal. Es gab wichtigere Fragen, die ihn bewegten: »Wie kann man einer Milliarde Menschen, die in Hunger und Armut leben, helfen?«, und: »Wie stoppt man die Entfremdung des modernen Menschen von Gott?«

»Gott ist nicht katholisch«, hatte Franziskus einmal zum Schrecken seiner Berater in einem Interview eingestanden. Sein Bild von Gott war viel größer. Im Laufe seines Lebens hatte er für sich immer klarer erkannt, dass Gott sich von keiner Religion vereinnahmen ließ. Gott stand allen Menschen offen, die guten Willens waren. So lautete die Lehre, die Jesus den Menschen verkündet hatte. Jesus schloss niemanden aus, seine Symbole waren keine festen Dogmen, sondern offen für viele Auslegungen. Deshalb waren seine Bilder wie die Bergpredigt so zeitlos. Alles Einzigartige, das sich vom Christentum trotz aller Stürme und Irrwege der Zeit bis in die Gegenwart erhalten hatte, entstammte diesem vortrefflichen Ursprung.

Franziskus sah sich selbst als einen Ruhelosen. Bei seinem Suchen und Finden Gottes in allen Dingen blieb immer ein Bereich der Unsicherheit. Der musste da sein. Es war der Zweifel, der den Gläubigen mit dem Ungläubigen verband. Wenn jemand behauptete, er sei Gott mit absoluter Sicherheit begegnet, und nicht berührt war von einem Schatten der Unsicherheit, dann lief etwas schief. Viele seiner Amtsträger fühlten sich wohl in dem, was sie wussten, statt sich nach dem zu sehnen, was sie noch zu lernen hatten. Einige völlig Verblendete hatten Papst Franziskus in Büchern sogar Häresie, also Ketzerei vorgeworfen, weil sie sich

20

als Besitzer und nicht als Hüter der wahren Lehre verstanden.² Da waren Kreise am Werk, die schon die Rehabilitation von Galileo Galilei durch die Kirche im Jahr 1992, immerhin vier Jahrhunderte nach dessen Prozess, als völlig unnötigen Kniefall der Kirche empfanden.

Nachdem er sich ein umfassendes Bild gemacht und eine Vielzahl von Gesprächen geführt hatte, fühlte Franziskus sich sehr allein. Die Themen reichten von der ständig wachsenden Kluft zwischen der Lebensrealität der Mitglieder und den Lehren der Kirche, dem dramatischen Einbruch beim Priesternachwuchs und dem Aussterben vieler Orden über die Herausforderung durch den evangelikalen Fundamentalismus in den USA und Südamerika bis hin zu den finanziellen Schwierigkeiten, die sich durch den Schwund der zahlungswilligen Gläubigen in den reichen westlichen Ländern ständig verschärften. Kirchenkritische Kommentare spitzten sich nicht ganz ohne Berechtigung auf die Frage zu: »Wie soll die Kirche Verkünderin einer frohen Botschaft gegenüber einer Menschheit sein, die in ihrer erdrückenden Mehrheit nichts davon hören will?«

Die Bedrohungen würden sich in den nächsten zehn Jahren weiter verschärfen und stellten eine existenzielle Gefahr für die Kirche dar. Viele Gemeinden in Europa, aber auch in Lateinamerika oder Afrika hatten keine Pfarrer mehr. Ein Großteil der modernen Frauen verließ die Kirche schon frühzeitig. Neben den Frauen drohte auch ein Verlust der Jungen, die weder katholisch erzogen wurden noch den Religionsunterricht besuchten.

Um die Mission der Kirche erfüllen zu können, waren, wie in der Geschichte schon mehrmals bewiesen, mutige Schritte der Erneuerung notwendig. Die Reform musste dabei weit über die öffentlich diskutierten Themen wie geschiedene Wiederverheiratete, Geburtenregelung, Zölibat, Homosexualität und demokratische Bischofsbestellungen hinausgehen. Diese waren für die betroffenen Menschen wichtig und mussten gelöst werden. Das würde vielleicht die Zahl der Kirchenaustritte bei kritischen Menschen in Europa abschwächen, aber der Kern des Problems von Glauben und Kirche lag viel tiefer. Die Substanz des Christentums gründet auf einer frohen Botschaft. Die fundamentale Frage für Franziskus lautete: Wie konnte er diese frohe Botschaft so verkünden, dass diese gehört und verstanden wurde? Welchen Weg sollte er einschlagen, um seine Ziele zu erreichen? Er brauchte einen Plan.

Immer wenn er sich einer besonderen Herausforderung gegenübersah, holte Franziskus ein abgegriffenes Buch hervor, das mit vielen persönlichen Anmerkungen in seiner kleinen präzisen Handschrift versehen war. Dieses Buch hatte ihm in der dunkelsten Zeit seines Lebens einer seiner wenigen verbliebenen Freunde geschenkt. Damals wurde ihm von seinem Orden plötzlich die Lehrerlaubnis an der Universität entzogen und er musste fern der Hauptstadt Buenos Aires ins Exil nach Córdoba gehen. Dort saß er völlig isoliert fest, sogar seine Post wurde kontrolliert und Telefonanrufe für ihn nicht durchgestellt. Das stürzte ihn in eine schwere innere Krise. Offenbar war ihm bestimmt, den Rest seines Lebens ausschließlich im Gebet zu verbringen und über seinen autoritären Führungsstil nachzudenken, mit dem er sich so viele Feinde gemacht hatte.[3] Die Fähigkeit, sich viele Feinde zu machen, verband ihn mit dem Autor jenes Buches.

Diesen Mann, Jesuit wie er selbst, hatte es viel härter getroffen. Er galt als gefährlicher Neuerer und wurde von einer ängstlichen Kirche zu völligem Schweigen in der Öffentlichkeit verurteilt, obwohl sich die Welt nach seinen Ideen sehnte. Seine Werke durften zu seinen Lebzeiten nie veröffentlicht werden. »Ich kann meine Haltung genauso wenig ändern wie die Zahl meiner Jahre oder die Farbe meiner Augen«, hatte der französische Jesuit einmal über sich selbst gesagt. Franziskus fühlte sich diesem Schicksalsgefährten verbunden. Dessen verbotenes Buch begleitete ihn seit dem Exil in Córdoba als geheime Quelle der Inspiration und Ermutigung. Beim Durchblättern blieb er an einer Stelle hängen:

»Ich glaube, die Welt wird sich nicht zu den himmlischen Hoffnungen des Christentums bekehren, wenn sich nicht zuvor das Christentum zu den Hoffnungen der Erde bekehrt ... Die Welt wird dem gehören, der ihr auf dieser Erde die größte Hoffnung anzubieten hat.«

---

1   Unter einem Prälaten (lat. praelatus, der Bevorzugte) versteht man einen hohen Würdenträger der katholischen Kirche.

2   Damit ist vor allem das in Italien erschienene Buch »Das Verbleiben in der Wahrheit Christi: Ehe und Kommunion in der katholischen Kirche« gemeint, das sehr kritische Beiträge vom Präfekten der Glaubenskongregation Gerhard Ludwig Müller, von Kardinal Raymond Leo Burke, von Walter Brandmüller, emeritierter Präsident des päpstlichen Komitees für historische Wissenschaften, vom Erzbischof von Bologna Carlo Caffarra, einem der Theologen, die Papst Johannes Paul II. bei Themen zur Familie am nächsten standen, sowie von Velasio De Paolis, emeritierter Präsident der Präfektur für die Wirtschaftsaktivitäten, enthält.

3   Daniel Deckers: Papst Franziskus. Wider die Trägheit des Herzens, München 2014, S. 174 f.

I.
Aufbruch –
Die lebendige Kirche und
ihre Feinde

2013: Der Plan des Franziskus

»Vergiss die Armen nicht«, hatte der unmittelbar nach der Verkündung seiner Wahl zum Papst im Konklave neben ihm sitzende brasilianische Kardinal Claudio Hummes zu Jorge Mario Bergoglio gesagt. Dieser eine Satz sollte die Wahl seines Namens begründen und seine Kernbotschaft werden, nicht nur in Worten, sondern vor allem in allen Handlungen.

Papst Franziskus war zum Zeitpunkt seiner Wahl 76 Jahre alt und lebte wegen einer schweren Kindheitserkrankung nur mit einem Lungenflügel. Er wusste, dass er nur eine begrenzte Zeit für seine Mission hatte. Wollte er die Kirche ins dritte Jahrtausend führen, so musste er sie zu ihren Ursprüngen vor 2000 Jahren zurückführen. Damals hatte die Kirche keine Dogmen, keine Besitztümer, keine Theologen, dafür eine klare Botschaft: Jesus liebt Dich. Diesen Weg hatte Jesus vorgezeichnet. Er hatte sich immer der Ärmsten angenommen und dafür die Mächtigen herausgefordert. Dort war der Platz der Kirche und ihrer Priester, nicht in den Palästen und theologischen Studierstuben. Kein Apostel hätte auch nur eine einzige Prüfung an einer theologischen Fakultät bestanden. Dafür würden heute viele Theologen bei der Umsetzung ihrer Theorien in angewandte Nächstenliebe scheitern. Petrus wandelte sich durch die Begegnung mit Jesus vom einfachen Fischer zum begabten Menschenfischer, als Apostelfürst hatte er sich nie gesehen. In dieser Nachfolge sah sich auch Franziskus.

Eine Kirche, die sich konsequent als Fürsprecherin der Armen verstand, würde auf viel Widerstand stoßen, außerhalb, aber auch innerhalb ihrer eigenen Reihen. Es bedeutete Konfrontation mit einer Wirtschaftsordnung, die zuließ, dass Millionen trotz harter Arbeit hungerten und in tiefstem Elend leben mussten. Gott hatte den Menschen das Geschenk des Brotes gegeben. Jeder hatte ein Grundrecht darauf, sein Brot durch eigene Arbeit zu verdienen.

Die Arbeit verlieh Würde. Das tägliche Brot war für Franziskus kein Almosen, das die Reichen den Armen spendeten, ohne ihnen dabei in die Augen schauen zu müssen. Die Betrachtung des Menschen als reinen Kostenfaktor in der Marktwirtschaft machte diesen vom beseelten Subjekt zum seelenlosen Objekt. Es herrschte ein völliger Vertrauensverlust. Vor jedem Juweliergeschäft in den Stadtzentren stand ein privater Security-Mann, und viele Geschäftsinhaber hatten eine geladene Waffe unter ihrem Ladentisch.

Kein Wunder, dass immer mehr Menschen selbst nicht mehr daran glaubten, eine Seele zu haben. Das betraf sowohl die Reichen, die immer größere Haufen von Geld, Häusern und Luxusgütern ansammelten und dabei nicht glücklicher wurden, als auch die Masse der Armen, die so vom täglichen Überlebenskampf erschöpft waren, dass sie die Fähigkeit, an etwas Höheres zu glauben, verloren hatten.

So denkt Franziskus

Für Franziskus war die Verkündung der »Kirche für die Armen« keine strategische Entscheidung, weil das Hoffnungspotenzial für die Kirche in Südamerika und Afrika lag. Die Sorge für die Armen bildete für ihn die Wurzel des Christentums. Daraus war das Christentum entstanden, mit der Botschaft der bedingungslosen Nächstenliebe war es gewachsen und dorthin wollte Franziskus es wieder zurückführen.

Franziskus versuchte den Weg, den er in Buenos Aires begonnen hatte, in Rom weiterzugehen – gegen alle Widerstände. So setzte er sich drei klare Ziele, die er mit aller Kraft erreichen wollte:

1. Seine Mission war, eine »arme Kirche für die Armen« zu schaffen. Und das Zweite ging für ihn nicht ohne das Erste. Eine Kirche, die selbst ihre Besitztümer hortete, konnte nicht glaubhaft für die Armen da sein. Eine barmherzige Kirche, die

28

sich um die Armen, die Verfolgten und Gestrauchelten kümmerte, war mit einer machtbewussten Staatskirche unvereinbar.

2. Mitfühlende Priester, die sich als Nachfolger von Jesus sahen, statt verweltlichte Kleriker und abgehobene Theologen. Das verlangte die Nähe zum Menschen, statt sich hinter einer Institution zu verschanzen. Deshalb sprach Franziskus von sich auch immer als Bischof von Rom und selten als Papst.

3. Die Versöhnung von Glauben und Vernunft: Viele Lehren der Kirche waren mit den Erkenntnissen der Wissenschaft unvereinbar und schufen unüberbrückbare Gräben zu den aufgeklärten Menschen der Gegenwart.

Doch wie weit durfte er gehen? Schon nach wenigen Monaten wurde Franziskus von Medien mit Michail Gorbatschow oder Barack Obama verglichen. Das waren keine wohlmeinenden Vergleiche, Gorbatschow scheiterte bekanntlich daran, ein starres, zentralistisches System von oben her zu reformieren und Obama konnte die Mauern, die ihm seine hasserfüllten Gegner aufbauten, nicht überwinden.

Gerade deshalb wollte Franziskus schnell und wirksam handeln, statt sich jahrelang mit dem hinhaltenden Widerstand einer veränderungsresistenten Kurie[1] herumzuschlagen. Noch verfügte er innerhalb der Kirche über keine organisierte Anhängerschaft. Es gab keine starken Organisationen, die sich für seine Mission öffentlich einsetzten, so wie es das Opus Dei[2] unter Johannes Paul II. getan hatte. Selbst der Beistand durch die Jesuiten[3], jenem Orden, dem er selbst angehörte, war mehr als überschaubar. Ehrliche Unterstützung kam weit eher von einfachen Menschen überall auf der Welt als von der innerkirchlichen Struktur. Das musste er ändern.

Der gewaltige Erneuerungsprozess, den Franziskus vorhatte, musste klug gesteuert werden, wenn er nicht schon im Ansatz scheitern sollte. Die Kirche hatte 1,2 Milliarden Mitglieder auf allen Erdteilen. Um eine Organisation dieser Größenordnung aus ihrer Erstarrung zu befreien und die positiven Kräfte zu entfesseln, die es Gott sei Dank gab, reichte auch die Macht eines absoluten Papstes nicht aus. Man konnte die Einstellung von über 500.000 Priestern und Ordensleuten nicht über Nacht mittels Glockenschlag im Petersdom ändern.

In Franziskus' Kopf formten sich seine ersten Ideen zu einem klaren Plan. Er wollte einen Prozess einleiten, der einmal gestartet unaufhaltsam wirksam werden sollte. Dabei würde er sich der Möglichkeit bedienen, traditionelle kirchliche Strukturen wie Bischofssynoden[4] zu nutzen, diese aber im Gegensatz zur Vergangenheit mit offener Diskussionskultur und Entscheidungsmacht ausstatten. Zusätzlich sollten regelmäßige Befragungen aller Gläubigen die Kluft zwischen der kirchlichen Lehre und der Lebensrealität der Menschen dokumentieren und den Boden für Veränderungen aufbereiten. Die Seelsorger vor Ort, die Männer und Frauen im Dienst der Gemeinden und vor allem die Laien würden dadurch eine Stimme erhalten, die erstmals gehört werden musste.

Ohne Hang zur Selbstüberschätzung wusste Franziskus, dass die Zukunft der Kirche mit seiner Person eng verknüpft war. Die Wahl seines Namens stand als Programm. Der heilige Franziskus von Assisi[5] war ein Mann voller Entschlossenheit, der für seine radikale Lehre vom einfachen Leben kämpfte. Dann war da noch der Ordensgründer der Jesuiten, Ignatius von Loyola, der Franziskus ebenfalls stark geprägt hatte. An Ignatius bewunderte er die Kombination aus Disziplin und Durchsetzungsvermögen. Doch auch ein Heiliger wie Ignatius hätte den Orden der Jesuiten nicht ohne fähige Mitstreiter und kluge Berater aufbauen können. Teile dieses von den Jesuiten seit Jahrhunderten erprobten Systems wollte Franziskus auch auf die Spitze der Weltkirche übertragen.

Im Jesuitenorden stand jedem Provinzial[6], dem Obersten in einer Region, ein Beratungsorgan von herausragenden Köpfen zur Seite. Allein die Existenz eines derartigen Gremiums würde als Signal dafür gedeutet werden, dass kein Stein auf dem anderen bliebe. So betraute er kurz nach seiner Wahl ein ursprünglich aus acht, dann aus neun Kardinälen (K-9) bestehendes Kollegium mit der offiziellen Aufgabe, die Zusammensetzung und vor allem die Struktur der Kurie völlig neu zu gestalten. Diese sollte sich nicht mehr als Generalstab mit zentraler Befehlsgewalt, sondern als Einrichtung des Dienstes für den Papst und für die Bischöfe verstehen. Das würde vielfach auch neues Führungspersonal verlangen. Dieses galt es schnell zu finden. Die K-9 scheuten sich von Anfang an nicht, wichtige Entscheidungen der offiziell noch amtierenden Kurie an sich zu ziehen.

Vieles, das sich hinter den Mauern des Vatikans abspielte, blieb im Verborgenen. Von dem, was Franziskus plante und mit seinen Vertrauten besprach, erfuhr die Öffentlichkeit meist erst im Nachhinein. Das galt insbesondere für die Besetzung wichtiger Positionen. Umso mehr blühten Gerüchte, Spekulationen und gezielte Falschmeldungen, um unliebsame Kandidaten zu desavouieren. Die festgefahrene Tradition, »es war schon immer so«, galt nicht mehr. Die ersten Kardinalsbesetzungen zeigten schnell, dass die Weltkirche in Zukunft nicht mehr italienisch sprechen würde. Während der mächtige Patriarch von Venedig und der Erzbischof von Turin bei den ersten Kardinalsberufungen von Franziskus übergangen wurden, kamen auf einmal Bischöfe aus dem geplagten Haiti, aus Burkina Faso, aus Tonga, Myanmar oder von den Kapverdischen Inseln zum Zug.[7] Die Ränder rückten näher zum Zentrum.

---

[1] Unter Kurie versteht man die Gesamtheit aller Leitungs- und Verwaltungsorgane der römisch-katholischen Kirche, vergleichbar mit einem staatlichen Verwaltungsapparat. Die gesamte Kurie untersteht dem Papst, doch wie in jeder großen Bürokratie gibt es Machtzentren, die auch ein Papst nicht einfach übergehen kann.

[2] Das Opus Dei (Werk Gottes) ist eine 1928 vom Spanier Josemaría Escrivá gegründete Laienorganisation, deren Ziel die Vereinbarkeit eines streng christli-

chen Lebens mit der Berufswelt ist. So gehört zum Beispiel die elitäre IESE Business School in Barcelona dem Opus Dei. Das Opus Dei gilt kirchenintern als sehr konservativ und wurde vor allem von Johannes Paul II. und Benedikt XVI. stark gefördert. Seinen öffentlichen Mythos als mächtige Geheimorganisation verdankt das Opus Dei dem Vatikanthriller »Sakrileg« von Dan Brown.

3   Die Jesuiten, die Mitglieder der Ordensgemeinschaft Gesellschaft Jesu (Ordenskürzel: SJ), wurden am 15. August 1534 von dem Spanier Ignatius von Loyola gegründet. Sie galten immer als elitär, weil sie ihre Mitglieder nach besonders strengen spirituellen und intellektuellen Kriterien auswählten. In der Kirchengeschichte wirkten sie als Missionare, Berater und Beichtväter von Königen und Kaisern, als Kämpfer gegen die Reformation und als Betreiber von Sozialprojekten wie zum Beispiel Schulen. Den Jesuiten wurde innerkirchlich lange Zeit ein besonderer Einfluss zugeschrieben, obwohl sie von sich aus keine hohen Ämter anstreben dürfen. Trotzdem gab es aber immer wieder Bischöfe und Kardinäle aus dem Orden der Jesuiten. Jorge Maria Bergoglio ist der erste Jesuit, der zum Papst gewählt wurde.

4   Eine Bischofssynode ist ein vom Papst einberufenes Beratungsorgan, das bestimmte, von ihm vorgegebene Fragen diskutiert. Die gesamte Entscheidungsmacht liegt aber beim Papst. Unter Papst Franziskus erhielten die Bischofssynoden jedoch deutlich mehr Freiraum, auch konfliktbehaftete Themen wie die Sexualmoral offen zu diskutieren und auch darüber abzustimmen.

5   Franziskus von Assisi, geboren 1181 oder 1182, gestorben am 3. Oktober 1226, lebte mit seinen Anhängern radikal nach dem Vorbild Jesus, das bedeutete vor allem Armut und die Verkündigung des Evangeliums. Der von ihm begründete Orden der Minderen Brüder, genannt die Franziskaner, fand schnell viele Anhänger. Obwohl sich die damalige Kirche von dieser Erneuerungsbewegung bedroht fühlte, wurde Franziskus schon zwei Jahre nach seinem Tod heiliggesprochen. Jorge Mario Bergoglio ist der erste Papst, der den Namen Franziskus wählte.

6   Der Provinzial ist der Vorgesetzte aller Jesuiten in einem Land. Seinen Anweisungen ist unbedingter Gehorsam zu leisten. Jeder Provinzial untersteht seinerseits dem General des Jesuitenordens, der in Rom sitzt.

7   Jörg Bremer: »Papst Franziskus ernennt 20 neue Kardinäle«, Frankfurter Allgemeine Zeitung, 14. 2. 2015.

2016: Die Gegner formieren sich inner- und außerhalb der Mauern des Vatikans

Warum Franziskus seinen Nachtisch nie allein aß

»Hoffentlich lebt Franziskus lange genug.« Diesen Satz hörte man von um das Leben des Papstes besorgten einfachen Menschen immer wieder. Denn der Papst hatte Feinde, die ihn so hassten, dass sie auch vor seiner Ermordung nicht zurückschrecken würden. Vor allem für die fundamentalistischen Islamisten bedeutete Franziskus eine große Bedrohung, weil er sich nicht als Feindbild des »Kreuzritters des christlichen Abendlandes« eignete, sondern sich im Gegenteil glaubhaft für die Versöhnung zwischen den Religionen einsetzte.[1]

Ein gelungenes Attentat auf Franziskus würde den Islamisten Auftrieb geben und das Christentum seiner charismatischen Symbolfigur berauben. Vor allem aber würde es den Herrschaftsanspruch jener islamistischen Terrorgruppe, die sich diese Tat auf ihre Fahnen heften konnte, über die anderen stärken. Wer je die laxen italienischen Sicherheitskontrollen vor den wöchentlichen Generalaudienzen von Franziskus erlebt hatte, der konnte nur hoffen, dass Gott ein wachsameres Auge auf seinen Stellvertreter auf Erden warf.

Doch auch innerhalb der Mauern des Vatikans hatte Franziskus gefährliche Feinde. Es sind bekanntlich nicht die großen bellenden Hunde, die beißen, sondern die kleinen, ängstlichen. Viele Mitglieder der Kurie fürchteten um ihren Lebenskomfort und ihre Karriere. Deren Abneigung gegen Franziskus zeigte sich oft in kleinen Bosheiten. Ein Journalist war Zeuge, wie ein hochrangiger Kurienvertreter einer Delegation von Religionsvertretern erklärte, dass Franziskus zwar gegen die Armut rede, aber leider über keinerlei Programm verfüge. Franziskus sei zweifellos ein spiritueller Mensch, aber völlig unpolitisch. Am Ende dieses seltsamen Empfangs verteilte der untreue Diener seines Herrn dann ungeniert kleine Bilder von Franziskus' Vorgänger Benedikt XVI. als Erinnerung an die Delegationsmitglieder, die kopfschüttelnd weggingen.

Andere glaubten tatsächlich, dass Franziskus der katholischen Kirche ihre wesentlichen Prinzipien rauben und sie protestantisch machen wollte. Die Gruppe der Gegner war zwar unter den Gläubigen eine Minderheit, saß aber an vielen Schlüsselpositionen und lauerte auf den entscheidenden Augenblick, Franziskus nachhaltig zu beschädigen.

So summierte sich die Zahl jener, die schlicht auf das Ende seines Pontifikats hofften. Im Geheimen bereiteten sie schon seine Nachfolge vor, um, wie sie glaubten, die Kirche vor dem Untergang zu retten. Böse Zungen behaupteten, dass Franziskus schon wusste, warum er seine Mahlzeiten immer gemeinsam mit vielen Mitarbeitern in der Mensa einnahm. Es würde doch mehr Aufsehen erregen, wenn 50 Menschen nach einer Mahlzeit schwer erkrankten als nur einer.

Albträume und Kardinalspaläste

Franziskus hatte bei seinen wenigen Besuchen vor seiner Wahl in Rom immer mit Abscheu beobachtet, wie privilegiert und abgeschottet von der Wirklichkeit die meisten Mitglieder der Kurie lebten. Sie fühlten sich als elitäre Spitzenbeamte, die im Zentrum der Welt das Wohl der Kirche oder das, was sie dafür hielten, verwalteten. Wenn man einen von ihnen fragte: »Wie leben Sie eigentlich?«, würde es wohl nur ganz wenige geben, die einen in ihre Wohnung einluden. Nein, sie würden nur antworten, dass sie in einem kleinen Appartement im Vatikan lebten. Sie ließen nur ihre engsten Freunde in ihre vier Wände, aus Angst davor, dass man ihren Lebensstil kritisieren könnte.

Für viele Kurienkardinäle war Franziskus ein Albtraum, von dem sie täglich zu erwachen hofften. Für ihn dagegen war es ein Albtraum, wie einige von ihnen lebten. Er erinnerte sich, als er bei einem seiner seltenen Spaziergänge in der Nähe von Santa Marta die gewaltige Baustelle im prachtvollen Palazzo San Carlo entdeckte. Es bedurfte des Einsatzes seiner gesamten Autorität, bis man ihm gestand, dass dies der Alterssitz des entlassenen Kardinalstaatssekretärs werden würde. Dafür legte man eigens die Wohnungen von zwei verstorbenen Würdenträgern zusammen. Damit wurde eine Wohnfläche von 700 Quadratmetern für den einstmals mächtigsten Mann im Vatikan und die drei Nonnen, die seinen Haushalt führten, geschaffen. Als die Geschichte ohne Franziskus' Zutun kurz darauf in die Medien kam, folgten peinliche Dementis, die die öffentliche Empörung noch verstärkten.[2]

Nur seine große Beliebtheit weit über den Kreis der gläubigen Katholiken hinaus hatte ihn bisher vor den Angriffen dieser Nomenklatur geschützt, die um ihre Privilegien fürchtete. Zu seinen öffentlichen Generalaudienzen auf dem Petersplatz jeden Mittwoch strömten regelmäßig bis zu 70.000 Menschen. Unter Benedikt XVI. waren es selten mehr als 10.000. Immerhin war es Franziskus gelungen, dass die meisten Katholiken den Papst wieder als ihre höchste moralische Autorität anerkannten. Während der Zeit seines Vorgängers Benedikt XVI. hatte eine Mehrzahl der Katholiken im Dalai Lama und nicht im Papst die wichtigste geistliche Führungspersönlichkeit gesehen, was Benedikt sehr gekränkt hatte. Doch würde es in Zukunft ausreichen, sich auf symbolische Gesten und sein persönliches Charisma zu beschränken?

Seit Franziskus selbst in Rom lebte, fragte er sich immer, woher die Angst seiner höchsten Würdenträger kam. Bei manchen hegte er den Verdacht, dass sie einfach kein Vertrauen in Gott hatten oder noch schlimmer, dass sie in Wahrheit nicht an Jesus glaubten. Ihre größte Angst bestand darin, dass jemand in ihr Innerstes schaute und erkannte, dass da nur Leere war. Sie hingen an ihren Ämtern, Ritualen und Kleidern, weil sie sonst nichts hatten, was sie erfüllte. Eitelkeit war ein gutes Füllmaterial für geistige Hohlräume. Franziskus scheute sich nicht, diese Themen öffentlich anzusprechen. Er konfrontierte die Kleriker mit sich selbst.

Die Friedhöfe sind voll von Kardinälen, die sich für unersetzbar hielten

Nur wenige Eingeweihte wussten, dass Franziskus aus seiner Zeit in Buenos Aires die Praxis übernommen hatte, vor wichtigen Predigten E-Mails mit präzisen Fragen an ihm vertraute Personen zu schicken. Diese warteten immer gespannt, ob und welche Antworten sich dann in den offiziellen Reden wiederfanden. Das Donnerwetter, das bei der Weihnachtsansprache von Franziskus am 22. Dezember 2014 im Clementina-Saal über die Kurie hereinbrach, war also kein spontaner Ausbruch, sondern wohl vorbereitet.[3] Zeitzeugen berichteten, welchen Schock seine Worte bei einigen Kardinälen und Bischöfen auslösten, die wie unter körperlichen Schlägen immer wieder zusammenzuckten. Ihr oberster Vorgesetzter diagnostizierte geistige Alzheimer, weil sie vergessen hatten, wem sie zu dienen hatten, nämlich Gott und den Menschen und nicht ihrer Karriere. Eitelkeit und Machtstreben wucherten wie Krebsgeschwüre in dem abgeschlossenen Kreis der Kurie, während es an Selbstkritik mangelte. Die Botschaft war ganz klar: Wer nicht bereit war, seine Geisteshaltung zu überprüfen und auch zu ändern, werde bald zur Seite treten müssen. Die Atmosphäre war alles andere als vorweihnachtlich. Ohne jeden Zweifel handelte es sich um die schonungsloseste öffentliche Abrechnung eines Papstes mit seinen eigenen Mitarbeitern, wie sie in der Geschichte bis dahin noch nie vorgekommen war. Gar nicht so wenige fragten sich, ob sie bei der Weihnachtsfeier in einem Jahr überhaupt noch dabei sein würden.

Insgesamt 15 geistliche »Krankheiten« zählte Franziskus auf. Als besonders gravierend bezeichnete er die »Krankheit der existenziellen Schizophrenie«: »Es ist die Krankheit derer, die ein Doppelleben führen, Frucht der typischen Heuchelei des Mittelmäßigen und der fortschreitenden spirituellen Leere, die durch Diplome und akademische Titel nicht gefüllt werden kann. Darunter leiden diejenigen, die ein Doppelleben führen.« Diese Krankheit belaste Personen, die den Dienst am Menschen aufgäben und sich lediglich mit Bürokratie auseinandersetzten. Wer nicht als Seelsorger tätig sei, schaffe sich eine Parallelwelt, die nichts mehr mit Christus zu tun habe. Franziskus warnte zudem vor dem übermäßigen Ansammeln von Gütern. Die Beschaffung eines neuen Fahrzeugs, die Einrichtung von Wohnungen, die Ausgaben für Essen und Getränke, all das müsse immer abgewogen werden gegen die Leidenden in der Welt. Jeden Cent, den die Kirche auf der Welt besitze, gehöre denen, die nicht genug zu essen haben, die keine Wohnung besitzen und nicht wissen, wie sie ihre Kinder zur Schule schicken sollen.

Deutlich kritisierte Franziskus auch »Geschwätz« und das Herabsetzen des anderen. Man »töte kaltblütig den Ruf des Nächsten«, um selbst besser dazustehen. Dadurch, dass er im Gästehaus wohnte und ständig Kontakt mit vielen auch einfachen Mitarbeitern hatte, wusste er genau, welche kleinen Bosheiten und schweren Verleumdungen über ihn und andere kursierten. Am Ende seiner weihnachtlichen Strafpredigt kritisierte er noch jene, die sich für unsterblich und unersetzbar hielten. Dabei werde eines vergessen, mahnte Franziskus: »Die Friedhöfe sind voll von Menschen, die sich für unsterblich und unersetzbar hielten.« Kardinal Angelo Bassano[4] war so ein Mensch. Auf ihn traf Franziskus' Diagnose zu hundert Prozent zu, er litt an fast allen kurialen Krankheiten.

Der Kardinal, der sich selbst diente

»Er ist ehrlich, bescheiden und katholisch.
Mit einem Wort, er ist eine Null.«
Victor Hugo über einen Zeitgenossen

Es gab Menschen, die machten unglaubliche Karrieren, erreichten Positionen, die sie sich nie erträumt hatten, und konnten sich trotzdem nie von einem Makel befreien: In ihnen nagte der Zweifel, ob sie den Anforderungen der Welt an sie genügen konnten. Und je höher sie aufstiegen, desto mehr wuchs diese Unsicherheit, die sie durch besonders forsches Auftreten zu kompensieren versuchten.

Angelo Bassano kam aus kleinbürgerlichen Verhältnissen, wuchs allein mit seiner Mutter in einem italienischen Dorf auf. Sie gab ihm vor allem zwei Werte mit: Sparsamkeit und Pflichtbewusstsein. Zwar hatte Angelo nie Hunger gelitten, aber jede kleinste Anschaffung oder gar Freude wurde lange hin und her überlegt, bevor dann meist davon Abstand genommen wurde. Bis zu seinem 17. Lebensjahr nähte ihm seine Mutter mit Ausnahme der Leibwäsche und Hemden fast die gesamte Kleidung selbst. Noch Jahrzehnte danach, als er durchaus über ein respektables Einkommen verfügte, wählte er Kleidung fast nur nach dem Preis aus. Sparsamkeit in persönlichen Dingen, um dafür anderen zu helfen, wäre für einen Priester eine durchaus edle Eigenschaft gewesen. Doch er wurde von der missratenen Schwester der Sparsamkeit beherrscht, dem Geiz. Geld auszugeben verursachte ihm fast körperliche Schmerzen, so schaffte er es auch später fast nie, andere auf seine Kosten auf ein Glas Bier oder gar zu einem Mahl einzuladen. Noch als Bischof behielt er die Angewohnheit bei, sich die Haare zu waschen, ehe er zu seinem Friseur ging, um das Geld für das Waschen zu sparen. Und das nur deshalb, weil seine Versuche, sich die Haare mit einer Haarschneidemaschine selbst zu schneiden, zu sogar ihm peinlichen Ergebnissen geführt hatten.

Es war die Angst, wieder alles zu verlieren, die tief in ihm saß und als eine wesentliche Triebfeder seines Handelns wirkte. Die zweite Antriebskraft war die Sehnsucht nach Anerkennung. Je höher eine Position, desto größer war die damit verbundene Anerkennung. Das merkte er schon, als er sich mit 18 Jahren entschloss, ins Priesterseminar einzutreten. Das war damals in Italien bei Weitem noch nichts so Ungewöhnliches wie heute. Die Priesterlaufbahn bedeutete die Möglichkeit, kostenlos zu studieren und versprach gesicherten sozialen Aufstieg. Die schwarze Soutane verlieh ihm auf einmal Respekt, ohne dass er dafür etwas tun musste. Und er merkte schnell, wie sehr sich die Achtung gegenüber einer Person mit jedem Titel in der kirchlichen Hierarchie steigerte. Vom einfachen Priester, der mit »Hochwürden« angesprochen wurde, über den »Monsignore« bis zur Anrede »Exzellenz«, die nur einem Bischof zustand, oder gar als Krönung die Anrede »Eminenz« für einen Kardinal.

In Bassano sah lange niemand einen für höhere Aufgaben bestimmten Kandidaten, keinen »High Potential«, wie man das in der profanen Welt nannte. Dafür mangelte es ihm an zwei Grundvoraussetzungen. Er hatte Theologie nicht an einer päpstlichen Eliteuniversität wie der Gregoriana studiert, sondern an einer unbedeutenden Provinzuniversität, was man ihn auch immer merken ließ, wenn man ihn bat, deren Namen zu wiederholen oder gar zu buchstabieren. Und er verfügte am Beginn seiner Karriere über keinerlei Kontakte zu höheren klerikalen Kreisen. Dafür war ihm ein anderes Talent in die Wiege gelegt, das alle Startnachteile aufhob. In ihm waren 2000 Jahre katholische Intrige personifiziert.

Wo die Eitelkeit anfängt, hört der Verstand auf

Neben Seelsorgern, die sich Tag und Nacht um das Wohl ihrer Gemeinde kümmerten, war die Kirche auch immer ein Tummelplatz für ehrgeizige Karrieristen. Dabei bewirkten oft gerade diese Menschen durch ihren Ehrgeiz viel Gutes. Aber das alles taten sie nicht um der Sache willen, sondern vorrangig »um zu«: um Aufmerksamkeit von kirchlichen Autoritäten auf sich zu ziehen, um ihr Netzwerk zu erweitern und um ihre Stellung bei ihrem Bischof zu festigen. »Um zu« war nicht das Holz, aus dem die wahren Heiligen geschnitzt wurden, aber ein durchaus tauglicher Werkstoff für Bischöfe und Kardinäle.

Bassano war ein Prototyp des »Um zu«-Berufenen, ein perfekter Kenner des hintersten Winkels innerhalb des Apparats und aller Fußnoten des Kirchenrechts. Die Kombination aus Ehrgeiz und Mittelmaß hat mehr Menschen in Führungspositionen gebracht als herausragende Fähigkeiten. Wie alle Mittelmäßigen umgab er sich gerne mit noch Mittelmäßigeren, förderte diese und hatte stets ein offenes Ohr für sie. Seine grobe, bäuerliche Erscheinung, gepaart mit seinem geselligen Wesen überwand förmliche Distanz. So wurde er bald zum Liebling von traditionsverhafteten Kirchenbeamten und Funktionären. Er kannte ihre Welt und teilte sie aus tiefer Überzeugung. Diese Welt wurde beherrscht von einem tiefen Misstrauen gegenüber dem Zeitgeist und gesellschaftlichen Veränderungen. Die Mitsprache von Laien, die ständigen Diskussionen um Zölibat und Pille, die Stellung der Frau – alles Themen, die bei Bassano für einen permanenten Erregungszustand sorgten. Katholizismus war nie demokratisch, sondern monarchistisch. Deshalb hatte er auch 2000 Jahre überlebt. Falsch verstandene Demokratie führte unweigerlich zur Prolokratie, der Herrschaft der dummen, aber gierigen untersten Schicht jeder Gesellschaft.

Mit Wortgewalt begann Bassano seine Ansichten in konservativen kirchlichen Medien zu publizieren und wurde auch immer öfter als Redner zu Tagungen eingeladen. Er schrieb viele lange, auch viel zu lange Briefe an Kardinäle und Bischöfe, in denen er ihnen zu ihren Ansichten gratulierte und dabei seine eigenen unterbreitete. Trotzdem hätten alle seine umtriebigen Bemühungen nicht ausgereicht, um ihn aus der Masse der ehrgeizigen Monsignori emporzuheben. Der Ehrgeiz ergriff eher die kleinen Seelen und von denen gab es immer deutlich mehr als von den großen. Da hieß es unermüdlich drängen, aufdrängen, vordrängen, drücken und schieben, um jene kritische Hürde zu überwinden, welche die Unterliga von den höheren Spielklassen trennte. Hartnäckigkeit und Resistenz gegenüber Demütigungen sind dafür notwendige Voraussetzungen, doch der Zufall spielt oft die entscheidende Rolle. Zwei Ereignisse sollten das Leben von Angelo Bassano entscheidend verändern.

Das erste vatikanische Gebot:
Du sollst das Wort »romanjá« verstehen

Der Erzbischof von Turin, Kardinal Carlo Mattachione[5], hatte seinen langjährigen Sekretär auf einem wichtigen Posten in der Kurie in Rom untergebracht und suchte einen Nachfolger. Mattachione kam selbst aus einfachen Verhältnissen und hasste die feinen Aristokraten in Rom, die sich seit Jahrhunderten die besten Bistümer zuschanzten. Das Anforderungsprofil für seinen Sekretär passte daher auf jemanden wie Bassano. Konservativ, ehrgeizig, noch über keine eigene Machtposition verfügend, daher zu dankbarer Loyalität verpflichtet. Einfach jemanden, dem man das Wort »romanjá« nicht lange erklären musste. »Romanjá« stand für ein System des vertrauensvollen »eine Hand wäscht die andere« innerhalb des Vatikans, das unter Wojtyła und Ratzinger wieder eine Renaissance erlebt hatte. Wojtyła fehlte jedes Interesse daran, sich um die Ränkespiele in der Kurie zu kümmern, Ratzinger die notwendige Kraft.

Mattachione hatte sich ein bisschen umgehört und der Name von Bassano war ihm von einigen genannt worden. Er lud Bassano zu einem Gespräch ein und entschied sich sofort für ihn. Nur zwei Jahre später wurde Kardinal Mattachione zum Leiter einer Kongregation in die Kurie berufen. Und auf einmal befand sich Angelo Bassano genau dort, wo er seine Talente auf einem riesigen Spielfeld entfalten konnte. Er verstand es, sich mit den mäch-

41

tigen polnischen und deutschen Kreisen zu vernetzen, ohne seine Italiener zu verärgern. Mit 65 Jahren wurde er, gefördert von Mattachione, Bischof und mit 70 Leiter der mächtigen Kongregation für den Klerus. Aus seiner geheimen Leidenschaft für Personalpolitik wurde seine offizielle Bestimmung. Mit 72 Jahren war er am Ziel seiner Träume. Er wurde in das Kardinalskollegium aufgenommen. Kardinal Angelo Bassano entschied sich für »Numquid gratiam habet ad Dominum« (»Dankbar dem Herrn dienen«) als seinen Wahlspruch.

Drei Jahre dauerte die glücklichste Zeit im Leben von Angelo Bassano, bevor es durch zwei Katastrophen erschüttert wurde. Erst trat Papst Benedikt XVI. zurück und dann wurde auch noch dieser Amateur vom anderen Ende der Welt zu seinem Nachfolger gewählt. Unterschätzen durfte man Jorge Mario Bergoglio nicht, wie er von einem befreundeten Jesuiten gehört hatte. Die argentinischen Jesuiten erzählten hinter vorgehaltener Hand, dass Bergoglio in seiner Zeit als Provinzial den Orden so gespalten hatte, dass der Ordensgeneral einen Jesuiten aus Kolumbien einsetzen musste, um die verfeindeten Fraktionen wieder einigermaßen zu versöhnen.

Wehe dem, der träumt, dass ihm die Zähne ausfallen

Es gab zwei Dinge, vor denen Bassano Todesangst hatte: an Krebs zu erkranken oder seine Position zu verlieren. Gegen den Krebs konnte man zumindest durch regelmäßige Untersuchungen vorsorgen. Bei Franziskus gab es kein taugliches Gegenmittel. Hatte ein Kurienkardinal früher eine bestimmte Position erreicht, konnte er sie kaum mehr verlieren. Das wurde mit Franziskus ganz anders. Angelo Bassano erinnerte sich noch genau an einen wiederkehrenden Traum. Er biss in ein Stück Fleisch oder Obst und mehrere Zähne blieben darin stecken. Ein grauenhaftes Gefühl, eine Vorahnung auf das Schlimmste, das ihm noch bevorstand. Sein Albtraum sollte früher als erwartet bittere Realität werden.

Als Bassano mit 75 Jahren Papst Franziskus, wie im Kirchenrecht vorgesehen, seinen Rücktritt anbieten musste, nahm dieser ihn innerhalb kürzester Zeit an. Statt der guten Tradition gegenüber verdienten hohen Kurienkardinälen zu folgen und ihn zu ersuchen, sein Amt weiter auszuüben, raubte es ihm Franziskus einfach. Seit dem hatte Bassano sich verändert. Die Art, wie er die Welt bisher gesehen hatte, stimmte plötzlich nicht mehr. Etwas Fremdes war von außen in ihn eingedrungen. Sein scheinbar sicherer Schutzmantel, auf den er vertraut hatte, wurde weggerissen. Bassanos Gesichtszüge blickten noch finsterer, seine Stimme war höher geworden und er war um zehn Jahre gealtert. Doch er schöpfte Energie aus dem tiefen Hass gegen den Mann, der ihm das angetan hatte.

Natürlich gab es keine einheitliche Front gegen Franziskus. Dazu waren die Prälaten viel zu große Einzelgänger mit völlig unterschiedlichen Interessen. Nur Dummköpfe wie dieser US-Kardinal ließen sich dazu hinreißen, Franziskus offen in einem Buch den Verrat von Glaubenswahrheiten vorzuwerfen. Der konnte gar nicht schnell genug schauen und schon hatte Franziskus ihm seine wichtige Kongregation weggenommen und auf einen unbedeutenden Ehrenposten abgeschoben. Das hinderte ihn aber nicht daran, bei Messen noch immer mit einer sechs Meter langen roten Schleppe aufzutreten und selbst bei den frömmsten Gläubigen Kopfschütteln auszulösen. Trotzdem waren solche Leute wichtig. Man brauchte nur ein bisschen ihre Eitelkeit zu streicheln und schon blähten sie ihr Ego auf und stürmten los. Wie in jedem Krieg waren sie die Vorhut, die nur dazu diente, das feindliche Feuer auf sich zu lenken. Um Franziskus so schnell wie möglich loszuwerden, musste man klüger vorgehen.

Die hohe Kunst der vatikanischen Intrige

Es gab wohl niemanden auf der Welt, der genau wusste, wie viele prachtvolle Wohnungen im Vatikan existierten. Was man allerdings annehmen konnte, war die Tatsache, dass in mindestens einem dieser Zimmer immer jemand eine Intrige oder Schlimmeres plante. Das Gebäude, in dem Kardinal Bassano residierte, befand sich nur wenige Schritte von dem Ort entfernt, an dem einst ein Obelisk stand. Die im Pflaster genau markierte Stelle sollte jeden Besucher daran erinnern, dass dort einst die blutigen Schaukämpfe im Circus des Caligula stattgefunden hatten. Der Obelisk war erst im Jahr 1586 auf den Petersplatz versetzt worden. Die unheilvolle Energie der Vergangenheit strahlte weiter. Am Tag nach Franziskus' »Weihnachtsstrafpredigt« trafen sich dort fünf Männer im Salon der Wohnung von Bassano. Es gab mehrere Hauseingänge, die zu dem Lift führten, mit dem man in das dritte Stockwerk gelangte. Nur einem Außenstehenden wäre aufgefallen, dass fast alle Lifte in Gebäuden des Vatikans mit dem gleichen hellen Kunstholzfurnier tapeziert waren. Nur eine ästhetische Geschmacklosigkeit oder hatte jemand gute Kontakte zum Vatikanischen Bauamt?

»Jetzt hat er den Bogen endgültig überspannt. So geht man mit seinen Brüdern nicht um. Aber was will man von einem Papst, der eine Umfrage unter allen Katholiken macht. Seit wann fragen die Hirten ihre Schafe nach dem Weg? Demnächst lässt er fragen, ob wir die Sünde abschaffen sollen«, eröffnete der Gastgeber Kardinal Bassano die Runde, nachdem eine geistliche Schwester den Kaffee serviert hatte.

Kardinal Francesco di Adagio war Professor an der Gregoriana für Dogmatik und ein Spezialist für die alten Kirchenväter, vor allem für das Werk des heiligen Augustinus. Er galt nicht als Freund vieler Worte, wusste dafür aber einen einzigen Satz als Stilett zu gebrauchen, das treffsicher in die schwächste Stelle seines Gegners eindrang: »Ich habe das theologische Gesamtwerk von Franziskus gelesen. Und ich habe nicht lange gebraucht dafür.«

Erzbischof Karl Beckmann, trotz seines »jugendlichen« Alters von 59 Jahren schon lange in der Kurie tätig, zählte zu den wichtigsten Ansprechpartnern für die konservativen deutschen Kirchenkreise: »Der Franziskus-Hype ist doch völlig oberflächlich. Wäre seine Wirkung eine religiöse, dann wäre nicht der Petersplatz überfüllt mit Touristen, sondern die Kirchen voll mit Gläubigen.«

Kardinal Giovanni Pollinetti hatte der Einladung von Bassano nur Folge geleistet, weil er wusste, dass die K-9-Kardinalskommission die Zerschlagung seines mächtigen Reiches innerhalb der Kurie plante: »Bergoglio hat sich vor dem Konklave 2005 einmal zu Wort gemeldet. Es war sein erster öffentlicher Angriff auf die Kurie, mit dem er versuchte, die romfeindlichen Dritte-Welt-Kardinäle hinter sich zu bringen, womit er damals scheiterte. Aber man darf seine Zielstrebigkeit keinesfalls unterschätzen. Ich kann mich noch erinnern, dass sein Italienisch mangelhaft war, vor allem für jemanden, dessen Muttersprache Spanisch ist. Von einem befreundeten Jesuiten weiß ich, dass er nach seiner Niederlage gegen Ratzinger bei einer Sprachlehrerin in Buenos Aires Nachhilfestunden in Italienisch genommen hat.«

Die Diskussion dauerte fast zwei Stunden und diente einem gegenseitigen Abtasten, wie weit man zu gehen bereit war. Kardinal Bassano fungierte während der ganzen Zeit als höflicher Diskussionsleiter, der es dann als sein Recht sah, das letzte Wort zu haben: »Liebe Mitbrüder, es hat einige Päpste in der Geschichte gegeben, die auf Abwege zu geraten drohten. Mit Gottes Hilfe bildeten sich dann immer Kräfte in der Kirche, die sie davor bewahrt haben. Diese positiven Kräfte zu sammeln und zu stärken sollte unser Ziel sein.«[6]

Treffen wie dieses fanden ab nun regelmäßig nicht nur in der Residenz von Angelo Bassano statt, wenngleich er fast immer dabei war. Dass die Kommunikation per Telefon oder gar E-Mail innerhalb dieses Netzes verboten war, musste nicht einmal ausdrücklich erwähnt werden. Einige der eingeweihten Prälaten hatten ohnehin noch nie in ihrem Leben einen Computer selbst bedient. Eines hatten alle von Bassano ausgewählten Kardinäle, die er um sich sammelte, gemeinsam: Sie waren so wie er noch einige

Jahre von der Altersgrenze von 80 Jahren entfernt, mit der ein Kardinal sein Teilnahmerecht am nächsten Konklave verlor.

Von den fast hundert Kardinälen, die das 80. Lebensjahr überschritten hatten, lebten viele oft vereinsamt in ihren riesigen Zimmerfluchten. Ihr einziger Kontakt war der zu einer Ordensschwester, die jeden Tag nach dem Rechten sah. Einige ehemals hohe Würdenträger litten seit ihrem Amtsverlust unter so großen finanziellen Problemen, dass sie ihre wenigen Besuche um Geldspenden bitten mussten. So wollte Kardinal Angelo Bassano eines Tages nicht enden. Franziskus sollte ihm bald eine gute Gelegenheit zum Angriff aus dem Hinterhalt bieten. Es gab ein heißes Eisen, das der Papst demnächst angreifen musste. Und so wurde Bassano zum Sammler. Er sammelte die Unzufriedenen.

---

[1] Attentatspläne auf Papst Franziskus sind nicht aus der Luft gegriffen. So behauptete zum Beispiel der ehemalige Polizeichef von Manila, dass die islamistische Terrorgruppe »Jemaah Islamiyah« anlässlich des Papstbesuches auf den Philippinen vom 15. bis 18. Jänner 2015 ein Bombenattentat geplant hätte. Die Angst vor einem Attentat auf Papst Franziskus soll auch einer der Gründe für den Rücktritt des Kommandanten der Schweizer Gardisten Daniel Anrig im Dezember 2014 gewesen sein, da er für die Sicherheit des Papstes nicht mehr garantieren konnte.

[2] Die Affäre um die Luxusresidenz von Kardinal Bertone fand seinen Niederschlag in italienischen und internationalen Medien, z. B. Constanze Reuscher: »Kardinal baut ›Goldenes Penthouse‹ im Vatikan« in der »Welt« vom 21. 4. 2014.

[3] Der Originaltext der Weihnachtsansprache von Franziskus ist auf der offiziellen Website von Radio Vatikan nachzulesen: http://de.radiovaticana.va/news/2014/12/23/die_papstansprache_an_die_kurie/1115831

[4] Die fiktive Figur des Kardinals Bassano steht symptomatisch für einen der traditionellen italienischen Kurienkardinäle, die den Kurs von Papst Franziskus teils verdeckt, teilweise sogar offen bekämpfen.

[5] Die Figur des Kardinals Carlo Mattachione ist fiktiv. Das beschriebene Muster vatikanischer Karrieren ist real.

[6] Der Dialog ist fiktiv, aber die kritischen Zitate über Franziskus stammen wörtlich aus öffentlichen Aussagen seiner Gegner.

2017: Das ewige Lied vom Priester und seiner Geliebten

In Papst Franziskus setzte sich immer stärker die Überzeugung durch, dass der Zölibat langfristig nicht haltbar war. Nach der von ihm geschätzten Jesuitenzeitschrift »La Civiltà Cattolica« hatten 69.000 Priester in den 40 Jahren vor 2007 ihr Amt aufgegeben, um zu heiraten. In den Jahren danach existierte nur eine Dunkelziffer, die von über 100.000 ausging. Eine noch viel größere Anzahl von Priestern, vorwiegend in Europa und Südamerika, ignorierte schlichtweg den Zölibat. Sie mussten mit keinen Konsequenzen rechnen, solange sie sich nicht öffentlich zu ihrer Frau bekannten. Heuchelei, Doppelmoral und Denunziation blühten. Zustände, die Franziskus zutiefst zuwider waren.

Die gelebte Praxis des Zölibats – eine Fallstudie von vielen

»Dein Leben ist filmreif.« Diesen Satz hatte Raphaela schon oft gehört. Er klang für sie besser, als es war. Jedenfalls hatte sie ein reiches Leben. Reich an Liebe, reich an Kindern und vor allem reich an Tränen und enttäuschten Hoffnungen. Und es war ein sehr katholisches Leben. Das Katholische lag bei ihr im Blut. Ihr Vater wollte ursprünglich Priester werden und hatte schon die niedrigen Weihen. Doch dann entschied er sich für seine zweite berufliche Leidenschaft und wurde Psychoanalytiker. Ein sehr guter sogar. Er führte gemeinsam mit seiner Frau eine gut gehende psychoanalytische Praxis in der Münchner Innenstadt in der Salvatorstraße ganz in der Nähe der Griechisch-Orthodoxen Kirche.[1]

Die katholische Kirche und die Psychoanalyse waren die zwei Säulen, an denen sich Raphaelas Erziehung orientierte. Die Kirche stand für die äußere Welt mit Ritualen, Geboten und Verboten. Die Psychoanalyse schuf eine offene Atmosphäre, in der sie und ihre Schwester Dorothea am Mittagstisch von ihren Hoffnungen, Ängsten und Sorgen erzählen konnten. Diese heile Welt funktionierte immer so lange, bis sich die Kirche und die Psychoanalyse in die Quere kamen.

Ein großer Mann der Kirche und seine Nähe zu den Menschen

Ohne den Begriff Tabu genau zu kennen, spürten die beiden Töchter bald, dass Themen existierten, über die man nicht sprach. Da gab es den Zwillingsbruder der Mutter, ein hoch angesehenes Mitglied des Münchner Domkapitels. Dieser besuchte die Familie häufig und anfangs fragten die beiden Töchter mit kindlicher Neugierde, wer denn die Frau war, die den Onkel Dompfarrer immer begleitete. Irgendwann wandelte sich die kindliche Naivität in die Gewissheit des Unaussprechlichen. Die »gute Bekannte« des Onkels war 20 Jahre lang seine Geliebte, beichtete ihnen schließlich die Mutter. In der Münchner Gesellschaft wusste fast jeder, dass sie zu ihm gehörte, aber er konnte natürlich nicht offen mit ihr leben. Denn was in der katholischen Welt nicht sein durfte, konnte nicht sein. Der Domherr war auch Vater. Allerdings hatte er das Kind nicht mit seiner Geliebten, sondern mit einer anderen Frau, wie Raphaela nach seinem Tod erfuhr. Onkel Johannes war nämlich ein sehr attraktiver und charismatischer Mann. Als er zum Priester geweiht wurde, saßen in den ersten Bankreihen der Kirche lauter weinende Frauen, erzählte die Mutter mit einem gewissen Stolz auf ihren Zwillingsbruder. Irgendwie dürfte Onkel Johannes der ständige Wechsel zwischen Schein und Sein auf Dauer nicht gut bekommen sein. Er starb mit knapp über 60 Jahren an seinem fortgeschrittenen Alkoholismus. Ein ganz großer Mann der Kirche sei er gewesen, unbeugsam, wenn es darum ging, Glauben und Moral gegen den Zeitgeist zu verteidigen, wurde er in der Predigt des Kardinals bei seinem prachtvollen Begräbnis gewürdigt. Und vor allem hätte er als Seelsorger immer die Nähe zu den Menschen gesucht.

Gehet hin und vermehret euch

Kurz nachdem Raphaela mit ihrem Studium der Publizistik begonnen hatte, verliebte sie sich oder glaubte das zumindest. Das Verbot des vorehelichen Geschlechtsverkehrs empfand sie nicht als Belastung, denn für Raphaela war es selbstverständlich, dass sie ihre Liebe so bald wie möglich heiraten würde. Das erste Kind kam auch sehr schnell. Dessen Erzeuger verschwand noch vor dessen Geburt auf Nimmerwiedersehen.

Kurz darauf lernte Raphaela ihren Mann kennen, einen ehrgeizigen, jungen Arzt. Er brachte selbst ein Kind aus erster Ehe mit. Innerhalb kurzer Zeit wuchs die Familie auf fünf Kinder, jeweils ein »mitgebrachtes« und drei gemeinsame. Raphaela brach ihr Studium ab und kümmerte sich ausschließlich um die Erziehung der Kinder. Mit Ausnahme der Tatsache, dass sie nur standesamtlich, aber nicht kirchlich heiraten konnten, boten sie nach außen das Bild einer Musterfamilie. Ihr Mann machte Karriere und wurde ein erfolgreicher Herzchirurg am renommierten Deutschen Herzzentrum München. Raphaela nahm einige Anläufe, ihr Studium zu vollenden, die jedoch immer wieder an den Mühen des Alltags innerhalb einer großen Familie scheiterten.

Die Ehe wurde von jenem eisernen Gesetz zerrüttet, dem viele Beziehungen nach einigen Jahren und Kindern unterworfen sind. Am Ende wurde nur mehr gestritten und der eheliche Sex erreichte den Nullpunkt. Jenen Punkt, an dem es beiden Partnern peinlich wird, auch nur über Sex zu reden, weil der letzte schon so lange zurücklag. Die meisten Männer reden nicht über den sexuellen Stillstand in ihrer Ehe, sie suchen auswärts nach Abhilfe. Raphaelas Mann ließ sich immer wieder auf neue Verhältnisse ein, wozu er als Arzt viele Möglichkeiten hatte. Er genoss das geordnete

Familienleben daheim und die unbeschwerten Abenteuer außerhalb. Schließlich einigte sich Raphaela mit ihrem Mann darauf, eine offene Ehe zu führen. Ein Experiment, an dem schon so reflektierte Freigeister wie Simone de Beauvoir und Jean-Paul Sartre gescheitert waren, konnte wohl kaum als Erfolgsmodell für zwei stark durch ihre katholischen Wurzeln geprägte Menschen dienen. Offene Beziehungen scheitern meist daran, dass zumindest einer von beiden immer leidet. So kam es zum Eklat, als Raphaela erfuhr, dass eine der Geliebten ihres Mannes ihr Haus in ihrer Abwesenheit ausgependelt hatte, um den spirituell günstigsten Raum für kosmischen Sex herauszufinden.

Das Ehepaar wahrte »für die Kinder« den Schein nach außen. Dieser Zustand währte noch vier Jahre, bevor Raphaelas Gatte endgültig zu einer Freundin zog und die Scheidung einreichte.

Kann denn Liebe Sünde sein?

Dann trat »er« in Raphaelas Leben. Ein Freund stellte ihr bei einem Abendessen einen attraktiven Mann in den Fünfzigern vor. Er war ein hochangesehener Theologe und, und … ja, und er würde in drei Tagen zum Priester geweiht werden.

Es folgten die schlimmsten drei Jahre in Raphaelas Leben. Da war auf der einen Seite eine ungeheure Anziehung und auf der anderen die völlige Unmöglichkeit der ganzen Situation. Die Beziehung wurde schnell sehr intensiv. Als sie ihrer älteren Schwester gebeichtet hatte, dass sie einen Priester liebte, brach diese in Tränen aus. »Ja, das ist eine Katastrophe, aber wir werden einen Weg finden«, antwortete Raphaela trotzig. In ihrer blinden Verliebtheit hoffte sie, dass er sich für sie und gegen seine Berufung entscheiden würde. Der Priester machte ihr sogar einen Heiratsantrag und schwor ihr, dass sie die Frau seines Lebens sei. So bald wie möglich würde er das Amt für sie aufgeben. Nur so kurz nach seiner Weihe ginge das eben nicht, das wäre ein riesiger Skandal. Um ihre Leidenschaft ausleben zu können, übernachtete Raphaela anfangs in dem kleinen Zimmer, das ihrem Priester als Kaplan zustand, Wand an Wand mit dem Pfarrer, bei dem er arbeitete. Es passierte zweimal, dass Raphaela um sieben Uhr in der Früh das Zimmer verließ und auf dem kleinen Verbindungsgang dem Pfarrer begegnete. Der war offensichtlich Kummer mit seinem reifen Kaplan gewöhnt, sagte kein Wort und ging an ihr vorüber, als wäre sie nicht vorhanden.

Um sich diese Demütigungen zu ersparen, entschied sich Raphaela, ihre Kinder einzuweihen. Sie wollte sie nicht anlügen, weil ihre Kinder ein Recht auf die Wahrheit hatten und sie deren Vertrauen nicht verlieren wollte. Raphaela begann schon Platz für seine vielen Bücher in ihrem Wohnzimmer freizuräumen, weil sie ständig darauf hoffte, dass er demnächst bei ihr einziehen würde. Bis auf Weiteres kam er zu ihr nach Hause, verbrachte die Nacht bei ihr und schlich am Morgen hinaus. Die Kinder wussten zwar, dass der Priester bei ihrer Mutter übernachtete, aber als er der ältesten Tochter eines Nachts nackt bis auf die Unterhose auf der Toilette begegnete, war es vorbei mit dem häuslichen Frieden. Die Tochter zog für eine Woche zu einer Freundin.

»Ich habe Dich auch so lieb.« – »Mein geliebter Schatz, ich fühle mich in Deinen Armen so wohl.« Diese gerade eingehenden SMS, die eindeutig nicht ihr galten, entdeckte Raphaela eines Tages auf dem Mobiltelefon ihres Priesters. Er stritt alles ab und behauptete, das sei eine völlig verrückte Verehrerin von ihm, die sich da etwas einbildete. Von diesem Augenblick an wurde Raphaela misstrauisch. Immer wieder kamen SMS von Frauen, er zeigte sie ihr auch manchmal: »Kann denn Liebe Sünde sein?«, fragte eine von ihnen. Anscheinend hatte er gepredigt, dass vorehelicher Geschlechtsverkehr eine Sünde ist. Und dann antwortete er ihr in Raphaelas Anwesenheit: »Geschlechtsverkehr außerhalb einer geweihten Ehe ist nicht akzeptabel.« – »Das kann doch jetzt nicht Dein Ernst sein. Seit wann sind wir beide verheiratet? Du kommst aus meinem Bett und verteidigst den Zölibat. Stellst Dich auf die Kanzel und spielst den Heiligen. Wie schaffst Du das?«, empörte sich Raphaela.

Spiritualität als Generalschlüssel

Die Bombe platzte, als ihm eines Tages herausrutschte, dass eine der Frauen, mit der er offensichtlich ständig in Kontakt stand, zum Generalvikar gegangen war und ihn angezeigt hatte. Sie bohrte nach und nach langem Leugnen gestand er ihr, dass er auch mit dieser anderen Frau ein sexuelles Verhältnis gehabt hatte. Raphaela begann nachzuforschen und fand heraus, dass ihr fescher Priester neben ihr mehrere Geliebte hatte. Der Priester handelte nach einem klaren Muster. Zuerst baute er eine spirituelle Beziehung zu Frauen auf, die immer intensiver wurde, um sie dann sexuell zu verführen.

Raphaelas Kinder spürten wohl die starke Verbindung zwischen ihrer Mutter und dem Priester, doch es war ihnen bewusst, dass es sich um etwas Verbotenes handelte. Die Fernsehromanze »Dornenvögel« war in den Achtzigerjahren nicht zufällig so erfolgreich, die geheime Liebe zu einem Priester hatte offenbar etwas Reizvolles. Solange die Kinder hoffen konnten, dass sich der Priester ernsthaft bemühte, sein Leben für sie alle neu zu ordnen, bemühten sie sich um ihn. Als sie allerdings merkten, dass der gute Priester nicht nur mit ihrer Mutter, sondern auch mit anderen Frauen Verhältnisse einging, wendete sich das Blatt gegen ihn. Raphaelas Jüngster sagte eines Tages zu ihr: »Mami, ich habe noch nie jemanden gesehen, der so dunkel ist.«

Wer sich nicht sofort entscheidet, der entscheidet sich nie

Raphaela stellte den Geistlichen vor die Entscheidung, sich entweder für sie und ihre Familie oder für sein Doppelleben als Priester mit mehreren Geliebten zu entscheiden. Daraufhin schwor er ihr wieder seine Liebe und lud sie und die Kinder ein, zu ihm in die Sonntagsmesse zu kommen. Sie hasste sich noch lange dafür, dass sie diesem Wunsch nachgegeben hatte. Es war grauenvoll für sie, wie er dort vor dem Altar stand, salbungsvoll redete und dabei dauernd zu ihr herschaute. Sie hatten die Nacht davor gemeinsam verbracht, weil sie, wie so oft, wieder schwach geworden war. Dann verteilte der Priester mit seligem Gesichtsausdruck die Kommunion an ihre Kinder. Die Situation war so widerlich für sie, dass sie nicht zur Kommunion gehen konnte. Sie besuchte auch nie wieder eine Messe bei ihm. Ihr Sohn fragte sie kurz danach: »Wenn ich in der Schule ein Zeugnis fälsche, dann gibt es ein Disziplinarverfahren und ich fliege von der Schule. Und wenn dieser Priester sein Gelübde mit Dir und anderen Frauen bricht, darf er trotzdem die Messe feiern und Firmungsunterricht geben?«

Mittlerweile war Raphaela völlig fertig und hatte ständig Ohnmachtsanfälle. Eine gemeinsame Freundin von ihr und dem Priester redete diesem dann ins Gewissen. Als Raphaela aus dem Spital kam, versprach er ihr, einen Brief an seinen Kardinal zu schicken, in dem er sich zu ihr bekannte. Zu diesem Zeitpunkt wäre sie sogar bereit gewesen zu akzeptieren, dass er Priester bleibe, aber sie wollte einfach, dass sie eine Position in seinem Leben bekäme und sich nicht ständig verstecken musste.

Ein schönes Paar

»Der Kardinal ist gerade nicht in München, nächste Woche schicke ich den Brief ab«, vertröstete sie der Priester immer wieder. Der Brief wurde natürlich nie aufgegeben. Daraufhin tat Raphaela etwas, das sie sich nie zugetraut hätte. Sie ersuchte um ein Gespräch beim Generalvikar, um die Situation für sich zu klären. Zuerst wurde sie zu einem Vorgespräch mit einem Sekretär des Generalvikars eingeladen, um ihr Anliegen vorzubringen. Obwohl sie ihm den Namen des Priesters gar nicht genannt, sondern nur die Situation beschrieben hatte, sagte er ihr auf den Kopf zu, um wen es sich handelte. Dann fügte er noch hinzu: »Sie sind ein schönes Paar.«

Das Gespräch mit dem Generalvikar verlief noch absurder. Er hörte sich ihre Geschichte an und schrieb vier Seiten schweigend mit. Als sie geendet hatte, fragte er, ob sie denn Beweise für ihre Beschuldigungen habe. »Wenn Sie das wirklich sehen wollen, dann von mir aus«, antwortete sie völlig verdutzt. Wie viele verliebte Frauen hatte sie quasi ihre gesamte Beziehung zu ihrem Geliebten mit Fotos und SMS bestens dokumentiert. Es gab auch mehrere Videos, auf denen er glücklich in die Kamera blickte und sie als die große Liebe seines Lebens rühmte. Daraufhin verlangte der Generalvikar von Raphaela, dass sie ihm alle elektronischen Dokumente per E-Mail schicken sollte. Auch das versprach sie. Nach dem einstündigen Gespräch bedankte er sich höflich für ihre Offenheit. Das war es dann. Raphaela hörte nie wieder etwas von dem Generalvikar. Von Insidern der Diözese erfuhr sie durch Zufall, dass der Generalvikar selbst eine Freundin hatte. Nach drei Jahren, mit vielen Rückfällen, Zusammenbrüchen und einem Meer von Tränen, gelang es Raphaela endgültig, von ihrem Priester loszukommen.

Wenn sie danach gefragt wurde, bezeichnete sich Raphaela weiterhin als praktizierende Katholikin. Sie schaffte es einfach nicht, alles über Bord zu werfen. Sie war tief in der katholischen Kirche verwurzelt, davon konnte sie sich nicht komplett abschneiden. Noch nicht. Ihr ging es vor allem um ihre Kinder. Wenn sie mit allem brechen würde, was ihr in der Vergangenheit heilig war, würde das ihre Kinder noch mehr verwirren. Ihr Konflikt mit der Kirche hatte sich ohnehin schon auf die Kinder ausgeweitet. Die älteren wollten aus der Kirche austreten. »Warum sollen wir in die Kirche gehen und uns sagen lassen, wie wir leben sollen? Dabei erleben wir täglich das genaue Gegenteil.« Raphaela schickte drei ihrer Kinder zum ökumenischen Jugendtreffen nach Taizé, was ihnen zumindest kurzfristig half, ihren Glauben wiederzufinden. Sie selbst schaffte es aber immer seltener, am Sonntag in die Kirche zu gehen. Ihren Glauben gab sie nicht auf. In Zukunft würde sie ihn wohl ohne die Kirche leben. Das taten ohnehin immer mehr Menschen.

Raphaela war kein Einzelschicksal. Im 20. Jahrhundert wurde aus einem »Geschenk Gottes«, wie der Zölibat von seinen Verteidigern bezeichnet wurde, immer mehr ein existenzgefährdendes Problem der Kirche.

---

1 Alle Personen in diesem Kapitel sind frei erfunden, stehen aber für tatsächliche Lebensgeschichten von Menschen, die unter der Doppelmoral der Kirche beim Thema »Zölibat« leiden.

2017: Gottesmänner und Sexualität –
Ein ewiger Streit und seine Lösung

»Die Kleriker sind gehalten, vollkommene und immerwährende Enthaltsamkeit um des Himmelreiches willen zu wahren; deshalb sind sie zum Zölibat verpflichtet, der eine besondere Gabe Gottes ist, durch welche die geistlichen Amtsträger leichter mit ungeteiltem Herzen Christus anhängen und sich freier dem Dienst an Gott und den Menschen widmen können.«

Codex Iuris Canonici

Der Zölibat war nie ein Dogma, aber wesentlich durch die Tradition der katholischen Kirche begründet. Auf der Synode von Elvira beschloss die westliche Kirche im Jahr 306, dass verheiratete Priester nicht mehr mit ihren Frauen zusammenleben durften. Dieses Verbot wurde aber lange nicht konsequent umgesetzt. In Deutschland wagten bis ins Mittelalter nur wenige Bischöfe, die römischen Dekrete zu verkünden. So wäre der Bischof von Passau, der versuchte, den Zölibat durchzusetzen, von seinem Klerus beinahe gelyncht worden. Erst Papst Paul III., der selbst vierfacher Vater war, setzte beim Konzil von Trient den Zölibat im Jahr 1545 endgültig als Gesetz durch. Ein profaner Grund dafür war die Befürchtung, den Reichtum der Kirche an die Erben der Priester zu verlieren. Seit damals scheiterten alle Anläufe, den Zölibat und das damit verbundene lebenslange Verbot von Sexualität als zwingende Voraussetzung für das Priesteramt wieder abzuschaffen. Nur in den Ostkirchen durften Priester mit Ausnahme von Bischöfen und Mönchen weiterhin heiraten. Die Ostkirchen verloren dadurch nichts von ihrem Reichtum, weil dieser immer bei der Kirche blieb und eben nicht an die Kinder überging, wie das die katholische Kirche befürchtete.

Eines der stärksten Argumente für die Wahl eines zölibatären Lebens ist das Vorbild Jesu Christi, der ebenso wie Paulus unverheiratet war. Die Askese spielt auch in vielen anderen spirituellen Lehren eine wichtige Rolle. Der Priester transformiert sein sexuelles Bedürfnis auf eine höhere Ebene und stärkt so sein Charisma.[1] Soweit die Theorie, die bekanntlich geduldig ist.

Die Realität innerhalb der katholischen Kirche sah immer anders aus, davor schützte nicht einmal die Weihe durch den Papst persönlich. Von den 76 von Papst Johannes Paul II. im Jahr 1979 bei seiner ersten Lateinamerikareise persönlich geweihten Priestern waren sechs Jahre später 35 von ihnen schon wieder aus ihrem Amt geschieden, alle wegen Heirat.[2] Dieses Beispiel stand für einen von der Kirche offiziell immer geleugneten, aber unaufhaltsamen Trend.

Als erster Papst entschloss Franziskus sich, die Betroffenen einzuladen, über ihre Situation zu berichten. Den Anfang machte ein Brief, der von 26 Frauen unterzeichnet war, die alle aus dem katholischen Kernland Italien stammten.[3] Sie hatten oft jahrzehntelang eine Beziehung zu einem Priester und wollten mit der Initiative eine »Mauer des Schweigens und der Gleichgültigkeit durchbrechen«, der sie jeden Tag begegneten. In berührenden Worten erzählten sie von ihren Schicksalen, den Demütigungen, der Entwürdigung und dem Leiden der gemeinsamen Kinder. Sie appellierten an Franziskus, das Eheverbot für Priester abzuschaffen und ihnen die Legalisierung ihrer Kinder und Ehe zu ermöglichen. Franziskus antwortete darauf, dass sich alle Frauen, die mit einem Priester zusammenlebten, direkt an ihn wenden könnten. Er würde ihre Anonymität schützen. Was folgte, war eine Sintflut an Briefen und E-Mails aus der ganzen Welt. Die meisten der Frauen, darunter auch die Mütter betroffener Frauen, unterschrieben mit vollem Namen.

Franziskus stellte das Thema »Neue Wege der Berufung« in den Mittelpunkt der Bischofssynode im Jahr 2017. Jeder ahnte, was sich hinter diesem harmlosen Titel verbarg. Die erste mit Spannung erwartete Wortmeldung kam von einem Bischof aus Brasilien: »In den ländlichen Gebieten Südamerikas ist es für einen Bischof sehr schwer, überhaupt noch einen gut ausgebildeten Priester zu finden, der völlig auf sich allein gestellt fast ohne Unterstützung überleben kann. Daher werden dorthin jene geschickt, die aus armen Familien stammen und im Priesterseminar nur die minimalsten Anforderungen erfüllt haben. In Wirklichkeit sind das ›Priester zweiter Klasse‹, die quasi in den Dschungel geschickt werden. Von seiner Gemeinde wird die Situation geduldet, solange der Priester gute Arbeit leistet und es keine Skandale gibt. Alle wissen, wer die Frau des Priesters ist, und dass er mit ihr Kinder hat. In manchen Gebieten wird sie sogar ›Frau des Pfarrers‹ genannt. Die Leute machen Witze darüber, dass alle Gläubigen zum Priester ›Vater‹ sagen dürfen – alle außer seine eigenen Kinder. Wenn wir hier offen reden, dann müssen wir sagen, dass es Bischöfe gibt, die zusätzliche Mittel für die Ausbildung der Kinder dieser Priester bereitstellen, wenn sie mit ihnen sehr zufrieden sind. Ich selbst gehöre zu diesen Bischöfen.«

Nach diesen Worten erstarrten die Gesichter einiger Teilnehmer. Sie ahnten, dass damit der Damm gebrochen war. Als Nächster meldete sich ein Kardinal aus Kolumbien: »Der Zölibat hat nur dann eine Zukunft, wenn er sich als Wahlmöglichkeit für Menschen anbietet, die ihr ganzes Leben völlig dem Dienst Gottes widmen wollen, aber nicht als prinzipieller Ausschlussgrund, um Priester zu werden. Selbstverständlich können verheiratete Männer hervorragende Priester sein, wie die orthodoxen oder die altkatholischen beweisen. Wie wir alle wissen, gibt es im Neuen Testament den ausdrücklichen Hinweis, dass sogar Bischöfe heiraten dürfen: ›Deshalb soll der Bischof ein Mann ohne Tadel sein, nur einmal verheiratet, nüchtern, besonnen, von würdiger Haltung, gastfreundlich, fähig zu lehren; er sei kein Trinker und kein gewalttätiger Mensch, sondern rücksichtsvoll; er sei nicht streitsüchtig und nicht geldgierig. Er soll ein guter Familienvater sein und seine Kinder zu Gehorsam und allem Anstand erziehen.‹[4] In Südamerika kämpft eine große Anzahl von Priestern täglich mit dem Entschluss, sich zu ihrer Frau und den Kindern zu bekennen. Wir können uns nicht leisten, diese auch noch zu verlieren.« Seine Wortmeldung wurde heftig akklamiert.

Es folgte ein italienischer Kardinal, der seine bebende Stimme unter Kontrolle zu bringen versuchte. In seiner Brust rangen zwei nicht vereinbare Gefühle miteinander, die absolute Treue zum Papst und das Festhalten an dem, was er für katholisch hielt: »Natürlich hat es immer Priester gegeben, die mit dem Zölibat zu kämpfen hatten, und einige sind auch gescheitert, weil sie die Schwäche ihres Fleisches nicht überwinden konnten. Wir sollen sie nicht ausstoßen, sondern ihnen helfen, sich zu reinigen und wieder aufzustehen. Aber die überwältigende Mehrzahl hat den Zölibat immer als ein Geschenk gesehen und war dankbar dafür, sich ganz für Gott und ihre Berufung entscheiden zu können. Auch in anderen Kulturen hat die Ehelosigkeit einen hohen Wert, wie die Bewunderung des Dalai Lamas zeigt. Gerade in unserer versexten und materialistischen Welt strahlt der katholische Priester ein einzigartiges Charisma aus. Es gibt bequemere Lebenswege als den der radikalen Frömmigkeit. Aber dort, wo der Zölibat gelingt, hat er etwas Strahlendes. Denken wir nur an Augustinus, Thomas von Aquin, Franz von Assisi, Ignatius von Loyola oder Mutter Teresa.«

Natürlich hoffte auch der Italiener auf lautstarke Unterstützung und einige seiner Gefolgsleute versuchten auch durch heftiges Klatschen einen mächtigen Applaus anzureißen, doch nur wenige fielen ein. Für erfahrene Beobachter war damit noch nicht entschieden, wie die Stimmung im Saal wirklich war, denn sie wussten, dass sich die bei Weitem größte Fraktion der Vorsichtigen davor hüten würde, sich vorschnell auf die falsche Seite zu schlagen.

Eine Woche lang wogt die Debatte zwischen sündigen Konkubinen und priesterlosen Gemeinden

Die Wortmeldung eines spanischen Kardinals, die wegen ihrer vermeintlichen Frauenfeindlichkeit auch in einigen Zeitungen abgedruckt wurde, war typisch für die Verteidiger des Zölibats: »Wie hat doch unser geliebter Papst Benedikt so schön formuliert: ›Man soll nicht glauben, dass die Ehe einfacher ist als der Zölibat.‹ Als Seelsorger habe ich erlebt, wie belastend eine Familie für einen Ehemann sein kann. Es ist für mich unvorstellbar, dass ein Priester dann noch Zeit und Kraft hat, um sich um seine Gemeinde zu kümmern. In Spanien haben übrigens Mütter von Priesterkandidaten und Novizen auf den Brief der 26 italienischen Priesterkonkubinen geantwortet und den Heiligen Vater ersucht, ihren Söhnen auch weiterhin diesen besonderen Weg zur Heiligkeit zu erhalten. Es würde hier persönliche Sündhaftigkeit zu einem Problem kirchlicher Tradition umgedeutet. Diesen frommen und klugen Frauen kann ich mich nur anschließen.«

Ein Jesuit versuchte die Diskussion auf eine sachliche Ebene zu bringen: »Unabhängig vom Zölibat muss sich die Selektion von Priesterkandidaten völlig ändern. Es reicht nicht wie in der Vergangenheit, dass ein junger Mann fromm und hoffentlich klug ist. Und nach sechs Jahren wird er dann Priester. Wenn er aus einem katholischen Internat kommt, hatte er bis dahin oft keinen Kontakt zu Frauen außerhalb seiner Familie, nie eine nackte Frau gesehen oder gar berührt. Und auf einmal soll er Frauen unbefangen in der Beichte über sexuelles Begehren, Untreue und Keuschheit beraten? Aber auch wenn man Männer, die den Priesterberuf ergreifen, noch so gut begleitet, hat man keine Garantie, dass diese dann nicht später einmal ihre Berufung wegen einer Frau aufgeben.«

Ein österreichischer Abt nahm sich kein Blatt vor den Mund: »Ein Beispiel, das ich selbst kenne, zeigt, zu welch absurden Situationen die unterschiedliche Behandlung von römisch-katholischen Priestern und jenen der katholischen Ostkirchen führt. In einer Pfarre in einem Stadtrandgebiet von Wien hatte sich der Priester durchgerungen, seiner gut funktionierenden Gemeinde mitzuteilen, dass er eine Freundin habe und mit ihr eine Familie gründen wolle. Für die meisten war das ohnehin keine große Überraschung und sie kämpften beim Bischof vergeblich dafür, ihn behalten zu dürfen. Der Bischof schickte dann einen ukrainischen Priester. Der zog mit seiner Frau und seinen Kindern als Nachfolger in das Pfarrhaus ein. Die Pfarre befindet sich seit damals in einem Zustand der Auflösung. Ich kann mit jeder Entscheidung leben, nicht aber mit der Fortsetzung der Doppelbödigkeit.«

Ein südamerikanischer emeritierter Bischof, den Franziskus persönlich eingeladen hatte, meldete sich zu Wort: »Viele Erfahrungen der Kirche in Brasilien sind auch für die Kirchen in Europa wichtig. Ich meine vor allem die Frage nach der Mitverantwortung der Laien für ihre Kirche, die in Lateinamerika stark ausgeprägt ist. In Europa spürt man, dass viele Laien immer noch in einer Art Konsumentenhaltung verharren. In unseren Basisgemeinden hingegen erleben wir, wie positiv die Arbeit der Laien auch in Fragen der Gemeindeleitung sein kann. Ich zweifle nicht daran, dass auch in Europa in zehn Jahren sicher Frauen und Männer die Gemeinden leiten werden. Wenn die Laien nicht Verantwortung übernehmen, wird es keine Gemeinde mehr geben.«

»In Afrika kämpfen wir bekanntlich weniger mit dem Zölibat der Priester, sondern mit Polygamie, die leider auch unter den Katholiken nach wie vor sehr verbreitet ist. Sie können sich sicher vorstellen, wie schwierig es für unsere Priester ist, die Männer davon zu überzeugen, dass sie nur eine ihrer drei Frauen zu ihrer Ehefrau machen können, wenn sie Katholiken werden wollen«, antwortete ein südafrikanischer Kardinal.

Gegen Ende der Woche kam ein deutscher Kardinal zu Wort und versuchte die drohenden finanziellen Konsequenzen aufzuzeigen, die die Erziehung und Ausbildung der Kinder von Priestern hätten. Er kam zu dem Schluss: »Niemand wird gezwungen, katholischer Priester zu werden. Wer heiraten will, soll zu den Protestanten gehen. Mit ein bisschen Glück kann er dort sogar Bischof werden, wenn allerdings seine Frau klüger und frommer ist als er, dann wird sie Bischöfin und er muss sich um den Haushalt kümmern.« Wenigstens erntete der Deutsche einige Lacher von allen Seiten. Männerwitze dienen in einer Männergesellschaft immer zum Abbau von Spannungen.

Papst Franziskus hatte die heftige Diskussion eine Woche lang verfolgt und sich häufig Notizen gemacht. Niemand konnte in seinem Gesicht lesen, was in seinem Inneren vor sich ging.

Das Licht der Lösung kommt aus dem Osten

Nach einem Tag verdienter Ruhepause verteilte der Vorsitzende der Synode ein Papier, das ein Redaktionskomitee erarbeitet hatte. In der Einleitung wurde auf die Entscheidung von Papst Franziskus verwiesen, die er bereits vor drei Jahren im Juni 2014 getroffen hatte, dass verheiratete Männer aus den katholischen Ostkirchen ihrer Tradition folgend auf der ganzen Welt in ostkirchlichen Gemeinden zu katholischen Priestern geweiht werden durften. Das sei damals dringlich gewesen, weil ein beachtlicher Teil der rund 20 Millionen Gläubigen aus den Ostkirchen durch die Kriege im Nahen Osten aus ihrer Heimat vertrieben worden war. Seit damals hatte die Versöhnung mit den Ostkirchen ungeahnte Fortschritte gemacht, es war zu mehreren Treffen der Patriarchen mit dem Papst gekommen und selbst eine Wiedervereinigung der katholischen Kirche mit den Ostkirchen schien immer realistischer.

Dann kam die Sensation: In dem Text des Redaktionskomitees wurde vorgeschlagen, das bestehende Recht der katholischen Bischöfe, verheiratete Männer aus den Ostkirchen zur Priesterweihe zuzulassen, auch auf verheiratete Männer aus ihren eigenen Diözesen auszudehnen. De facto bedeutete dieser Vorschlag, dass Rom nicht mehr auf dem verpflichtenden Zölibat für Priester bestand, sondern es den örtlichen Bischöfen freistellen würde, auch verheiratete Männer zu katholischen Priestern zu weihen. Taktisch klug hatte Papst Franziskus dabei den Weg durch die Hintertüre der bestehenden Regelungen der Ostkirchen gewählt.

Der Vorsitzende schlug vor, die Synode in kleineren Arbeitsgruppen über diesen Vorschlag diskutieren zu lassen und ihn dann in einer Woche zur Abstimmung zu bringen. Der riesige Saal leerte sich innerhalb weniger Minuten. Die meisten Sitzungsteilnehmer griffen noch auf dem Weg nach draußen zu ihren Mobiltelefonen.

---

[1] Der Ausdruck Charisma kommt ursprünglich aus der jüdisch-christlichen Tradition und bezeichnet dort ein Geschenk Gottes an Menschen, das sie zu besonderer Inspiration oder Erleuchtung befähigt. Umgangssprachlich versteht man unter Charisma die starke Wirkung von Menschen auf andere.

[2] Otto Hermann Pesch: Das Zweite Vatikanische Konzil, S. 363.

[3] Jörg Bremer berichtet in der »Frankfurter Allgemeinen Zeitung« vom 25. 5. 2014 unter dem Titel »Katholische Kirche zwischen Gott und Frau« von dem Brief von 26 heimlichen Geliebten katholischer Priester an Papst Franziskus.

[4] Timotheus 3,2–4 EU.

2017: Die Konservativen schlagen zurück

Auf dem Petersplatz herrschte friedliche Ruhe an jenem Morgen, einen Tag, nachdem der Vorsitzende der Bischofssynode den Antrag eingebracht hatte, der es den Ortsbischöfen erlauben würde, verheiratete Männer zu Priestern zu weihen. Vereinzelte Touristen bahnten sich einen Weg zwischen den Absperrungen zum Eingangstor des Petersdoms, um sich einen guten Platz in der Reihe zu sichern, sobald dieses geöffnet wurde. Zur gleichen Zeit bat eine kleine Gruppe von Kardinälen und Bischöfen beim argentinischen Sekretär von Franziskus, der als sein enger Vertrauter galt, um einen dringenden Termin noch an diesem Tag.

Ein Grund, warum die Gegner von Franziskus so heftigen Widerstand gegen einen menschlicheren Umgang mit den geschiedenen Wiederverheirateten geleistet hatten, war ihre Angst, dass ein Sog entstünde, dem nichts mehr heilig wäre, sobald die Türe auch nur einen Spalt in Richtung einer Neuinterpretation von katholischen Glaubenswahrheiten geöffnet würde. Aufgrund der Vorausberichterstattung über die Ergebnisse der Umfrage über den Zölibat hatten sie keinen Zweifel darüber, dass Franziskus vorhatte, diesen abzuschaffen.

Attentate müssen tödlich sein,
hatte es schon im antiken Rom geheißen

Im Umfeld des emeritierten Kardinals Angelo Bassano begann sich der Widerstand zu formieren. Als Waffe sollte den Rebellen ein schriftliches Ultimatum an Franziskus dienen. Das Ziel ihrer Initiative war ganz klar: Franziskus mit einer Kirchenspaltung zu drohen und ihn damit zu einer Unterbrechung der Synode zu zwingen. Sie würden danach dafür sorgen, dass es nie wieder zu einer Fortsetzung kam. Lange wurde über die richtige Wortwahl und den besten Zeitpunkt der Überreichung diskutiert. Alle waren sich ihrer Sache so sicher, dass kein Augenblick darauf verschwendet wurde, über eine Ausstiegsstrategie nachzudenken, sollte der Plan nicht aufgehen. Wer davon überzeugt war, im Namen Gottes zu handeln, der brauche keinen Plan B. Die Ausarbeitung des Textes wurde schließlich Monsignore Giuseppe Monserati übertragen, der zwar keinen hohen kirchlichen Rang einnahm, aber als hervorragender Stilist galt.

Monserati, ein treuer Erfüllungsgehilfe, feilte an dem Text herum, um aus den oft groben Worten der Verschwörer ein elegantes Stilett zu schmieden. Am Beginn erinnerte das Memorandum Franziskus daran, dass die oberste Pflicht jedes Papstes die Wahrung der Einheit der Kirche sei. Das Memorandum endete mit dem Satz: »Über Glaubenswahrheiten kann man nicht abstimmen. Die seit Jahrhunderten gewachsenen Traditionen der Heiligen Kirche darf man nicht dem Zeitgeist demokratischer Mehrheiten unterwerfen.«

Franziskus selbst wurde in dem Text nie direkt angegriffen, weil die päpstliche Autorität und Unfehlbarkeit ja ein wesentlicher Bestandteil der katholischen Kirche waren. Vielmehr wurde kryptisch von verunsicherten und fehlgeleiteten Kardinälen und Bischöfen gesprochen, die gemeinsam mit ehrgeizigen Laien und sensationslüsternen Medien versuchten, die katholische Kirche ihres Fundaments zu berauben. Um diese Befürchtungen zu zerstreuen, ersuchten die Unterzeichneten Franziskus, die Synode zu unterbrechen, um die anstehenden Themen in Ruhe von Theologen auf ihre Vereinbarkeit mit der katholischen Lehre überprüfen zu lassen. Es bestehe keine Notwendigkeit, die Kirche mit lange entschiedenen Themen wie Zölibat, Sexualmoral und Frauenpriestertum zu beschäftigen.

Die Delegation, die das Dokument übergeben sollte, war mit Absicht klein gehalten und bestand aus Erzbischof Karl Beckmann, der Benedikt XVI. besonders nahegestanden hatte, dem Ordensoberen eines der wichtigsten Orden und natürlich Kardinal Angelo Bassano, den Franziskus bald nach seinem Amtsantritt als Leiter der Klerus-Kongregation abberufen hatte. Sie waren in die prächtige Audienzhalle des päpstlichen Palastes und nicht in die Casa Santa Marta gebeten worden. Franziskus empfing sie auf einem mit dem Papstwappen verzierten Stuhl und reichte jedem der drei seinen Ring, was sie als Aufforderung verstanden, sich niederzuknien und diesen zu küssen. Ein Ritual, das Franziskus seit seinem Amtsantritt nur ganz selten zugelassen hatte. Doch er wusste um die Macht von Symbolen. Heute wollte Franziskus von Anfang an klarstellen, dass er den Bewahrern der reinen Lehre in der Rolle gegenübertrat, die sie selbst immer als die einzig wahre eines Papstes verstanden: als Bischof von Rom, Stellvertreter Jesu Christi, Nachfolger des Apostelfürsten Petrus, Oberhaupt der weltumspannenden katholischen Kirche, Pontifex Maximus und erster Diener der Diener Gottes. Nach einer förmlichen Begrüßung und ohne ihnen einen Sitz anzubieten, fragte er sie nach dem Grund ihres Kommens.

»Heiliger Vater, wir bedanken uns, dass Sie so schnell Zeit gefunden haben. Wir fühlen uns aus tiefer Sorge um unsere Heilige Kirche verpflichtet, Ihnen dieses Schriftstück zu überreichen und es wohlwollend zu prüfen«, meldete sich Erzbischof Karl Beckmann, der akzentfrei Italienisch sprach, als Wortführer.

Franziskus überflog das Memorandum. Als Jesuit war er gewohnt, sich seine innere Stimmung nicht anmerken zu lassen. Lange genug hatte er versucht, die offene Entscheidungsschlacht mit jenen Kräften zu vermeiden, die die Kirche in die Dunkelheit des Mittelalters zurückführen wollten. Jetzt war, wie er schon aus den ersten Zeilen erkennen konnte, offensichtlich der Augenblick gekommen, in dem sich das nicht mehr vermeiden ließ. Trotzdem versuchte er den Text konzentriert bis zum Ende durchzulesen. Ein Vertrauter Franziskus' sollte das Dokument später als das unverschämteste Stück Papier bezeichnen, das je in die Hände eines Papstes gelegt worden war. Nach einer langen Zeit des drückenden Schweigens fragte Franziskus, für wen die Gruppe denn spreche.

»Wir hätten es nicht gewagt, dieses Dokument dem Heiligen Vater zu übergeben, wenn wir nicht gewusst hätten, dass diese Meinung von einer großen Anzahl von Kardinälen, Bischöfen, Äbten, Theologen und engagierten Laienbewegungen aus der ganzen Welt geteilt wird. Sie alle kennen den Inhalt und sind auch bereit, mit ihrem Namen dafür einzutreten. Wir halten es aber im Sinne der Einheit der Kirche nicht für sinnvoll, wenn sie gezwungen werden, das öffentlich zu tun. Wir erlauben uns daher, dem Heiligen Vater vorzuschlagen, die Synode zu unterbrechen, damit diese schwerwiegenden Themen nochmals in Ruhe diskutiert werden können. Eine Zusicherung würde uns völlig reichen und wir würden alles in unserer Macht Stehende tun, um zu einer Beruhigung der Situation beizutragen. Selbstverständlich soll der Heilige Vater genügend Zeit haben, um seine Antwort in Ruhe und im Gebet zu bedenken.«

»Meine lieben Mitbrüder, das, was hier niedergeschrieben steht, ist eine interessante Interpretation der Kirchengeschichte. Ist es nicht so, dass jede Wahrheit, die jemals von einem Kirchenkonzil verkündet wurde, davor mit Stimmenmehrheit entschieden wurde? Sogar die Unfehlbarkeit des Papstes wurde am Ersten Vatikanischen Konzil mit Mehrheit gegen Gegenstimmen beschlossen. Ich brauche keine Bedenkzeit, um zu wissen, dass die Gemeinschaft der Bischöfe weise und klug, gestärkt durch den Heiligen Geist, über die drängenden Probleme der Gegenwart entscheiden wird. Die Synode wird weder unterbrochen noch wird der Vorschlag, den örtlichen Bischöfen die Verantwortung über die Weihe verheirateter Priester zu übertragen, zurückgezogen. Ich bedanke mich trotzdem dafür, dass Sie den Mut hatten, mir persönlich Ihre Bedenken dagegen vorzutragen.« Die daran anschließende Pause verstanden die drei richtigerweise als Aufforderung zu gehen. Die Antwort von Franziskus hatte sie nicht sonderlich überrascht, sondern nur die Klarheit seiner Ablehnung ohne jede Bedenkzeit. Damit trat ihr Plan schneller als geplant in die nächste Phase.

Unmittelbar nachdem die Delegation gegangen war, hatte Franziskus das Memorandum, das aus einem Begleitbrief und dem Forderungskatalog bestand, alles perfekt in lateinischer Sprache formuliert, genau studiert. Er hatte nicht vor, seinerseits eine schriftliche Antwort zu verfassen und auf die Punkte im Einzelnen einzugehen und ihnen dadurch eine unnötige Bedeutung zu geben. Jedenfalls war ihm klar, dass sich die drei Rädelsführer nicht so weit aus ihren Höhlen hervorgewagt hätten, wenn sie nicht mehr in der Hand hatten. Die konnten doch nicht ernsthaft glauben, dass sich irgendein Papst der Geschichte von so einer schwachen Vorstellung hätte beeindrucken lassen. Da musste noch etwas kommen.

Der offene Krieg bricht aus

Zwei Tage später erschien der Text des Memorandums in einigen der führenden Medien der Welt. In den USA hatte man sich für die »New York Times« und die konservative Nachrichtensendung »Fox TV« entschieden, in Deutschland setzte man auf das Massenblatt »Bild«, in Italien auf »La Repubblica«, in Spanien auf »El País«. Der veröffentlichte Text enthielt pures Dynamit, die Unterzeichner waren die Zündkapseln. Das Memorandum trug die Unterschrift von über tausend Multiplikatoren des konservativen Lagers innerhalb der Kirche, darunter Kardinäle, Bischöfe, Äbte und Theologen. Die Prominentesten wurden abgedruckt, die weniger Bedeutenden auf einer eigenen Website publiziert. Diese Unterschriften waren von langer Hand geplant und im Voraus gesammelt worden, ohne den Unterzeichnern den genauen Text vorzulegen, um Indiskretionen zu vermeiden. Die Schlagzeilen »Spaltet Franziskus die Kirche?«, »Offener Krieg in der Kirche« oder »Die dunkle Seite der Macht in der Kirche« breiteten sich über die Medien und sozialen Netzwerke mit rasender Geschwindigkeit aus.

Die meisten Vatikanexperten erwarteten, dass Papst Franziskus die Entscheidung vertagen würde. Spekulationen über seinen möglichen Rücktritt, potenzielle Nachfolger oder einen Gegenpapst beherrschten die öffentlichen Diskussionen.

2017: Der Besuch des Rabbis

Moses: » Wer bist du?«
Gott: » Ich bin, der Ich sein werde.«

Die Kirche war keine Organisation, die ausschließlich rationalen Gesetzen gehorchte, sondern ein Mysterium, das noch kein Mensch vollständig entschlüsseln konnte. Gerade deshalb erschien es Franziskus notwendig, sich intensiv mit den geistigen Grundlagen der Kirche zu beschäftigen, bevor er entschied, wie er mit der Provokation seiner Gegner umgehen würde. Immer wieder kreisten seine Gedanken um eine Frage: Was muss ich tun?

Ein Rabbi kommt vom anderen Ende der Welt

Sosehr Franziskus das geschriebene Wort schätzte, weil es Menschen dazu zwang, ihre Gedanken zu schärfen, bevorzugte er persönlich doch die Spontaneität des mündlichen Gedankenaustauschs. Er sehnte sich geradezu nach den Dialogen, die er mit seinem Freund Abraham Skorka in Buenos Aires abwechselnd in dessen Arbeitszimmer der jüdischen Gemeinde Benei Tikva und seinem erzbischöflichen Büro geführt hatte. Sie legten eine Uhrzeit fest und begannen einfach nur zu reden, über die Probleme der Welt, die menschliche Niedertracht und Größe, aufgelockert durch die fachkundige Analyse der argentinischen Fußballliga. In dieser entspannten Atmosphäre, die von Neugier beherrscht war, kamen sie einander immer näher. Deshalb hatte er Skorka schon mehrmals in Rom getroffen und ihn auch immer wieder eingeladen, ihn auf schwierige Missionen zu begleiten, wie Ende Mai 2014 bei seiner Reise in den Nahen Osten.

So entschied er, die heikle Lage nicht mit den Prälaten der Kurie zu diskutieren, sondern sich Rat bei seinem jüdischen Freund und Bruder im Geiste zu holen. Das streng vertrauliche Gespräch mit Abraham Skorka fand in der Casa Santa Marta statt. Dort, in seinem Arbeitszimmer, das nur unmerklich größer als jenes des Erzbischofs von Buenos Aires war, saßen sie nun – der Papst und der Rabbiner. Die beiden mit bordeauxrotem Stoff bespannten Sessel waren nicht sonderlich bequem. Auf einem Beistelltisch hatte Franziskus eine große Kanne mit Tee bereitgestellt. Der Schreibtisch des Oberhaupts von über einer Milliarde Menschen war vollgeräumt mit Unterlagen, die nur von einer Tischlampe mit einem weißen Schirm überragt wurden. Das Einzige in dem Raum, das Abraham Skorkas Neugier anfachte, war die antike Holztruhe, die unter einem Bild stand. Was Franziskus darin wohl aufbewahrte? Gerüchteweise befand sich darin ein Knochensplitter von Petrus.

Franziskus bedankte sich bei dem Rabbi dafür, dass dieser so schnell die weite Anreise »ans andere Ende der Welt« auf sich genommen hatte.[1] »Wir alten Leute müssen schließlich zusammenhalten, wenn es eng wird«, scherzte der 15 Jahre Jüngere. »Was gibt es Neues bei Dir?«, fragte ihn Franziskus. »Ach, was sollte es schon Neues geben? Ich halte die Stellung in unserem wunderschönen Land, das seit 20 Jahren eigentlich pleite ist, obwohl es so viele hart arbeitende Menschen gibt. Deswegen werde ich nie vergessen, wie Du am Ende Deiner kurzen Ansprache als neu gewählter Papst allen Brüdern und Schwestern eine gute Nacht gewünscht hast. Was sich für manche Wohlstandsbürger wie eine leere Floskel angehört hat, wurde in den Elendsvierteln der Welt sehr gut verstanden. Dort ist eine gute Nacht nämlich leider keine Selbstverständlichkeit«, antwortete der Rabbi mit seiner freundlichen Stimme. Er spürte, wie sehr Franziskus auflebte, weil er spanisch sprechen konnte.

»Mein lieber Freund, ich habe Dich hergebeten, weil ich vor schwierigen Entscheidungen stehe. Einige erwarten von mir, dass ich die Versäumnisse der letzten Jahrzehnte in kürzester Zeit lösen soll, andere würden mich am liebsten knebeln und am Stuhl Petri festbinden. Mich interessiert Dein klarer Blick von außen. Ich stehe an einem Scheideweg.«

Abraham Skorka war sich bewusst, dass ihn der Papst nicht zu einer harmlosen Plauderei eingeladen hatte. Auf dem langen Flug hatte er die Zeit genutzt, sich genau zu überlegen, was er sagen würde: »Erlaube mir, ein bisschen auszuholen. Deine bisherige Amtszeit war voll von Paukenschlägen, die an die frühchristlichen Rebellen erinnern. Denn genau diese Forderung nach bedingungsloser Liebe gegenüber allen Menschen hat die antike Geisteshaltung entscheidend verändert. Die Idee war damals zwar nicht völlig neu, sehr wohl aber ihre kompromisslose Anwendung. Die Botschaft der frühen Christen traf den Nerv einer Welt, die ziemlich lieblos, aber doch unendlich liebesbedürftig war. Das Frühchristentum begann den egoistischen Menschen zum sozialen Handeln und Denken zu erziehen und das legitimierte tatsächlich diese neue Religion. Wenn seit Konstantin die Zahl der Todesurteile abnahm, wenn Grausamkeiten wie die Kreuzigung verschwanden, wenn Menschenschlächtereien zum Vergnügen allmählich aufhörten, wenn man sich der Menschen in Gefängnissen annahm, so schnitt das alles tief in das bis dahin gewohnte Leben der Antike ein.[2] Die Krankenhäuser für Arme, die die byzantinischen Kaiser gründeten, waren der Menschenliebe verpflichtete praktische Leistungen, die die Antike in dieser Radikalität bis dahin nicht aufzuweisen hatte. Dein entschiedener Einsatz für die Armen greift diese Tradition auf und löst damit genauso viel Widerstand vonseiten der Etablierten aus wie damals.«

Franziskus griff den Faden auf, den Abraham Skorka gerade zu spinnen begonnen hatte: »Gott macht sich im Herzen aller Menschen spürbar. Jedes Volk erfasst nach und nach diese Vision Gottes, übersetzt sie gemäß seiner Kultur, reinigt sie und gibt ihr ein System. In unseren beiden Religionen gibt es eine persönliche

Offenbarung. Gott selbst tritt uns entgegen, offenbart sich uns, zeigt uns den Weg und begleitet uns. Wir Christen glauben, dass er sich uns schließlich in Jesus Christus kundtut und sich für uns opfert. Für euch Juden ist das der Heilige Bund Gottes mit seinem auserwählten Volk.«

Wie aus einer jüdischen Sekte eine Weltreligion wurde

Der Rabbiner trank eine Tasse Tee. Er versuchte nichts zu verschütten, als er sie auf den etwas wackeligen Beistelltisch zurückstellte. Dann fuhr er fort: »Was viele Menschen heute vergessen haben, ist, dass der Zugang zu Religion und Mystik vor dem Christentum nur einer kleinen Schicht zugänglich war. So hat Apuleius, der Charmeur und Witwenfreund der Antike, der uns bis heute mit seinen ›Metamorphosen‹ Rätsel aufgibt, genau aufgelistet, was es ihn gekostet hatte, damals bei einem Erlösungskult aufgenommen zu werden. Bei seiner eigenen Einführung in die Mysterien der Isis und des Serapis, des Asklepios und des Mithras musste er hohe Aufnahmegebühren bezahlen. Das erinnert sehr an manche heutige Sekten, wie zum Beispiel Scientology. Die Christen dagegen boten die Taufe kostenlos an und luden sogar Bettler und Sklaven ein, sich ihnen anzuschließen. Noch wichtiger, die Frauen waren bei der Messfeier von Anfang an voll integriert und nicht wie im Judentum getrennt.

Hier brach die Frühkirche mit dem bis dahin üblichen klerikalen Sinn für ökonomische Geschäftsmodelle antiker Religionen. Diese Rückbesinnung hast Du heute Deiner Kirche strikt verordnet. Dass Du endlich Licht ins Dunkel der vatikanischen Finanzen gebracht hast, zeigt, dass Du es ernst meinst. Das unterscheidet die katholische Kirche auch wohltuend von den Evangelikalen, die ihre Mitglieder in Südamerika ausschließlich unter den Erfolgssüchtigen suchen und keinerlei Interesse an den Armen und Schwachen haben. Und überhaupt: Mehr als eine Milliarde Menschen auf der Welt müssen von weniger als einem Dollar pro Tag leben. Gerade weil Du kein Europäer bist, hast Du es zu einem Anliegen gemacht, dem vergnügungssüchtigen Europa zu erklären, dass der Glaube an einen Schöpfer auch im dritten Jahrtausend sinnvoll ist, und dass der Mensch nicht allein von Brot und Spielen leben kann.«

Das Schwierigste steht noch bevor

»Ich sehe ganz klar«, antwortete Franziskus, »dass das, was die Kirche heute braucht, die Fähigkeit ist, Wunden zu heilen und die Herzen der Menschen zu wärmen. Ich sehe die Kirche wie ein Feldlazarett nach einer Schlacht. Man sollte einen Schwerverwundeten nicht nach seinem Cholesterinspiegel fragen. Man muss seine blutenden Wunden heilen. Erst dann kann man mit ihm über andere Dinge sprechen.«

»Du hast bisher alles sehr gut gemacht«, resümierte der rabbinische Theologe, »allerdings liegt die schwierigste Aufgabe noch vor Dir, wie der Aufstand Deiner Feinde zeigt. Dafür solltest Du Maß nehmen an jener Zeit, als Paulus begann, das rituelle und dogmatische Reservoir des traditionellen Judentums mit neuem Wein zu füllen, um es der überwältigenden Mehrheit der Nichtjuden zu öffnen. Das war damals schwieriger als eine Zangengeburt«, fuhr der auch in den Naturwissenschaften versierte Rabbiner fort, »denn Jahrtausende alte Traditionen mussten uminterpretiert werden. Zunächst die Beschneidung: Für die griechischen Athleten war es unvorstellbar, sich nackt im beschnittenen Zustand in den Stadien im sportlichen Wettkampf zu messen. Allerdings: Die Beschneidung war das körperliche Gütesiegel der Erwählten, es markiert seit uralten Zeiten, seit Abraham, den Eintritt in den Bund mit Gott. Damit zu brechen, erforderte von Paulus und seinen Anhängern unvorstellbaren Mut.«

74

Franziskus hakte ein. Seine Stimme klang eine Spur heftiger: »Wenn der Christ alles klar und sicher haben will, dann findet er nichts, sondern der Glaube wird zu einer Ideologie unter vielen. Die Tradition und die Erinnerung an die Vergangenheit müssen uns zu dem Mut verhelfen, neue Räume für Gott zu öffnen.«

Johannes gegen Paulus – der Urkonflikt der Kirche

Der Rabbi stand auf und holte eine Bibel, die auf dem Schreibtisch von Franziskus ganz oben auf dem Bücherstapel lag. Mit dem Neuen Testament in der Hand fuhr er fort: »Der große Johannes wetterte in seiner Apokalypse gegen die vermeintliche Anpassung der Lehre an die heidnische Welt. Jedes Abgehen von den alten Gesetzen der Beschneidung, des Sabbats oder dem Verbot der Mischehen, um sich dafür mit der ›Dirne Rom‹ einzulassen, werde zum Untergang der jungen Kirche führen. Aus diesen Worten erahnt man, welchen Kraftakt es von den Frühchristen angeführt von Paulus bedurfte, alte heilige Dogmen umzudeuten und sich für die Welt zu öffnen. Eine ähnliche Herkulesaufgabe liegt nun vor Dir, indem Du versuchst, Überkommenes aufzugeben und die Kirche ins 21. Jahrhundert zu führen«, setzte der Rabbi fort.

»Eine Religion, die sich nur an Rituale klammert, ist zum Sterben verurteilt, denn sie lässt die Herzen leer. Ich bin einer Meinung mit Dir, dass die Religion fortbestehen wird, weil die Menschen in ihrer Ruhelosigkeit immer nach etwas suchen werden, das über sie hinausgeht. Aber das Mysterium wird sich in Zukunft wohl anders ausdrücken. Wie stellst Du Dir das vor?«, fragte Franziskus.

»Alle historischen Kirchen machen schon lange eine Krise durch. Auch für die katholische Kirche wird ein Paradigmenwechsel notwendig sein. Ich bleibe bei den jungen Christen, die es gewagt haben, mit jener Ehebestimmung zu brechen, die es ihnen nur gestattete, Christen zu heiraten, in keinem Fall aber Heiden. Wer das machte, beging nach den Worten des Johannes Hurerei. Paulus setzte sich damals mit seiner Meinung gegen heftigen Widerstand der Bewahrer der Reinheit der göttlichen Lehre durch. Die junge christliche Kirche entschloss sich, das Wagnis der Öffnung gegenüber der ganzen Welt einzugehen. Erst diese Richtungsentscheidung machte es möglich, dass das Judenchristentum über sich hinauswuchs und so die Missionierung der Heiden erreichen konnte. Verzeih mir die Bemerkung, aber im Vergleich mit diesen gewaltigen Brüchen mit der traditionellen Lehre, die Paulus durchgefochten hatte, erscheinen mir die heutigen Diskussionen über Ehescheidung oder Zölibat doch eher harmlos«, schloss der Rabbi. Er fühlte sich ein bisschen unwohl, weil ihm plötzlich bewusst geworden war, dass er dem Papst eine Vorlesung gehalten hatte.

Franziskus wird zum Paulus

Franziskus hatte lange aufmerksam zugehört, dann antwortete er: »Am Ende dieses langen Weges, den Du so fachkundig geschildert hast, stand das Zweite Vatikanische Konzil, mit dem sich die Kirche der Welt zuwandte. Es hat eine Bewegung der Erneuerung ausgelöst. Die Früchte waren enorm. Auch wenn ich nicht selbst am Zweiten Vatikanischen Konzil teilgenommen habe, ahne ich sehr wohl, dass danach leider etwas schiefgelaufen sein muss. Warum hat die euphorische Aufbruchsstimmung, die von dort ausgegangen war, nicht ausgereicht, um die Kirche grundlegend zu verändern? Warum sind so viele sinnvolle Ziele nie umgesetzt worden? Es ist der gleiche Ungeist, der meine heutigen Gegner beherrscht. Sie glauben, dass die Lehre der Kirche etwas völlig Unverrückbares ist, dabei hat sie sich immer weiterentwickelt. Meine Gegner blenden gänzlich aus, dass die Kirche sogar lange Zeit die Sklaverei gerechtfertigt hat, bevor sie erkannt hat, dass es absolut unvereinbar mit der göttlichen Natur des Menschen ist, als Sache behandelt zu werden.«

Es war zehn Uhr nachts, als der Rabbi sein Resümee zog: »Die Bibel lehrt uns, dass wir alle von ein und demselben Menschen abstammen. Mit anderen Worten: dass zwischen allen Menschen ein brüderliches Band besteht. Um Deinen Glauben, der teilweise auch der unsere ist, für die Zukunft weiterentwickeln zu können, musst Du die wesentlichen Elemente ins Scheidewasser tauchen und das ewig Gültige vom angesammelten Ballast der Vergangenheit trennen. Wenn Religionen nicht verknöchern sollen, müssen sie in ständigem Kontakt mit der Außenwelt stehen. Was sich allerdings nie ändert, sind die Werte. Jede Kultur entsteht letztlich aus der Antwort auf drei Fragen: Welche Vorstellung hat sie von Gott, welche vom Menschen, welche von der Natur? Das sind auch genau jene drei Fragen, mit denen es uns, Juden und Christen, gelingen kann, Menschen aus ihrer Gleichgültigkeit zu holen und ihre Sehnsucht nach Spiritualität zu erfüllen.«

Franziskus bedankte sich herzlich beim Rabbi und fasste für sich zusammen: »Wir müssen ein neues Gleichgewicht finden, sonst fällt auch das moralische Gebäude der Kirche wie ein Kartenhaus in sich zusammen. Die Verkündigung des Evangeliums muss einfacher sein und gleichzeitig weiter ausstrahlen.«

Zum Abschied überreichte Franziskus dem Rabbi einen Zettel, auf dem in seiner kleinen Handschrift ein französischer Name und eine Telefonnummer standen. Es war die persönliche Nummer des Leiters des *Archivum Secretum Apostolicum Vaticanum,* in der Öffentlichkeit als Geheimarchiv des Papstes bekannt. »Wenn Du die Nummer anrufst und Deinen Namen sagst, wird Dich der Kardinal zu einer persönlichen Führung einladen, die Dich hoffentlich für die Mühen der langen Reise etwas entschädigen wird.«

Das Bild der großen historischen Parallele zwischen der Ablösung des Frühchristentums vom Judentum und den Herausforderungen, die vor ihm lagen, ließ Franziskus in den folgenden Tagen nicht mehr los. Es war Paulus, der den Ängstlichen und Bewahrern der orthodoxen Lehre entschieden entgegengetreten war, weil er erkannt hatte, dass die vorherrschende hellenistische Welt Traditionen wie die Beschneidung voller Abscheu betrachtete. Wie damals war es heute notwendig, sich von überkommenen Traditionen zu trennen, um den Kern der Glaubenswahrheiten zu retten. Das würde nicht ohne Brüche und Widerstände möglich sein. Doch war es gut, wenn derjenige, der die Fackel trug, zugleich auch den Weg suchte?

Franziskus erkannte für sich, dass er den Weg des Paulus zu gehen hatte. Der Fels, auf dem die Kirche begründet wurde, trug den Namen von Petrus. Paulus stand dagegen für die ständige Bewegung. So wurde Paulus zum Baumeister des modernen Christentums. Der Name Paulus ist im Neuen Testament um hundert Mal öfter erwähnt als jener des ersten Papstes Petrus. Franziskus kannte die These, dass das Christentum ohne Paulus eine jüdische Sekte geblieben wäre, wirkungslos, erstarrend und selbstbezogen. Er erinnerte sich an ein Zitat: »Das Werk Alexanders des Großen ist zerfallen, das Werk des Paulus ist geblieben.«

Am nächsten Tag kündigte Franziskus eine Erklärung auf dem Petersplatz an. Er beabsichtigte die größtmögliche Anzahl von Menschen zu erreichen. Es gab für ihn kein Zurück: alles oder nichts.

---

[1] Der fiktive Dialog in diesem Kapitel wurde inspiriert durch das Buch »Über Himmel und Erde. Jorge Bergoglio im Gespräch mit dem Rabbiner Abraham Skorka«, Riemann, 2013; einzelne Zitate stammen aus dem Buch von Antonio Spadaro SJ: »Das Interview mit Papst Franziskus«, Herder, 2013.

[2] Flavius Valerius Constantinus († 22. Mai 337) machte als Kaiser Konstantin I. das Christentum zur wichtigsten Religion im Römischen Reich. Er stellte die Weichen dafür, dass sich unter seinen Nachfolgern das Christentum von einer verfolgten Religion zu einer Staatsreligion entwickeln konnte.

2017: Die Rede des Franziskus auf dem Petersplatz

Es war der dritte Freitag im September 2017. Die Sonne hatte noch eine angenehme Temperatur und stand im Osten, sodass sie keinen der Menschen blendete, die sich vom Petersplatz über die Via della Conciliazione bis zu den Mauern der Engelsburg drängten. Auch die Seitenstraßen waren verstopft, obwohl man von dort nichts sehen konnte. Fast alle waren zu Fuß gekommen, weil der Verkehr schon in den frühen Morgenstunden völlig zusammengebrochen war. Sowohl die Unterstützer als auch die Gegner von Papst Franziskus ahnten, dass die nächsten Stunden über die Zukunft dieser mehr als 2000 Jahre alten Institution entscheiden würden, die wie keine andere die Geschichte der Welt geprägt hatte, im Positiven wie im Negativen.

Drei Tage nachdem ihm seine Gegner das Ultimatum überreicht hatten, erschien Papst Franziskus pünktlich um 10 Uhr auf der Mittelloggia der Petersbasilika.

»Liebe Brüder und Schwestern,
als ich hier das erste Mal als neu gewählter Bischof von Rom gestanden bin, war es später Abend und es hat geregnet. Ich habe euch damals gebeten, für mich zu beten, bevor ich euch gesegnet habe. Dieses euer Gebet hat mir die nötige Kraft gegeben, täglich mit Freude dieses gewaltige Amt auszufüllen.

Warum ist unsere Kirche noch nicht dort, wo sie sein könnte? Dafür gibt es einen einfachen Grund. Alle menschlichen Handlungen werden von zwei Emotionen getrieben: Angst und Liebe. Angst verengt uns und macht uns klein. Liebe erweitert uns und lässt uns wachsen. Angst und Liebe stehen im Zentrum fast aller Religionen. Dem Christentum ist es im Neuen Testament gelungen, die Liebe in den Vordergrund zu stellen, um dem Menschen zu helfen, die Angst zu überwinden.

Trotzdem hatte unsere Kirche selbst immer damit zu kämpfen, sich von der Angst zu befreien. Eine Kirche, die sich darauf beschränkt, die Arbeit in einer Pfarre zu verwalten, die sich in ihrer Gemeinschaft einigelt, wird das Gleiche erleiden wie jemand, der eingesperrt ist. Er verkümmert physisch und mental. Oder er verfault, wie ein abgeschlossenes Zimmer, in dem sich Moder und Feuchtigkeit ausbreiten. Einer auf sich selbst bezogenen Kirche geschieht dasselbe wie einer nur auf sich selbst fixierten Person: Sie wird psychotisch und autistisch.

Natürlich ist auch klar, wenn wir es wagen, auf die Straße hinauszugehen, kann es uns genauso gehen wie allen anderen. Wir können einen Unfall haben. Aber ich ziehe eine Kirche mit Unfallrisiko tausendmal einer kranken Kirche vor.

Wir müssen dorthin gehen, wo Jesus ist. Bei den Menschen, die nicht im Licht stehen, sondern Probleme haben. Die Diener des Evangeliums dürfen sich nicht scheuen, in die Nacht hinabzusteigen, in ihr Dunkel, ohne sich zu verlieren. Die Botschaft von Jesus ist eine von Liebe, Vergebung und Erlösung. Sie ist lebens- und menschenbejahend. Das führt aber auch zu radikalen Konsequenzen. Nimmt man diese Botschaft ernst, dann können wir nicht einfach so weitermachen. Das gilt für alle, die Gläubigen, die Priester, die Bischöfe und Kardinäle und natürlich auch für den Papst. Ich möchte heute ein Zeichen setzen.

Jesus hat einfache Menschen um sich versammelt, Fischer und Handwerker. Man wurde sein Jünger, nicht indem man an eine festgeschriebene Lehre glaubte, sondern indem man sich seiner Person anschloss und ihn liebte. Damals gab es keine Dogmen, keine Paläste, keine Theologen, keine Priester, keine Bischöfe und keine Kardinäle, dafür aber eine klare Botschaft, die sich an alle Menschen richtete: Jesus liebt Dich.

Wenn wir nicht ängstlich, sondern hoffnungsfroh in die Zukunft blicken wollen, dann müssen wir zu dieser Quelle zurückkehren. Natürlich leben wir heute in einer anderen Welt als die Menschen zu Zeiten von Jesus. Aber diese Botschaft von der allumfassenden Liebe, die Jesus in die Welt eingeführt hat, betrifft uns heute so wie damals. Würde Jesus heute zu uns zurückkehren, so würde er nicht diejenigen als seine Jünger anerkennen, die ihn in starre Regeln einzwängen wollen, sondern jene, welche ihm helfen, seine Lehre weiterzuentwickeln, um damit so viele Menschen wie möglich zu erreichen. Diesen Gedanken, dass jeder berufen ist, möchte ich wiederbeleben.

Lange Zeit war eine Priesterweihe keine Voraussetzung, um als Kardinal berufen zu werden. Es ist jetzt 160 Jahre her, dass mit dem Deutschen Theodulf Mertel der letzte Laie mit der Kardinalswürde ausgezeichnet wurde. Der Ausdruck Kardinal kommt vom lateinischen ›cardinalis‹, das bedeutet ›vorzüglich‹. Ich werde daher den versammelten Bischöfen vorschlagen, dass der Papst in Zukunft wieder jeden in der Kirche, der vorzüglich geeignet ist, zum Kardinal ernennen kann – unabhängig davon, ob er Priester oder Laie ist. Ich habe mich entschieden, nächste Woche die Namen von fünf Männern bekannt zu geben, die ich als Kardinäle einsetzen werde. Keiner von ihnen ist Priester, sondern sie alle sind hervorragende Laien. Das bedeutet, dass sie mich beraten und den künftigen Papst wählen dürfen.

Die Geschichte des Christentums ist reich an Quereinsteigern. Paulus war der erste Quereinsteiger. Die Bestellung von Laien als Kardinäle ist gut in der Tradition begründet und stellt keinen Bruch mit einem Dogma dar. Ich möchte die Bedeutung von Dogmen klarstellen. Nicht alle 245 kirchlichen Dogmen sind gleichrangig. Die Lehre von Gott dem Schöpfer und Jesus Christus dem Erlöser steht über den Dogmen, die den Papst betreffen. So wurde zum Beispiel das Dogma von der Unfehlbarkeit des Papstes am Ersten Vatikanischen Konzil im Jahr 1870 erst nach intensiver Diskussion beschlossen. Bei der Beurteilung der Unfehlbarkeit erscheint es hilfreich, auf den Ursprung des Papstamtes zurückzublicken. Hat Jesus mit Petrus nicht einen Nachfolger ausgewählt, der eben nicht unfehlbar war, sondern viele falsche Entscheidungen getroffen und aus Angst sogar Jesus verleugnet hat?

Mein Standpunkt ist daher sehr einfach. Es ist gut zu wissen, dass es ein Dogma gibt, welches dem Papst erlaubt, unfehlbare Aussagen zu treffen. Noch besser ist es, nie davon Gebrauch zu machen. Man muss demütig sein. Denn beim Suchen und Finden Gottes in allen Dingen bleibt immer ein Bereich der Unsicherheit.

Bei manchen Katholiken herrscht leider noch immer die Vorstellung von einer Kirche, die nur lateinisch spricht, männlich und machtbesessen ist und an deren Spitze ein unfehlbarer, abgehobener Papst steht. Einige hohe Kleriker, die glauben, die reine Lehre zu besitzen, haben mir ein Memorandum übergeben, in dem sie ihre Sorge ausdrücken, dass über Glaubenswahrheiten abgestimmt werden könnte. Sie haben gemeint, man dürfe doch die Lehre nicht dem Zeitgeist demokratischer Mehrheiten oder gar der Bequemlichkeit der Menschen unterwerfen. Ich antworte allen, die so denken: Wer in übertriebener Weise die ›Sicherheit‹ in der Lehre sucht, wer sich verbissen an die Vergangenheit klammert, hat eine rückwärtsgewandte Vision.

Der Auslöser für dieses Memorandum ist die Tatsache, dass die derzeit tagende Bischofssynode nach offener Diskussion darüber entscheiden wird, ob es den örtlichen Bischöfen in Zukunft erlaubt werden soll, so wie in den katholischen Ostkirchen auch verheiratete Männer zu Priestern zu weihen. Durch diese Abstimmung wird keine einzige zentrale Glaubenswahrheit infrage gestellt. Aber offenbar fürchten sich einige vor dem Ergebnis dieser Abstimmung.

Vielleicht hat jemand von euch irgendwo gelesen, dass heute der Papst zurücktritt. Nun, der Papst steht hier vor euch und wird nicht zurücktreten, sondern nach vorne gehen. Er wird Laien als Kardinäle einsetzen und er beruft sich dabei auf den Ursprung des Christentums. Er wird weiter eine Kirche predigen, in der die perfekte Liebe die Angst zerstört. Denn wer sich fürchtet, ist nicht frei und kann nicht perfekt lieben.

Bei aller Unsicherheit in der Welt gibt es für mich eine dogmatische Sicherheit: Gott ist im Leben jeder Person. Selbst wenn das

Leben einer Person ein Land voller Dornen und Unkraut ist, so ist doch immer ein Platz, auf dem der gute Same wachsen kann. Wir dürfen auf Gott vertrauen. Die frohe Botschaft der Auferstehung ist nicht, dass wir auf ein ewiges Leben hoffen können, sondern dass wir es schon haben.

Liebe Brüder und Schwestern,
bevor ihr wieder heimkehrt, habe ich noch eine Bitte. Diese meine Bitte richtet sich nicht nur an euch, die ihr hier auf dem Petersplatz versammelt seid.

Ich bitte alle Menschen auf der Welt, am kommenden Sonntag ein Zeichen zu setzen. Geht in eine Kirche und betet für mich und unsere lebendige Kirche. Seid fröhlich und tragt dabei weiße Kleidung. Weiß ist die Farbe der Hoffnung. Und die Hoffnung enttäuscht nicht. Mein Leben hat mich gelehrt, dass man nicht auf Veränderungen warten darf, sondern dafür kämpfen muss. Um Gutes zu tun, ist immer die richtige Zeit. Die größte Wahrheit unseres Glaubens liegt in der Gesamtheit des Gottesvolkes. Und das seid ihr. Ich vertraue auf euch. Im Namen des Vaters, des Sohnes und des Heiligen Geistes. Amen.«[1]

Sonntag, 24. September 2017 –
Der Tag der Abstimmung über Franziskus

Die Plätze vor den Kirchen auf der ganzen Welt füllten sich an diesem Sonntag lange vor den Messen mit weiß gekleideten Menschen. Darunter befanden sich viele, die einer anderen oder gar keiner Religion angehörten. Sie nahmen die Gelegenheit wahr, einmal zeigen zu können, dass sie auf der richtigen Seite standen. Die Energie der Menschen, um sich aus ihrer Komfortzone zu bewegen, kam aus ihrem eigenen Ich, aus der Chance sich zu bekennen.

In der westlichen Welt war es für fast niemanden ein Problem, weiße Kleidung zu beschaffen. Manche hatten die Qual der

Wahl, welches Kleidungsstück wohl das würdigste wäre, um Papst Franziskus zu unterstützen. Doch auch jene, die nur ein einziges weißes Hemd oder Kleid besaßen, trugen es mit Stolz. Viele der riesigen ländlichen Gebiete in Südamerika oder Asien mussten mit nur einem Priester auskommen. Trotzdem nahmen die Männer und Frauen mit ihren Kindern an diesem Sonntag kilometerlange Fußmärsche auf sich, um die einzige Messe besuchen zu können, die für sie erreichbar war. Einige von ihnen kamen barfuß, mit verschwitzter Kleidung, gezeichnet von der Anstrengung der langen Anreise. Als sie die Kirche erreichten, wurden sie von freundlichen Menschen empfangen, die ihnen Wasser, Essen und vor allem weiße Kleidung anboten. Hauptsache weiß, oft war es nur ein T-Shirt, das nicht passte, oder ein weißes Tuch, das man ihnen reichte, es ging um das Zeichen der Zugehörigkeit. Menschen aus der ganzen Welt und allen Schichten erlebten für einige Stunden eine neue Form der Verbundenheit, vergaßen ihre eigenen Probleme, halfen einander, lachten und freuten sich, um dann als Höhepunkt eine Messe zu feiern. Für viele die erste seit langer Zeit oder sogar die erste in ihrem Leben.

Die Kirchen waren oft so überfüllt, dass sich die Priester entschieden, die Messe ins Freie zu verlegen. Der gemeinsame Wunsch, dass dieser Tag gelingen möge, ließ auch Priester, die nicht mit der Gabe der Begeisterungsfähigkeit gesegnet waren, über sich hinauswachsen. Für einen Augenblick breitete sich die große, unerfüllbare Hoffnung aus, dass an diesem Sonntag die Welt gerettet werden könnte.

In den Wochen danach wurden die vorgelegten Reformen wie die Wahlmöglichkeit beim Zölibat mit großer Mehrheit von der Bischofssynode beschlossen. Mit seiner Rede und der »Abstimmung mit den Füßen« war es Franziskus gelungen, die offene Rebellion niederzuschlagen. Der Widerstand war damit aber keineswegs gebrochen. Franziskus musste seine ganze Macht einsetzen, damit sein Reformprozess nicht steckenblieb. Seine Gegner in der Kurie änderten ihre Strategie und setzten auf eine geschickte Verzögerungstaktik, um so viele Positionen wie möglich in die ersehnte Zeit nach Franziskus hinüberretten zu können. Andererseits unterstützten immer mehr Bischöfe der Weltkirche den Kurs von Franziskus. Doch die stärkste Waffe von Franziskus war seine Unberechenbarkeit. Immer wieder überraschte er die Welt mit seinen unkonventionellen Ideen.

Starke Bilder – Die Wiedererrichtung der päpstlichen Flotte

Mit seiner historischen Rede auf dem Petersplatz hatte Franziskus sein Pontifikat gerettet. Trotzdem war er kein blendender Rhetoriker, sondern vor allem ein Meister der schnellen, bewegten Bilder. Das war die Königsdisziplin im digitalen Zeitalter. Ihre Beherrschung konnte einem einzelnen Menschen mehr Macht verleihen als starke Streitkräfte oder ein Milliardenvermögen. Franziskus verstand es, dem alltäglichen Grauen von Hunger, Gewalt und Katastrophen Bilder der Hoffnung entgegenzusetzen.

Mittlerweile hatte die Anzahl der aus Afrika bei der versuchten Flucht in überfüllten Booten über das Mittelmeer ertrunkenen Menschen ein Ausmaß erreicht, das die schrecklichsten Vorstellungen sprengte. Die Bürgerkriege in Afrika und die Auswirkungen des Klimawandels auf die südliche Hemisphäre trieben immer mehr Verzweifelte den Menschenhändlern in die Hände. Die EU versuchte sich mit einem neuen Eisernen Vorhang entlang des Mittelmeers vor diesen Flüchtlingswellen zu schützen. Die Marine der EU-Staaten hatte die strikte Anweisung, aufgebrachte Flüchtlinge in Auffanglager in Nordafrika zurückzubringen. Medien und Menschenrechtsorganisationen kritisierten diese Entscheidung heftig, während rechtspopulistische Parteien ein generelles Einwanderungsverbot in die EU durchzusetzen versuchten.

36. nördlicher Breitengrad im Mittelmeer

Über hundert Menschen kauerten am Boden eines Holzbootes, dem es gelungen war, unbemerkt von den vor der Küste Nordafrikas kreuzenden Kriegsschiffen in Richtung italienische Küste vorzudringen. Das vermeintliche Glück der Flüchtlinge endete, als ein heftiger Sturm das Boot fast zum Kentern brachte. Der überforderte Kapitän schrie Befehle an die verzweifelten Menschen, sich auf die rechte Seite des schwankenden Bootes zu setzen, damit er das Schiff besser ins Gleichgewicht bringen könnte. Einige reagierten auf sein Geschrei schon deshalb nicht mehr, weil sie tot waren. Dazwischen klammerten sich heulende Kinder an ihre Eltern, die selbst weinten. Wie durch ein Wunder überstand der Kahn die stürmische Nacht, der Motor ging dabei allerdings verloren und das Boot trieb seit Sonnenaufgang nicht mehr steuerbar in den Wellen. Einer der Flüchtlinge hatte ein Fernglas retten können. Am fernen Horizont erkannte er immer deutlicher ein Schiff. Man hatte sie letztlich doch entdeckt. Das würde zwar ihr Leben retten, aber jede Hoffnung, das rettende Ufer Europas zu erreichen, ersticken. »Was ist das für ein Schiff?«, wurde der Mann von jenen wenigen Passagieren bedrängt, die noch einigermaßen bei Bewusstsein waren. Angestrengt versuchte er die Flagge zu erkennen. Es war jedenfalls keine italienische, britische oder französische. Immer deutlicher zeichneten sich die Farben Gelb und Weiß ab.

Der Name des Schiffes war »Santa Marta«. Als erstes Schiff unter vatikanischer Flagge ging es zwei Tage später im größten italienischen Hafen von Genua vor Anker. Papst Franziskus empfing die 96 überlebenden Flüchtlinge persönlich und stellte ihnen vatikanische Pässe aus. Da die Anzahl der Staatsbürger im Vatikan unter Franziskus auf 758 gesunken war, konnte er freudig verkünden, dass mehr als jeder zwölfte Bürger des Vatikans somit ein Flüchtling sei. Die Freude der europäischen Regierungschefs hielt sich dagegen in Grenzen, als der Papst sie aufforderte, diesem Beispiel zu folgen. Die EU-Staaten müssten mehr tun, um den Menschen aus Afrika zu helfen, die nur ihr nacktes Leben retten wollten. Man dürfe nicht hinnehmen, dass das Mittelmeer zu einem großen Friedhof werde. Der Papst sagte wörtlich: »Wir haben uns an die Leiden anderer gewöhnt. Es betrifft uns nicht, es interessiert uns nicht, es geht uns nichts an.« Franziskus bat um »Verzeihung« für die Tausenden Toten und warf einen Kranz aus weißen und gelben Chrysanthemen, den Farben des Vatikans, ins Meer.

Am Ende seiner Rede gab Franziskus die Gründung einer päpstlichen Flotte bekannt, die in Seenot geratene Flüchtlinge retten und danach europäische Häfen anlaufen würde.

---

[1] Die Rede von Franziskus ist fiktiv, weil die Handlung in der Zukunft des Jahres 2017 spielt. Es finden sich allerdings viele Originalzitate von Franziskus darin. Diese basieren auf zwei Quellen:
1. Der »Weihnachtsansprache« an die Kurie im Jahr 2014, diese ist auf der Website von Radio Vatikan nachzulesen. Viele Sätze, von denen man nicht glauben würde, dass sie ein Papst so sagen würde, kann man dort finden: http://de.radiovaticana.va/news/2014/12/23/die_papstansprache_an_die_kurie/1115831
2. Antonio Spadaro: Das Interview mit Papst Franziskus, 2013.

2019: Sieger und Verlierer
am Ende der franziskanischen Wende

Seit Franziskus das 80. Lebensjahr überschritten hatte, machten ihm seine gesundheitlichen Probleme immer mehr zu schaffen. Eine unglaubliche Lebensgeschichte näherte sich ihrem letzten Kapitel. Die Geschichte eines Jesuiten, dessen Orden ihn mit 36 Jahren zum weltweit jüngsten Provinzial gemacht hatte, um ihn nach seiner Amtszeit als Rektor der Jesuitenuniversität die Lehrerlaubnis zu entziehen und ins Exil fern der Hauptstadt zu verbannen.

Die einzelnen Punkte einer Lebensgeschichte, besonders die schmerzhaften, lassen sich erst im Nachhinein mit einer roten Linie verbinden, die Sinn ergibt. Nach zwei langen Jahren ohne Hoffnung, je wieder eine seinen Fähigkeiten entsprechende Aufgabe zu erhalten, wurde Jorge Mario Bergoglio von seinem einzigen verbliebenen Förderer als Weihbischof nach Buenos Aires zurückgeholt. Obwohl selbst eher ein barocker Kirchenfürst, hatte der neue Erzbischof von Buenos Aires, Antonio Quarracino, in dem polarisierenden Jesuiten das Potenzial eines spirituellen Führers erkannt. Dass Bergoglio einmal ins höchste Amt der Kirche als Bischof von Rom aufsteigen würde, konnte Quarracino damals wohl nicht ahnen. Doch Rom sollte nicht die letzte Station von Jorge Mario Bergoglio bleiben. Am 31. Jänner 2019 im Alter von 82 Jahren gab Papst Franziskus seinen Rücktritt bekannt. Er kehrte in seine Heimat Argentinien zurück.

Franziskus hatte die verengte römisch-katholische Kirche, die völlig in die Defensive geraten war, einem radikalen Wandel unterworfen. Aber so wie der vorhergesagte Untergang der Welt am 21. Dezember 2012 nach dem Mayakalender nicht stattgefunden hatte, sollte Franziskus auch nicht der letzte Papst gewesen sein, wie das die gefälschten Malachias-Weissagungen prophezeiten. Eher konnte man in ihm den ersten Papst eines neuen Zeitalters sehen. Beobachter sprachen von der »franziskanischen Wende«, die sich an einigen Eckpunkten festmachen ließ:

Die historische Weichenstellung zu einer offenen Religion, die individuelle Wege zu Gott akzeptiert

»Gott ist nicht katholisch.« Diese Aussage von Franziskus war nur das Vorbeben, das eine neue Epoche für die Kirche ankündigte. Franziskus wollte die Kirche wieder näher an das ursprüngliche Erfolgsgeheimnis des Christentums zurückführen: Jesus wendet sich jedem Einzelnen liebevoll zu.

Was Kritiker als Schwäche gegenüber dem wachsenden Fundamentalismus im Islam und im evangelikalen Christentum sahen, entpuppte sich langfristig als das dynamischste Modell innerhalb der großen Weltreligionen, die alle den Bedrohungen durch Kapitalismus und Säkularisierung ausgesetzt waren. Eine Kirche, die nicht mehr jedem genau vorschrieb, was er wann wie glauben musste, hatte den Vorteil, dass das einzelne Mitglied sich leichter mit seiner Zugehörigkeit tat, selbst wenn es nicht mit allem einverstanden ist.

Als erste Nagelprobe für Franziskus galt die außerordentliche Bischofssynode, die im Oktober 2014 in Rom die Weichen für ein zeitgemäßes Familienbild stellen sollte. Dort legte Franziskus den Grundstein für eine Erneuerung der Kirche. Die Vorsichtigen und Schwankenden unter den Bischöfen taten das, was sie immer taten: Sie schlossen sich der Mehrheit an.

Der Abschied vom absoluten Papsttum –
Franziskus verzichtet auf den Titel »Stellvertreter Christi«
und die Unfehlbarkeit

Schon bei seiner Antrittsrede hatte Franziskus sich als Bischof von Rom bezeichnet. Sowohl mit Worten als auch Symbolen machte er immer wieder deutlich, dass er sich zwar als Nachfolger Petri, aber nicht als Stellvertreter Christi auf Erden sah. Die Kirche hatte lange versucht, eine durchgängige Linie vom Apostel Petrus bis zu den Päpsten der Gegenwart zu beweisen. In der historischen Wahrheit waren es eher machtbewusste Männer, die im vierten und fünften Jahrhundert mit politischen, theologischen und sogar militärischen Druckmitteln den Anspruch der römischen Bischöfe auf absolute Autorität innerhalb der Kirche durchgesetzt hatten. Schon die Behauptung, dass Petrus der erste Bischof von Rom war, erschien bei genauer Betrachtung eher als eine nützliche Legende denn als eine historische Tatsache. Über 1500 Jahre gelang es den Päpsten, sich sogar zum Stellvertreter Christi auf Erden zu stilisieren und mit entsprechendem Prunk auch als weltliche Herrscher zu inszenieren.

Erst Johannes XXIII. leitete eine Umkehr vom abgehobenen Herrscher über alle Gläubigen zum demütigen Heiligen Vater ein. Er ließ sich zwar noch auf der »Sedia gestatoria« zur Eröffnung des Zweiten Vatikanischen Konzils tragen, stieg aber dann herab und verwendete den von zwölf Männern getragenen Papstthron fortan nicht mehr. Der »33-Tage-Papst« Johannes Paul I. verzichtete auf die Krönung mit der traditionellen dreiteiligen Papstkrone, der Tiara. Benedikt XVI. setzte die Vermenschlichung des Papstamtes fort, indem er als erster Papst in den Ruhestand trat. Papst Franziskus zog erst gar nicht in den Vatikanpalast ein.

Faktum war, dass es nach dem Pontifikat von Franziskus kein Papst mehr wagen konnte, in rote Prada-Schuhe zu schlüpfen, vom tragbaren Papstthron oder der Tiara ganz zu schweigen. Im 21. Jahrhundert war aus dem Stellvertreter Christi und Pontifex Maximus der Bischof von Rom geworden, der Sprecher der römisch-katholischen Kirche und Primus inter Pares gegenüber allen anderen Bischöfen. Die folgenden Päpste würden nicht mehr unfehlbar und ihre Kleidung nicht mehr mittelalterlich sein. Dafür konnten sie, wenn sich ihre Kräfte dem Ende näherten, in den Ruhestand treten und sich selbst ein öffentliches Siechtum ersparen.

Das Ende des historischen Priestertums

Die Einführung der Wahlmöglichkeit beim Zölibat in der Ära Franziskus' hatte zwar den dramatischen Priestermangel kurzfristig eingedämmt, aber gleichzeitig den Anfang vom Ende des historischen Priestertums eingeläutet. Die wichtigste Folge der Abschaffung des Pflichtzölibats war die Legitimierung von bestehenden Partnerschaften von Priestern und die Rückkehr von solchen, die wegen des Wunsches nach einer Familie aus dem Priesteramt ausgeschieden waren.

Die Hoffnung, dass wieder zahlreiche intellektuell und moralisch herausragende junge Männer in das Priesteramt strömen würden, erwies sich freilich als überzogen. Dafür war das verbliebene Reservoir von Menschen, die noch ein religiöses Leben ihrer Eltern erlebt hatten, zu klein. Die De-facto-Abschaffung des Religionsunterrichts oder dessen Ersatz durch einen Ethikunterricht bot jungen Menschen auch keine zweite Chance mehr, außerhalb ihres Elternhauses einen Zugang zu ihrer Religion zu finden. Jene ganz kleine Gruppe, die ihr Leben völlig Gott weihen wollte, wählte fast ausschließlich den Weg ins Kloster und zeigte keine Bereitschaft, als Weltpriester eine Pfarre zu übernehmen. So waren es gerade die besonders strengen Orden, die einen Zulauf erlebten, während die der Welt zugewandten Klöster vom Aussterben bedroht schienen.

Wie am Beginn der Kirchengeschichte übernahmen auf Zeit bestimmte Personen die Leitung der Gemeinden, die meist weiterhin ihren weltlichen Berufen nachgingen. Jene feierten auch die heilige Messe mit den Gläubigen, sonst wäre dieses wesentliche Element der Gemeinschaft mangels geweihter Priester völlig untergegangen.

Dafür wurden die Priester und Bischöfe von Franziskus in ihrem Selbstbewusstsein gestärkt und erhielten viel größere Entscheidungsfreiheit in ihrem Verantwortungsbereich. Das uralte christliche Subsidiaritätsprinzip ersetzte den Primat von Rom. Bischöfe wurden unter starker Beteiligung der Gläubigen gewählt und verstanden sich als Diener statt als Herrscher. Wie in den Ostkirchen war die Ehelosigkeit für Bischöfe die Voraussetzung für ihre Berufung. Die Wahlmöglichkeit unterschiedlicher Lebensweisen innerhalb der Kirche erwies sich trotz vieler Reibungsflächen als weitaus tauglicher als die strikte Trennung zwischen Klerus und Laien.

Das stärkste Zeichen setzte Franziskus mit der Berufung von fünf Laien als Kardinäle. Franziskus ließ sich von der Bischofssynode das Recht geben, wieder jeden in der Kirche, der vorzüglich geeignet war, zum Kardinal ernennen zu können – unabhängig davon, ob er Kleriker oder Laie war.

Die arme Kirche kann sich von dunklen Finanzgeschäften befreien

Dem energischen Einsatz von Franziskus war es zu verdanken, dass die stark verkleinerte Vatikanbank allen internationalen Transparenzkriterien entsprach und sich von zweifelhaften Verbindungen abnabelte. Franziskus setzte auch eine radikale Abkehr vom Kirchenbesitz durch. Viele prächtige Bischofssitze wurden in Altersheime oder andere soziale Einrichtungen umgewandelt. Auf besonderen Widerstand traf seine dringende Empfehlung an jene Diözesen, die ihre Kirchensteuer durch den Staat eintreiben ließen, diese Praxis durch Freiwilligkeit zu ersetzen. Es hatte sich erwiesen, dass staatliche Kirchensteuern Diözesen zwar reicher an Geld, aber immer ärmer an Mitgliedern machten.

Franziskus trat glaubwürdig als Kritiker der Auswüchse des Finanzkapitalismus auf. Die kapitalistische Welt erhielt mit Franziskus einen starken geistig-moralischen Gegenpol, der sich nicht scheute, Regierungschefs und Wirtschaftsbosse zu kritisieren.

Rom gibt die Macht an die Weltkirche ab –
Die Volkstheologie setzt sich durch

Die historischen Beispiele von Babylon, Rom oder Konstantinopel zeigen, dass die Zentren von Imperien oft noch jahrhundertelang weiterexistieren konnten, auch wenn ihre Macht schon lange nicht mehr über ihre Stadtmauern hinausreichte. Franziskus erkannte, dass der absolute römische Machtanspruch im 21. Jahrhundert nicht mehr durchzusetzen war, und förderte von sich aus die Eigenständigkeit der Diözesen an den wachsenden Rändern der Weltkirche, anstatt vergeblich das Zentrum zu befestigen. Mit seinen Bischofs- und Kardinalsbestellungen stärkte Franziskus die südlichen Kontinente zu Lasten des immer mehr vom Christentum abfallenden Europas. Spanisch und Portugiesisch ersetzten Italienisch, Deutsch und Französisch als Muttersprache der neuen Kardinäle.

Die südamerikanisch und jesuitisch geprägte Volkstheologie gewann unter Franziskus stark an Bedeutung. Das bedeutete die Aufwertung des im Volk tatsächlich gelebten Glaubens gegenüber dem vom Lehramt verkündeten. Und wenn das Empfinden des Volkes wie in der Sexualmoral völlig von der Lehre abwich, dann durften und mussten die Bischöfe vor Ort darauf reagieren. Die regionalen Kirchen erhielten auch mehr Freiheit, die Messe in ihrer kulturellen Tradition mit viel Gesang, Musik und Tanz zu feiern, ohne das gemeinsame spirituelle Mysterium zu opfern.

In Europa hatte man sich schon lange von der Idee eines flächendeckenden Christentums verabschieden müssen. Die verbliebenen christlichen Gemeinden waren kleiner, dafür blühten sie in bunter Lebendigkeit. Interessanterweise kam es dafür in den religiös vertrockneten Gebieten manchmal zu einer Renaissance der Klöster mit Einkehrtagen, Schweigeklausuren und Fastenwochen.

Die Gewichte innerhalb der Kirche hatten sich von Europa nach Amerika, Afrika und teilweise Asien verschoben. Bischöfe wurden wie in der Urkirche von den Gläubigen innerhalb ihrer Diözesen gewählt und konnten daher leichter den Status als moralische Autoritäten und spirituelle Lehrer erreichen. Rom hatte bei den Bischofsbestellungen ein Vetorecht, von dem es nur in Ausnahmefällen Gebrauch machte.

Zwei Wermutstropfen trübten allerdings die Bilanz des Franziskus: Erstens konnte die Lockerung des Zölibats das Problem des Priesternachwuchses zwar kurzfristig abschwächen, der Trend setzte sich allerdings fort. Zweitens, die Hoffnungen der Frauen auf Zugang zum Priesteramt wurden auch unter Franziskus nicht erfüllt. Zu tief war die Ablehnung in der kirchlichen Tradition verankert. Die Aufhebung des Zölibats hatte zu viel Kraft gekostet, um auch noch über den Schatten des Frauenpriestertums zu springen. Die westliche Gesellschaft hatte die Frage der Gleichberechtigung der Frauen auf allen Gebieten zumindest auf dem Papier beantwortet. Die Kirche schien davon noch weit entfernt. Der Kampf um die Frauen wurde in der modernen Gesellschaft des 21. Jahrhunderts schneller als erwartet zur Überlebensfrage für die Kirche. Denn ohne Frauen würde die Kirche auch deren Kinder verlieren.

II.
Krieg –
Der erste amerikanische Papst kämpft gegen den Fundamentalismus und die Gotteskrise

2019: Das Konklave wählt Franziskus II.

Die katholische Kirche sah sich nach dem Pontifikat des Franziskus einer profanen Welt gegenüber, die von Konsumdenken, Profitgier, Egoismus, Freidenkertum bis Agnostik und Atheismus regiert war. Während sich viele gebildete Menschen im Westen zunehmend von Gott abwandten, tobte der Krieg »Aufklärung gegen Fundamentalismus« zwischen den Religionen. Im Umfeld dieses Mehrfrontenkriegs begann das Konklave zur Wahl des Nachfolgers von Franziskus am Montag, den 18. Februar 2019 mit dem traditionellen Einzug der 119 wahlberechtigten Kardinäle in die Sixtinische Kapelle. Nie zuvor nahmen mehr Kardinäle an einem Konklave teil.

In der Öffentlichkeit wurde vor allem über die Namen jener Kardinäle spekuliert, die zumindest für ein paar Tage mit dem Prädikat »papabile« geschmückt wurden. Obwohl es in der Vergangenheit den zahlreichen Vatikanexperten und Journalisten noch selten gelungen war, einigermaßen treffsichere Prognosen über den nächsten Papst abzugeben, ließ sich deshalb niemand die Lust an diesem Spiel nehmen. Überraschend war vor allem die große Einigkeit darüber, wer es mit an Sicherheit grenzender Wahrscheinlichkeit nicht werden würde: ein Italiener. Nicht einmal die italienischen Journalisten konnten einigermaßen plausible Gründe dafür entdecken, warum sich die in mehrere Lager gespaltenen Italiener auf einen der ihren einigen sollten.[1] Insgesamt gab man den Europäern geringere Chancen gegenüber den in allen Farben schillernden Persönlichkeiten der Weltkirche. Ein Grund dafür lag in der Neuverteilung der Machtverhältnisse in der Kirche unter Papst Franziskus. Bei seiner Wahl verfügten die italienischen gemeinsam mit den europäischen Kardinälen im Konklave noch über die absolute Mehrheit.[2] Am Konklave 2019 kamen alle europäischen Kardinäle inklusive der Italiener nur mehr auf knapp ein Drittel der Stimmen.

Die Kandidaten vor dem Konklave

Zwei Afrikaner standen weit oben auf der Liste der Favoriten, getragen von der Erwartung, dass die Kirche durch die Wahl eines Papstes von diesem leidgeprüften Kontinent einen Aufschwung erleben könnte. Kardinal Laurent Mussawa aus dem mehrheitlich katholischen Kongo hatte sich dort durch seinen Mut und seine spirituelle Ausstrahlung die Stellung einer unumstrittenen moralischen Autorität in dem von Bürgerkrieg zerrissenen Land erarbeitet. Als zweiter afrikanischer Kandidat mit guten Chancen galt der Südafrikaner Hugh Fugard, dessen Land nach langen Kämpfen die zweite Phase der Versöhnung zwischen den Rassen geschafft und seine Stellung als führende afrikanische Wirtschaftsmacht ausgebaut hatte. Nach den beiden Afrikanern folgten zahlreiche Kandidaten von allen Kontinenten auf den Wettbörsen. Breiten Raum widmeten die Medien dem Thema, dass diesmal theoretisch ein Laie Papst werden könnte, weil Franziskus fünf Laien als Kardinäle ernannt hatte, die somit nicht nur wahlberechtigt, sondern auch wählbar waren.

Bezüglich der Chancen der deutschen Kardinäle auf das Papstamt kursierte ein Witz unter den Vatikanjournalisten: Nach seinem Tod kommt Joseph Ratzinger natürlich in den Himmel. Bevor er seinen wohlverdienten Platz im Paradies einnimmt, fragt er Gott, ob es nach ihm wieder einmal einen deutschen Papst geben werde. Gott antwortet darauf: »Solange ich lebe, nicht.«

Elfmal stieg schwarzer Rauch über der Sixtinischen Kapelle auf. Papst Franziskus hatte in seinem Pontifikat die Weichen ganz klar in Richtung einer offenen Kirche gestellt. Das bedeutete eine Absage an die lang gepflegte Tradition des Antimodernismus. Unumstritten war dieser Weg keineswegs, wie das lange Ringen im Konklave um die Nachfolge von Franziskus vermuten ließ. Offensichtlich gab es dort Kräfte, für die der Geist der Aufklärung, den Franziskus aus der Flasche gelassen hatte, ein Schreckensgespenst war, das sie so schnell wie möglich wieder einfangen und zurückzwingen wollten. Doch was wären die Folgen gewesen?

Totale Reformverweigerung innerhalb großer Reiche führte zwangsläufig zum Zusammenbruch, wie die Beispiele des römischen Imperiums, des Zarenreiches, der chinesischen Dynastien oder der Habsburgermonarchie gezeigt hatten. Imperien mussten es im Lauf der Geschichte immer wieder schaffen, ihre inneren Widersprüche zu überwinden oder sie gingen wie der Kommunismus unter. Galt die These auch für die älteste Organisation der Welt?

Gläubige Katholiken schrien meist empört auf, wenn man die Kirche mit anderen weltlichen Organisationen verglich. Wenn es Gott gebe, wovon sie überzeugt waren, dann würde dieser letztlich schon dafür sorgen, dass die von ihm geschaffene Kirche nie ganz unterginge. Und wenn es Gott nicht gebe, wäre ohnehin alles verloren. Wer also an Gott glaubte, brauchte sich keine Sorgen zu machen. Doch hatte Gott nicht den Menschen mit dem freien Willen ausgestattet? Dieser freie Wille erlaubte ihm nicht nur, schreckliche Verbrechen zu begehen, sondern dies, wie die Vergangenheit bewies, auch noch im Namen der Kirche zu tun. Gott hatte zugelassen, dass das Christentum sich in unterschiedliche Richtungen aufspaltete, deren Anhänger wiederum blutige Kriege gegeneinander führten. Gab es einen Punkt, an dem Gott eingreifen würde, um seine Kirche vor dem Zerfall zu retten? Überließ er alles dem freien Willen des Menschen, selbst dessen Abwendung von Gott? War das nicht der Unterschied zu dem alttestamentarischen Gott, der sein Volk Israel immer wieder mit schweren Strafen belegte, wenn es gegen seine Gebote verstieß? Oder weigerten sich die verblendeten Menschen, Seuchen wie Aids oder Katastrophen wie die immer häufigeren Tsunamis und Erdbeben als Zeichen Gottes zu sehen? Eine Ansicht, die einige fundamentalistische Priester auch noch im 21. Jahrhundert vertraten.

Nach Diskussion dieser Fragen setzte sich im Konklave die Meinung durch, dass eine Rückkehr zum konservativen Kurs der Vorgänger von Franziskus zu einer noch weiteren Entfremdung von den Menschen führen würde. Das wäre dann eine Kirche, die eine stolze Vergangenheit verteidigte und keine Zukunft haben würde, die Europa bis auf einen engen Kreis von wahren Gläubigen aufgab, um sich auf Südamerika, Asien und Afrika zu konzentrieren. Dort wäre sie aber in jedem Fall in einen Abwehrkampf gegen die strenggläubigen evangelikalen Bewegungen verwickelt worden. Ein solcher Kurs hätte zu einem Aufstand der selbstbewusst gewordenen Weltkirche geführt und fand letztlich auch keine Mehrheit unter den Kardinälen, wie die Wahl des neuen Papstes im zwölften Wahlgang bewies.

Der erste Papst aus den USA trägt Hosen und zieht in den Vatikanpalast

Angekündigt durch die berühmte Formel »Ich verkündige euch große Freude: Wir haben einen Papst! Den herausragendsten und hochwürdigsten Herrn Thomas, der Heiligen Römischen Kirche Kardinal Gleeson, welcher sich den Namen Franziskus II. gegeben hat«, trat der 69-jährige US-amerikanische Kardinal und Erzbischof von Chicago Thomas Gleeson auf den Balkon des Petersdoms und brach gleich mit einer Tradition. Nach den ersten Sätzen in Italienisch wechselte er übergangslos ins Englische, was unter dem mehrheitlich des Italienischen unkundigen Publikums auf dem Petersplatz Applaus auslöste. Die katholische Kirche war endgültig im 21. Jahrhundert angekommen. Das signalisierte Gleeson auch bei seinen ersten öffentlichen Auftritten nach seiner Wahl.

Er behielt zwar die traditionelle weiße Kleidung des Papstes bei, trug jedoch statt der Soutane weiße Hosen. Nur bei liturgischen Anlässen wie der Messe kleidete er sich, wie man das bisher von einem Papst gewohnt war, mit einer weißen Soutane unter dem Messgewand. Die öffentliche Diskussion, die er damit wohl nicht ganz unbeabsichtigt auslöste, überlagerte eine andere Entscheidung, die er traf. Während die Menschen über weiße Hosen diskutierten, zog er im Gegensatz zu seinem Vorgänger wieder in die päpstlichen Amts- und Privaträume im Vatikanischen Palast. Er begründete das ganz pragmatisch damit, dass sein Platz dort sein sollte, wo seine Mitarbeiter arbeiteten. Außerdem habe man ihm bei seiner Abreise aus Chicago ein Zimmer mit einem wunderschönen Blick über Rom versprochen, fügte er noch scherzend hinzu.

Gleesons Vorfahren waren irischer Abstammung und einige Kommentatoren sahen darin eine versöhnliche Geste an Europa. Die Wahl eines Amerikaners kam für viele überraschend, gar nicht wenige waren sogar entsetzt. Es gab starke Argumente, warum es die Kardinäle nicht wagen würden, einen Repräsentanten des noch immer mächtigsten Landes der Welt zum Papst zu wählen. Die USA verteidigten ihre Vormachtstellung in der Welt gegenüber China und Indien, die USA wurden von weiten Teilen der islamischen Welt als imperialistische Bedrohung ihrer traditionellen Lebensform gesehen. Ganz leicht konnte daher die katholische Kirche mit einem amerikanischen Papst unvermeidlich in einen Kulturkampf westlicher gegen östliche Werte hineingezogen werden.

Noch stärker wog eine andere Gefahr: Die katholische Kirche in den USA, noch immer reich an Mitgliedern, war seit Jahrzehnten mit gewaltigen Prozessforderungen von weit über 10.000 Missbrauchsopfern konfrontiert. Bis 2019 wurden mehrere Milliarden Dollar Schadensersatz an anerkannte Opfer gezahlt, die Kirche befand sich in einem finanziell völlig ausgezehrten Zustand. Im Zuge der Prozesse hatte eine Reihe amerikanischer Diözesen Insolvenz anmelden müssen, weil die Schadensersatzforderungen der Opfer nicht mehr bedient werden konnten. Insgesamt elf US-Diözesen und mehrere Männerorden waren in Konkurs gegangen. Es herrschte daher die Befürchtung, dass die Wahl eines amerikanischen Papstes eine neue Welle an Klagen auslösen könnte, die nicht nur die US-Kirche, sondern auch den Vatikan in seiner Existenz bedrohen würde. Das US-Rechtssystem war nicht zu Unrecht weit über seine Grenzen hinaus für seine exorbitanten Schadenssummen für Opfer bekannt. Es musste daher wohl in der Person von Thomas Gleeson gelegen haben, warum sich das Konklave über diese Befürchtungen hinweggesetzt hatte.

Ein spät berufener Junggeselle
erweist sich als Brückenbauer in Chicago

Gleeson war ein Spätberufener, der Rechtswissenschaften an der elitären Yale University studiert hatte, die immerhin fünf US-Präsidenten zu ihren Absolventen zählen durfte. Trotz dieser hervorragenden Voraussetzungen für eine hoch bezahlte Position entschied er sich in seinen ersten beiden Berufsjahren als Lehrer, in einer Schule in Dorchester zu arbeiten, einem Stadtteil von Boston, in dem Jugendliche sich wegen einem Paar Turnschuhen gegenseitig umbrachten. Einem Journalisten gelang es, einen ehemaligen Schüler des neu gewählten Papstes zu finden und ihn zu fragen, was denn Thomas Gleeson als Lehrer besonders gemacht hatte. Der frühere Schüler erinnerte sich an eine Begebenheit: »In unserer Schule gab es wirklich einige sehr schwierige und auch gefährliche Typen. Ich selbst war auch nicht gerade einfach und hatte wieder einmal etwas ausgefressen. Nachdem Gleeson mir ins Gewissen geredet hatte, nahm ich meinen ganzen Mut zusammen und fragte ihn, wann er denn wissen würde, ob ich es schaffen könnte, ein besserer Mensch zu werden. Darauf antwortete er mir: ›Das ist ganz einfach. Wenn Du das erste Mal wirklich glaubst, dass wir Dich trotz aller Deiner Fehler lieben.‹«

Nach seiner Zeit als Lehrer in Boston wechselte Gleeson in die Rechtsanwaltskanzlei Barney & Pittner & Partner in Chicago, die sich auf die Verteidigung von sozial benachteiligten Ersttätern spezialisierte, bis er mit 31 Jahren ins Priesterseminar eintrat und fünf Jahre später zum Priester geweiht wurde. Den Wunsch, Priester zu werden, hatte Thomas Gleeson öfter verspürt, dieser trat aber immer wieder gegenüber seinen anderen vielseitigen Interessen in den Hintergrund. »Bei mir gab es nicht das eine große Damaskus-Erlebnis wie bei Paulus, sondern die Stimme Gottes rief mich immer lauter, bis ich mich ihr nicht mehr entziehen konnte«, sagte er einmal in einem Interview, als er zum Erzbischof von Chicago berufen wurde.

Dass er als unverheirateter und durchaus attraktiver Mann Beziehungen zu Frauen gehabt hatte, war offenkundig. Da er selbst daraus kein Geheimnis machte, gab es auch bis zu seiner Wahl zum Papst keines aufzudecken. Auf die Frage, ob er Kinder aus der Zeit vor seiner Berufung hätte, antwortete er als Erzbischof seiner Diözese immer klar mit »Nein«. Trotzdem wurde dieses Thema von jenen Kräften im Konklave, die ihn verhindern wollten, als Waffe benutzt. Die Frage »Was wäre, wenn eine Frau den neuen Papst auf Vaterschaft ihres Kindes klagen und ein Gericht einen Test durchsetzen würde?« spielte in den Gesprächen der Kardinäle hinter vorgehaltener Hand ab dem Moment, als sich immer klarer abzeichnete, dass Gleeson die erforderliche Zweidrittelmehrheit im Konklave hinter sich brächte, sehr wohl eine Rolle.

Gleeson galt als politischer Kopf, der einerseits die Konfrontation mit politischen und wirtschaftlichen Entscheidungsträgern in sozialen Fragen nicht scheute, andererseits mit viel Finger-spitzengefühl seine in viele ethnische Gruppen aufgesplitterte Diözese Chicago versöhnt hatte. Auch wenn die US-Kirche für Außenstehende wie ein monolithischer Block wirkte, glich sie in Wahrheit vielmehr der bunten Weltkirche. Die USA waren immer ein Land der Einwanderer. Das Festhalten an der Religion ihres Ursprungslandes half den Migranten, die Kluft zwischen der alten und der neuen Heimat besser zu bewältigen. Wenn die »neuen Amerikaner« im 19. und 20. Jahrhundert ihren katholischen Glau-ben importierten, dann verstanden sie sich immer als deutsche, französische, polnische, österreichische, irische oder italienische Katholiken. In den letzten Jahrzehnten verstärkte sich das latein-amerikanische Element unter den Einwanderern. Das war auch der Grund, warum Gleeson Spanisch lernte und die Sprache nach drei Jahren fließend beherrschte.

Die amerikanische katholische Kirche verfügte über keine ge-wachsene eigene Identität, sie war aber doch die noch immer größte Einzelkirche innerhalb der christlichen Gemeinschaften der USA. Interessanterweise bestand die zweitgrößte christliche Grup-pierung aus ehemaligen Katholiken, die aber oft zu den Pfingst-kirchen abgewandert waren. Die Evangelikalen predigen vor allem Disziplin und das Befolgen einfacher Rezepte. Das sahen viele Amerikaner als wichtigen Faktor für Erfolg im Leben: Wenn Du erfolgreich bist, bist Du von Gott ausgewählt; wenn Du versagst, bist Du selbst schuld. Gleeson wusste, wie anfällig die Menschen für einfache Botschaften und falsche Heilsversprechen waren.

Als Erzbischof von Chicago lernte Gleeson schnell, sehr offen mit diesen unterschiedlichen Wurzeln umzugehen, um sie alle un-ter einem Dach unterbringen zu können. So wurde der katholi-sche Sonntagsgottesdienst in Chicago in über 20 Sprachen ange-boten und im Vergleich zu anderen amerikanischen Städten auch gut besucht. Selbst wenn sie sich lange Zeit von der Kirche abge-wandt hatten, kehrten oft gerade Kinder von Emigranten in die Kirche zurück, sobald ihr eigenes erstes Kind geboren war. Sie wollten es taufen lassen und mit bestimmten vertrauten Werten in einer unsicheren Welt erziehen. Meist waren die Mütter die treibenden Kräfte hinter dieser Entwicklung. Erzbischof Thomas Gleeson wusste die Mütter darin zu bestärken. Sein erstes Zeichen als neuer Papst würde ebenfalls den Frauen gelten. Und es sollte mehr als eine leere Geste sein.

---

[1] Papst Franziskus war von der bis zu ihm üblichen Praxis abgewichen, dass der Papst den Vorsitzenden der italienischen Bischofskonferenz bestellte, sondern überließ es dieser selbst, einen Vorsitzenden zu wählen, was zu heftigen Konflikten führte.

[2] Wahlberechtigte Kardinäle nach Ländern am Konklave 2013, auf dem Franziskus gewählt wurde:

Rang	Land/ Geografischer Großraum	Wahlberechtigt	Prozent
1	Europa ohne Italien	33	28,2 %
2	Italien	28	23,9 %
3	Lateinamerika	19	16,2 %
4	Nordamerika	14	12,0 %
8	Asien und Australien	12	10,3 %
9	Afrika	11	9,4 %
Total		117	100 %

2019: Der Papst weiß,
dass Frauen mehr als schöne Worte wollen

Der neue Papst kam aus einem Land, in dem die Frauen schon lange rechtlich in der Gesellschaft die volle Gleichberechtigung erreicht hatten, auch wenn deren faktische Umsetzung in manchen Bereichen noch nachhinkte. Davon war die katholische Kirche weit entfernt. Franziskus II. sah ganz deutlich die Gefahr, dass eine Kirche, die den Frauen zwar schöne Worte spendete, die volle Gleichberechtigung aber verweigerte, die Frauen endgültig verlieren würde. Frauen ließen sich schon lange nicht mehr auf die drei K – Kinder, Küche, Kirche – beschränken.

Ein scheinbar unlösbares Dilemma quälte Franziskus II. Selbst unter den fortschrittlichsten Kardinälen und Bischöfen gab es keine Mehrheit für weibliche Priester und die Traditionalisten sprachen intern ohnehin meist vom überschätzten »Frauenproblem«. Groteskerweise zählten oft gerade jene Männer, die die Jungfrau Maria am tiefsten verehrten, zu den heftigsten Gegnern jeder Gleichstellung der Frauen.

Franziskus II. hätte es nicht an die Spitze der größten Organisation der Welt geschafft, wären ihm die Grundprinzipien politischer Führung fremd geblieben: Mut ist eine Tugend. Zu viel Mut wird zur Torheit. Mäßigung ist eine Tugend. Zu viel Maßhalten kann zum Stillstand führen. In diesem Spannungsfeld befand er sich, um die richtige Entscheidung beim Thema Frauen zu treffen. War einmal der erste Schritt geschafft, konnte er das Tempo sukzessive erhöhen. Franziskus II. war im Herzen ein Amerikaner und die liebten Veränderungen weit mehr als die Europäer.

Obwohl nur wenige Frauen tatsächlich das Priesteramt anstrebten, wurde der generelle Ausschluss davon von ihnen als herabwürdigend empfunden und die theologischen Begründungen als nicht überzeugend. Niemand konnte verleugnen, dass es mit der Gottesmutter Maria und Maria Magdalena zwei Frauen waren, die bis zum Ende unter dem Kreuz von Jesus gestanden waren, und dass er sich nach seiner Auferstehung als Erstes Maria Magdalena und nicht einem seiner Apostel zu erkennen gegeben hatte. Für Franziskus II. bestand kein Zweifel daran, dass sich die Kirche den Bedürfnissen nach Gleichberechtigung und Mitbestimmung von mehr als der Hälfte der Menschheit nicht dauerhaft verschließen konnte. Zunehmend mehr Frauen fühlten sich von der »Männerkirche« abgestoßen und kehren dieser bereits in jungen Jahren den Rücken zu.

»Ich bin spirituell, aber nicht religiös«

War sein Vorgänger Franziskus I. in seinem Wesenskern immer ein Seelsorger, erzeugte der neue Papst das Bild eines Mannes, der die Ärmel aufkrempelte und andere aufforderte mitzuhelfen, Probleme zu lösen. Der Ansatzpunkt zur Wiedergewinnung der Frauen lag für Franziskus II. im weiblichen Verständnis von Religion und Spiritualität. Aus seiner Lebenserfahrung, die er nicht nur in der Vorstellungswelt der Kirche gewonnen hatte, wusste er, dass viele Frauen sich sehr für Spiritualität und Transzendenz interessierten. Der Begriff Religion löste dagegen oft Abneigung oder Desinteresse bei ihnen aus. Wie oft hatte er den Satz »Spiritualität ist sehr wichtig für mich, aber religiös bin ich nicht« gehört. In der Bewältigung dieses scheinbaren Widerspruchs lag für den neuen Papst der Schlüssel zur Heilung der offenen Wunde, die der Kirche immer mehr Lebenskraft entzog.

Spiritualität und Religion trafen sich in der Überzeugung, dass der Mensch eben nicht nur auf sich selbst begrenzt, sondern mit einem höheren Ganzen verbunden war. Die nicht religiöse Spiritualität baute meist auf einer eher abstrakten und zufälligen Verbindung zu dieser höheren Ordnung auf. Der entscheidende Unterschied des Christentums lag für Franziskus II. in der persönlichen Beziehung zu Gott. War diese einmal gefestigt, traten Fragen nach der Mitgliedschaft in der Kirche, Ritualen und Lehren in den Hintergrund.

In der Vergangenheit hatte die Kirche viel zu oft vergeblich versucht, die Frauen mit einer abstrakten Sprache und lebensfernen biblischen Erzählungen zu gewinnen. Frauen waren aber sehr wohl bereit, sich über Achtsamkeit, Meditation, Mitgefühl, Transzendenz und Weisheit der Spiritualität anzunähern. Um die weibliche Spiritualität anzusprechen, bedurfte es der Sprache der Frauen. Franziskus II. wollte mit seinem Angebot an die Grenze des Machbaren gehen, ohne jedoch die Kirche mit der Frage nach weiblichen Priestern in die Spaltung zu treiben. Zu gut erinnerte er sich noch an den Satz, den ihm sein Vorgänger mit einem Lächeln auf den Lippen zum Abschied mit auf den Weg gegeben hatte: »Wenn Du Dir viele Feinde machen willst, dann versuche etwas zu verändern.«

Drei Wochen nach seiner Wahl liefert Franziskus II.
die erste Sensation

Er bestellte die brasilianische Dominikanerin Anna Marie Motamura zur Präfektin der Päpstlichen Kongregation für die »Verkündung der frohen Botschaft«, die bis dahin »Kongregationen für die Evangelisierung der Völker« geheißen hatte. Sie verfügte damit über 28 Kardinäle, 15 Erzbischöfe, 3 Bischöfe, 5 nationale Direktoren der Päpstlichen Missionswerke und 5 Ordensobere. Die Berufung von Laien und auch Frauen in höchste kirchliche Führungsfunktionen wäre theoretisch schon immer möglich gewesen, weil es sich um administrative und nicht geistliche Aufgaben handelte. Trotzdem war das ein gewaltiger Schritt, wenn man bedenkt, dass die erste Frau im Vatikan, die Italienerin Anna Pezzoli, am 1. Februar 1915 ihren Dienst als Hilfsarbeiterin im vatikanischen Ausstattungsamt angetreten hatte. Danach steigerte sich der Prozentsatz weiblicher Mitarbeiter im Vatikan langsam auf knapp 25 Prozent. Die meisten arbeiteten als Verkäuferinnen im Supermarkt oder den Buchhandlungen der Vatikanischen Museen. In der Zeit von Franziskus I. erreichten immerhin fünf Frauen leitende Positionen als Untersekretäre, vergleichbar mit Staatssekretären in weltlichen Regierungen, die höchste Ebene blieb ihnen aber verwehrt.

Anna Marie Motamura fühlte sich schon in ihrer frühen Kindheit zu Gott hingezogen und traf bald die Entscheidung, ihr Leben Gott zu weihen. Auf die Frage, warum sie sich so sicher gewesen sei, antwortete sie: »Das weiß man einfach, wie eine Frau, die sich für den Mann ihres Lebens entscheidet.« Sie stammte aus dem kleinen Städtchen Alumínio, 80 Kilometer westlich der Metropole São Paulo. Ihre Eltern, fleißige, arme Leute, kämpften immer damit, ihre vier Kinder finanziell über die Runde zu bringen. Durch eine glückliche Fügung schrieb ihr Religionslehrer an seinen Bischof, dass es an seiner Schule ein tiefgläubiges und hochintelligentes Mädchen gab, dessen Eltern sich ihre höhere Ausbildung nicht leisten konnten. Als einzige Chance zu studieren erwies sich das Lehramt, da die Kirche in Brasilien unbedingt gute Lehrer brauchte. Sie landete an einer von Dominikanerinnen geführten Schule und trat dem Orden bei. Ihre Oberin erkannte Motamuras außergewöhnliche Begabung und ermöglichte es ihr, neben ihrer Arbeit als Lehrerin noch Theologie an der Päpstlichen Katholischen Universität von Rio de Janeiro zu studieren. Sie schrieb ihre Dissertation über die für die damalige Zeit revolutionären Thesen des französischen Dominikaners Yves-Marie-Joseph Congar, der als einer der Väter der südamerikanischen Volkstheologie galt. Mit ihrem Studium erweiterte Anna Marie Motamura ihren Glauben um die intellektuelle Dimension, was zwar die eine oder andere Krise auslöste, aber nie ihr Gottesvertrauen erschüttern konnte. Ihr Credo lautete: »Vernunft und Glaube sind für mich unterschiedliche Zugänge zur selben Wirklichkeit. Der menschliche Verstand ist eine Gabe Gottes und kann daher nicht in Gegensatz zu Gott geraten.«

Die Aufregung um diese Bestellung hatte sich kaum gelegt, als Franziskus II. die Betrauung der chinesischstämmigen Amerikanerin Sophie Yin mit dem Aufbau des aufgewerteten Päpstlichen Rates für die gesamte Kommunikation des Vatikans bekannt gab. Nach dem Besuch einer katholischen Schule in New York erwarb Yin einen M.B.A. in Kommunikationswissenschaften an der North Western University. Es folgte eine steile Karriere beim Beratungsunternehmen McKinsey, ehe sie als Vorsitzende bei der weltweit größten PR-Agentur Edelman landete. Sophie Yin und Thomas Gleeson saßen im Jahr 2016 gemeinsam auf einem Podium. Danach lud sie der damalige Erzbischof von Chicago immer wieder zu informellen Gesprächen ein. Die 49-jährige, unverheiratete Yin folgte nun dem Ruf des neuen Papstes von ihrem Büro mit Blick auf den Hudson River in New York in die Via della Conciliazione in Rom. Was sie dort sah, übertraf ihre schlimmsten Befürchtungen.

Hierarchie –
Warum die göttliche Ordnung im Vatikan nicht funktioniert

Die Kommunikation innerhalb der Kurie erfolgte trotz aller Reformversuche noch immer hierarchisch und anachronistisch. Jedem Mitarbeiter war es nur erlaubt, sich an seinen unmittelbar Vorgesetzten zu wenden. Hatte er ein Anliegen, das jemanden in einer anderen vatikanischen Behörde betraf, durfte er diesen nicht etwa direkt kontaktieren oder gar anrufen. Er musste sich mit der Sache an seinen unmittelbaren Vorgesetzten wenden, von dort wanderte sie in der geschlossenen Säule der Behörde weiter bis zum Sekretär des Leiters der Behörde. Dieser, immer ein Kardinal oder Erzbischof, leitete den Akt dann an den Kardinal der zuständigen Kongregation weiter, von dort wanderte er die Hierarchie hinunter bis zum zuständigen Sachbearbeiter, der die Antwort wieder hinaufschickte, bis die Anfrage zu seinem Kardinal gelangte. Der reichte die Antwort an den Kardinal der Kongregation, von der die Frage gekommen war, weiter. Dann reiste die Antwort bis zum Mitarbeiter, der die Frage hatte, zurück. Das häufigste Kommunikationsmedium innerhalb der Kurie war der schriftliche Brief, entweder in Italienisch oder Latein abgefasst, der mit Boten verschickt wurde. Manchmal dauerte es Wochen, um überhaupt herauszufinden, bei welcher Behörde auf welcher Hierarchieebene ein Schriftstück lag. Dieses Verfahren hatte wenig mit Effizienz, sondern viel mit Geheimhaltung und Informationsmonopolisierung der Vorgesetzten zu tun. Interessanterweise ähnelt diese Informationspolitik ziemlich genau jener zwischen den Ministerien im Kommunismus, die auch nie direkt miteinander kommunizieren durften.

Nur in Fällen von absoluter Wichtigkeit und Dringlichkeit konnte sich ein Kardinal direkt an den Kardinalstaatssekretär wenden, der dann den Papst informierte. Wer meinte, dass sich die Chefs der einzelnen Kongregationen und Päpstlichen Räte zumindest wöchentlich zu einer Art Ministerratssitzung trafen, irrte sich gewaltig. Jeder werkte isoliert vor sich hin und wachte eifersüchtig über seine Kompetenzen. Selbst die Kommunikation per E-Mail galt lange Zeit als verpönt. Schon Franziskus I. hatte bei seinem Amtsantritt feststellen müssen, dass die Kurie schlechter organisiert war als zu Zeiten des Zweiten Vatikanischen Konzils in den Sechzigerjahren des 20. Jahrhunderts. Mithilfe der Unternehmensberatung McKinsey und des ehemaligen EU-Kommissars Chris Patten war es Franziskus I. zwar gelungen, die Kurie zu straffen und den Flaschenhals des allmächtigen Kardinalstaatssekretariats zu öffnen. Von einer dem digitalen Zeitalter entsprechenden Kommunikationsstruktur war der Vatikan im Jahr 2019 trotzdem noch Lichtjahre entfernt. Franziskus II. entschied, dass die Kirche technologisch und personell in Information investieren musste. Das begann schon damit, dass die Welt einfach kein Italienisch verstand, auch wenn das die Italiener im Vatikan nicht begreifen wollten.

Sophie Yin ließ sich von Franziskus II. mit fast absoluten Vollmachten ausstatten und setzte diese auch mit aller Härte ein, um eine Maßnahme durchzusetzen, an der alle ihre Vorgänger gescheitert waren: die Zentrierung aller vatikanischen Medienaktivitäten in einem Gebäude auf der Via della Conciliazione unter ihrer strengen Führung. Bereits Papst Franziskus I. hatte alle vatikanischen Medienaktivitäten in einer einzigen Behörde, dem »Sekretariat für Kommunikation«, gebündelt. Die einzelnen Institutionen wie zum Beispiel der Päpstliche Medienrat, das vatikanische Internet-Service, Radio Vatikan, das Vatikan-Fernsehen CTV oder die Zeitung »L'Osservatore Romano« waren aber weiterhin über den gesamten Vatikanstaat verstreut geblieben und leisteten hinhaltenden Widerstand gegen eine zentrale Steuerung. Klugerweise hatte Franziskus II. Frau Yin nicht nur große Vollmachten gegeben, sondern mit dem italienischen Jesuitenpater Lorenzo de Mascolo einen mit hoher sozialer Kompetenz ausgestatteten Pressesprecher an die Seite gestellt, der zumindest einige Wellen der Empörung glätten konnte. Der von Yin ausgelöste Kulturbruch war aber so gewaltig, dass Ausdrücke wie »Mongoleneinfall«, »weiblicher Dschingis Khan« oder »Gegen Yin war Maos Kulturrevolution ein Spaziergang« durch die geheiligten Gänge des Vatikans geisterten. Yin erhielt aber durchaus auch Unterstützung von den Kommunikationsfachleuten im Vatikan, die immer der Meinung waren, dass Kommunikation ein Handwerk sei, das man beherrschen musste. Und mangelnde Professionalität unterstellten Yin nicht einmal ihre Gegner.

Abgesehen von kurialen Befindlichkeiten wurden die Entscheidungen von Franziskus II. durchaus positiv aufgenommen. Zwei der wichtigsten päpstlichen »Ministerien« befanden sich in weiblicher Hand. Über ihnen gab es nur mehr den Papst. Franziskus II. weckte zwangsläufig die Erwartungshaltung, dass es damit wohl nur mehr ein kleiner Schritt bis zum Zugang von Frauen ins Priesteramt sein werde.

Eine große Täuschung, wie der Kommentar des deutschen Theologen und Humangenetikers Robert Manninger vermuten ließ, der wie zufällig unmittelbar nach der Bestellung von Anna Marie Motamura und Sophie Yin in der Wochenzeitung »Die Zeit« erschien. Mit feiner Feder war es Manninger seit Jahren gelungen, sich als mahnende Stimme gegen den »Genderwahn« zu profilieren. Vor allem im Schlusssatz seines »Zeit«-Artikels legte er eine Lunte, die von Gegnern jeder Veränderung der traditionellen Frauenrolle in der Kirche freudig angezündet wurde.

Frauen sind wertvoller für die Evolution als Männer – daran kann auch ein Papst nichts ändern

Der weibliche Körper besitzt biologische Programme, die dem Mann unbekannt sind und die auch in faszinierender Weise erklären, warum der Kinderwunsch bei Frauen stärker angelegt ist als bei Männern. Zwar sind Männer für die Zeugung genauso wichtig wie Frauen, allerdings vieles danach – die embryonale Entwicklung, die Geburt und das Stillen – kommt vom weiblichen Körper. Nervenkraft, Energiereserven, vor allem aber Zeit müssen darin investiert werden, während der Anteil des Mannes an der Entstehung eines neuen Menschen mitunter nur minimal ist. Auch wenn der Mensch keinesfalls auf seine Biologie reduziert werden darf, muss zur Kenntnis genommen werden, dass unsere Emotionalität – wie alle anderen körperlichen Funktionen – sich einem Ziel angepasst hat: nämlich der Fortpflanzung.

Sowohl die Testosterongetriebenheit des Mannes als auch das langfristige Denken des weiblichen Herzens dienen der Erhaltung der Art – allerdings mit unterschiedlichen Strategien. In mitunter ausgeklügelter Weise hat der Homo sapiens religiöse und soziale Regeln entwickelt, um den zwanghaften männlichen Drang, seinen Samen maximal zu verstreuen, in verträgliche Bahnen zu lenken. Doch wirklich einbremsen lassen sich Testosteron getriebene Männer nur schwer, vor allem dann, »wenn sie brennen«, wie schon Paulus beobachten musste. Seit den Zeiten des Paulus hat sich da wenig verändert. Offensichtlich lassen sich die Kräfte der Evolution nur schwer in ein moralisches Korsett zwingen.

Das weibliche Geschlecht ist für das Weiterleben unseres Planeten so wichtig, dass ihm ein Freiraum gewährt sein muss, den ihm die katholische Religion bisher immer gewährt hat.

Das Rippenstück Adams nimmt in der Schöpfung einen höheren Platz ein als ihr Organspender Adam. Die Frau investiert weit mehr Energie, Zeit und Kraft in die Erhaltung der Art, Jahre sind es bei ihr, während der Beitrag des Mannes oft nur auf Minuten beschränkt ist. Daher hat die Frau auch ein Recht darauf, von administrativen Arbeiten in der profanen Welt, aber auch in der Kirche freigespielt zu werden. Das bedeutet keineswegs, sie stünde unter dem Mann. Im Gegenteil, aufgrund ihrer Aufgaben in der Evolution steht sie über ihm.

Das biblische Verständnis von Mann und Frau hat Papst Franziskus I. klar formuliert. »Aufgabe der Kirche und aller Gläubigen, aller Familien ist es heute, die Schönheit der göttlichen Schöpfung von Mann und Frau und ihrer Einheit wiederzuentdecken.«

Man möge Frauen vor jenen mehr oder weniger wohlmei-
nenden Zeitgenossinnen in Schutz nehmen, die den inten-
siven Kinderwunsch fast als krankhaft abtun, den man in
die Hände der Psychiater legen sollte. Diese Meinungen
hört man gelegentlich und es scheint, dass sie an Zahl
zunehmen, vor allem dann, wenn sie einen nicht selbst
betreffen.

Die Wertschätzung der Geschlechter ist stark durch die
Evolution vorgegeben und darf nicht nur über die freie
Berufswahl definiert werden. Das betrifft auch die schein-
bar so populäre Besetzung von kirchlichen Spitzenpositio-
nen mit Frauen.

Univ.-Prof. DDr. Robert Manninger am 28. März 2019

2019: Wer braucht noch Gott?
Vom Stau auf dem Jakobsweg zur Leere
vor den Taufbecken

»Selbst wenn Gott existierte, müsste man ihn beseitigen.«
Michail Bakunin,
russischer Revolutionär und Anarchist

Nur gute Kenner der europäischen Geschichte wissen, welch nachhaltige Gotteskrise das Erdbeben von Lissabon am 1. November 1755 verursacht hatte, das zusammen mit einem Großbrand und einem Tsunami die portugiesische Hauptstadt fast vollständig zerstörte. Die geschätzten 30.000 bis 100.000 Todesopfer dieser verheerenden Naturkatastrophe lösten einen so großen Schock aus, dass auch viele bis dahin gläubige Menschen daran zweifelten, dass es einen Gott geben könnte. Das Erdbeben warf für Philosophen und Theologen ein altes Problem neu auf: Wie konnte ein allmächtiger und gütiger Gott ein so gewaltiges Unglück wie das Erdbeben von Lissabon dulden? Warum hatte das Beben die Hauptstadt eines streng katholischen Landes getroffen, das für die Verbreitung des Christentums in der Welt wirkte? Warum überdies noch dazu an einem hohen kirchlichen Festtag wie Allerheiligen? Und warum waren zahlreiche Kirchen dem Beben zum Opfer gefallen, aber ausgerechnet die Alfama, Lissabons Rotlichtviertel, verschont geblieben? Gelehrte wie Voltaire, Kant und Lessing diskutierten diese Fragen und waren Wegbereiter der Aufklärung, die die Kirche in ihren Fundamenten erschüttern sollte. Zwei blutige Weltkriege, der Holocaust, die Millionen Hungertoten und viele andere Katastrophen konfrontierten die Kirche unablässig mit der Frage: »Wie kann Gott das alles zulassen?«

116

»Die Moderne hat Gott verloren und sucht ihn«

Der wachsende Bildungsgrad und die damit verbundene Landflucht untergruben in der zweiten Hälfte des 20. Jahrhunderts in
Europa immer stärker die sogenannte Volksfrömmigkeit. Die
früher enge Bindung der Menschen an die Religion löste sich zunehmend auf und Selbstbestimmung auf Basis der eigenen Vernunft setzte sich immer stärker als dominante Geisteshaltung
durch. Die Abwendung von der Kirche bedeutete aber nicht
gleich ein antireligiöses Weltbild. Denn die Moderne konnte die
Deutungen der Religion zwar infrage stellen und auch widerlegen,
befriedigende Antworten auf viele existenzielle Fragen des Menschen blieben aber ungelöst. Der britische Philosoph und Mathe-
matiker Alfred North Whitehead hatte das einst auf die Formel
gebracht: »Die Moderne hat Gott verloren und sucht ihn.« Es
zeigte sich allerdings, dass sich immer weniger Menschen von den
Antworten der traditionellen Kirchen auf ihre ganz persönlichen
Gottesfragen angesprochen fühlten. Konsumdenken und Materialismus erwiesen sich als weit wirksameres Opium für das Volk,
als das Karl Marx einst der Religion unterstellt hatte. Die Furcht
vor der ewigen Hölle im Jenseits war fast vollständig der Sorge
um das persönliche Wohlergehen im Diesseits gewichen.

Amerikaner glauben an Gott – Europäer immer weniger

Wie hielten es die Naturwissenschaftler mit Gott? Die meisten
Untersuchungen über den Glauben von Naturwissenschaftlern an
einen persönlichen Gott stammten aus den USA. Lange Zeit erwiesen sich diese als erstaunlich immun dagegen, dass ihr Glaube
oft in krassem Widerspruch zu den Gesetzen der Natur stand. So
hatte James Leuba vom Bryn Mawr College mit einer Umfrage
unter tausend zufällig ausgewählten US-amerikanischen Naturwissenschaftlern 1914 ermittelt, dass über 40 Prozent von ihnen

an einen persönlichen Gott oder ein Leben nach dem Tod glaubten. Aktuelle Studien zeigten allerdings eine alarmierende Entwicklung unter Naturwissenschaftlern. Nur mehr sieben Prozent glaubten an einen persönlichen Gott und knapp acht Prozent an ein Leben nach dem Tod.

In der Gesamtbevölkerung der USA war der Glaube dagegen nach wie vor stark ausgeprägt. 83 Prozent aller Amerikaner bezeichneten sich als religiös, aber ein Viertel glaubte nicht an den persönlichen Gott. Die Vorstellungen von »Gott« waren wesentlich vielseitiger geworden: 21 Prozent hielten Gott für ein höheres Bewusstsein, 8 Prozent für die vollkommene Verwirklichung des persönlichen Potenzials und jeweils 5 Prozent glaubten an viele Götter oder daran, dass jeder seinen eigenen Gott hat.

Der Glaube an Gott und an ein Leben nach dem Tod war in der Bevölkerung in den verschiedenen europäischen Ländern insgesamt viel niedriger als in den USA. In Europa korrelierten der Ausbildungsstand und das Einkommen deutlich mit einer religiösen Einstellung. Einfach formuliert: Je gebildeter Menschen waren, desto skeptischer standen sie traditionellen religiösen Vorstellungen gegenüber.

Das Bewusstsein, eine unsterbliche Seele zu besitzen,
war vielen Menschen verloren gegangen

Die immer heftigeren Wirtschaftskrisen und die damit verbundenen Verlustängste führten in Europa zu keiner Rückbesinnung der Menschen auf die Religion, wie die Beispiele der einstigen katholischen Kernländer Frankreich, Spanien oder Portugal zeigten. Deren Städte wurden aber nicht, wie von den Nationalisten befürchtet, vom Islam erobert. An der Spitze der Religionszugehörigkeiten in Europa stand immer öfter »o. B.«– o. B. bedeutete »ohne Bekenntnis«. Schuldendruck, Währungsreformen, Arbeitslosigkeit verunsicherten weite Teile der Bevölkerung. Trotzdem hatten sich die Menschen so weit von der Kirche entfernt, dass sie auch in ihrer Not nicht reuevoll zurückkehrten. In Europa betraf das nicht nur die katholische Kirche, sondern vor allem auch die protestantische. Soziologen sahen nicht nur eine Kirchen-, sondern vor allem eine Glaubenskrise.

Am Beginn des Pontifikats von Franziskus II. im Jahr 2019 führte die überwiegende Mehrheit der Menschen in Europa ein Leben, in dem die Frage nach der Existenz Gottes keine praktische Bedeutung hatte. Nur mehr vier Prozent der Menschen in Europa glaubten noch an die Hölle. Der aufgeklärte Mensch fürchtete sich nicht mehr vor den Mächten der Finsternis, sondern vor dem Versagen seines Urteilsvermögens, das ihn verleitete, falsche Entscheidungen zu treffen. Bei ethischen Entscheidungen vertraute der moderne Mensch seinem eigenen Gewissen und benötigte Gott nicht als höchste Leitinstanz. Das Problem dabei war nur, dass sich viele Menschen mit der totalen Verantwortung für ihr Leben überfordert sahen. Einer Gesellschaft ohne Gott fehlten unbestrittene Werte, an denen man sich festhalten konnte, die angstlindernd und hoffnunggebend auf den Einzelnen wirkten. Zu wem sollte man um ein Wunder beten, wenn eine schwere Krankheit das eigene Leben bedrohte? Es gab kein Frostschutzmittel, das die Seele davor bewahrte einzufrieren, wenn sie nie gepflegt wurde. Einfach formuliert waren viele Menschen auch im 21. Jahrhundert von der Aufklärung überfordert und flüchteten sich entweder in spirituelle Ersatzreligionen oder wurden anfällig für resignativen Populismus.

Die »Sowohl/als auch«-Geisteshaltung beherrscht den Menschen

Auch gläubige Menschen gingen in Lebenskrisen vermehrt zu einem Psychotherapeuten und nicht zu einem Priester. Wenn die Menschen aber nicht mehr an einen Gott glaubten, zu dem sie beten konnten und der ihnen Trost und Hoffnung gab, veränderte das auch die Rolle der Kirchen radikal. Der Traum von der Hochzeit in Weiß oder der Wunsch nach einem würdigen Begräbnis reduzierte die Kirche auf eine spirituelle Folkloreinstitution, die man nur mehr bei ganz seltenen Anlässen oder gar nicht aufsuchte. Die Beichte war fast völlig aus dem Leben der Menschen verschwunden. Das lag nicht zuletzt daran, dass die meisten Katholiken seit ihrer Erstkommunion oder Hochzeit keinerlei persönlichen Kontakt zu einem Priester hatten. Während die immer weniger werdenden Pfarren zu zentralen Einheiten zusammengelegt wurden, boomten dafür Wallfahrten, Fastenwochen und Einkehrtage in Klöstern. Die charismatischen Bewegungen wie Fokolar oder Neokatechumenat und deren vielfältigen Verzweigungen deckten das Bedürfnis sehr kleiner Minderheiten nach religiösen Entzückungserlebnissen ab, ohne jedoch größere Relevanz zu gewinnen. Der Jakobsweg verkündete jedes Jahr neue Besucherrekorde. Gleichzeitig explodierten die Kirchenaustritte und die Taufen wurden immer seltener. Wie konnte man diese Widersprüche erklären?

Es gab ein Zauberwort, das als Deutungsmuster für das 21. Jahrhundert an Bedeutung gewann: Ambivalenz. Im lateinischen Ursprung setzt es sich aus *ambo* »beide« und *valere* »gelten« zusammen. »Hass-Liebe« war ein gutes Beispiel dafür. Der Mensch im »ambivalenten Zeitalter« war beherrscht vom Nebeneinander gegensätzlicher Gefühle, Gedanken und Wünsche, die zu ständigen inneren Konflikten führten. Die Wahl des individuellen Partnerschaftsmodells zwischen der Hoffnung auf die Dauerhaftigkeit einer Ehe und der Realität von Lebensabschnittspartnerschaften oder die Entscheidung zwischen einer erfolgreichen Berufskarriere und einem glücklichen Familienleben wurde durch eine »Sowohl/als auch«-Einstellung geprägt. Wie passte die praktizierte »Sowohl/als auch«-Philosophie zur Verbindlichkeit des katholischen Glaubens?

Wie konnte es gelingen, den Menschen in Zeiten der Ambivalenz und Glaubenszweifel unabhängig von ihrer individuellen religiösen Prägung tragfähige Brücken zu Gott zu bauen? Nach der Wiedergewinnung der Frauen war für Franziskus II. die Versöhnung von Glauben und Vernunft im dritten Jahrtausend die zweite Überlebensfrage. Der neue Papst wollte um jeden Preis verhindern, die religiösen und spirituellen Sehnsüchte der Menschen den Fundamentalisten zu überlassen.

Wen sollte Franziskus II., der sich selbst weder für einen Wissenschaftler noch einen Theologen hielt, mit der Überprüfung eines zeitgemäßen Verständnisses von Glauben und Vernunft betrauen?

Es gab eine Institution, deren Mitglieder nur aufgrund ihrer hohen wissenschaftlichen Reputation und ihrer moralischen Autorität berufen wurden. Im 20. Jahrhundert enthielt ihr Mitgliederverzeichnis die angesehensten Namen der Wissenschaft wie Stephen Hawking, Alexander Fleming sowie einige Nobelpreisträger wie Werner Heisenberg, Max Planck, Niels Bohr, Rita Levi-Montalcini, Erwin Schrödinger und Otto Hahn. Die Persönlichkeiten kamen aus vielen Kulturen und Berufen und gehörten unterschiedlichen Religionen an, einige waren sogar Agnostiker. Nur eines hatten sie gemeinsam: Sie alle waren Mitglieder der Päpstlichen Akademie der Wissenschaften.

2020: Der Auftrag an die Päpstliche Akademie der Wissenschaften – Das Dilemma zwischen Glauben und Wissen

»Der erste Trunk aus dem Becher der Naturwissenschaft macht ungläubig; aber auf dem Grund des Bechers wartet Gott.«
Werner Heisenberg,
deutscher Quantenforscher und Nobelpreisträger für Physik

Mitten in den vatikanischen Gärten, umgeben von Wiesen und Gärten auf einer Anhöhe steht ein architektonisches Juwel – die Casina Pio IV, 1561 als Sommerresidenz für den Papst fertiggestellt. Die bezaubernden Deckenfresken im Inneren sind denen von Pompeji und Herculaneum nachempfunden, obwohl diese Städte beim Bau der Casina noch nicht bekannt waren. Eines der vielen Rätsel, die in dem Gebäude verborgen liegen.

Im Hörsaal der Päpstlichen Akademie der Wissenschaften prallen moderne Technik und Tradition aufeinander. Die Ambivalenz zwischen dem Streben nach den neuesten wissenschaftlichen Erkenntnissen und dem strikten Rahmen, den die kirchlichen Dogmen vorgeben, verkörperte schon der erste Direktor der Akademie – Galileo Galilei.

Vor 400 Jahren richtete Galileo Galilei sein Fernrohr, das er von einem holländischen Monokel-Hersteller erstanden hatte, zum ersten Mal in das Weltall und sah zu seiner großen Verwunderung auf dem Mond Berge und Krater, die jenen auf der Erde glichen, sowie andere Planeten, die ebenfalls von Trabanten umgeben waren. Daraus schloss er, dass es am Firmament zunächst nicht himmlisch zuginge, sondern ganz einfach irdisch. Schon vor ihm hatte der Domherr Nikolaus Kopernikus die Hypothese entwickelt, dass die Erde nicht das Zentrum des Kosmos sei, sondern sich wie andere Planeten um die Sonne bewege. Galileo Galilei bewies mit Experimenten die Richtigkeit dieser These. Die Erkenntnisse von Kopernikus, Galilei und Kepler entzauberten die bis dahin geheimnisvollen Bewegungen der Gestirne am Himmel und legten die Gesetze offen, die die kosmischen Ereignisse erklärten.

Als zeitlebens tiefgläubiges Mitglied der Kirche versuchte Galilei, diese von ihrem verhängnisvollen Beharren, dass die Erde im Zentrum des Universums stand, abzubringen. Die Kirche ließ sich vom Virus der Wissenschaftsfeindlichkeit anstecken und versuchte in Folge neue Erkenntnisse mit Zensur, Verboten und letztlich der Inquisition zu bekämpfen. Die Verurteilung Galileis wegen seiner »Irrtümer« ist nur der bekannteste Fall kirchlicher Fortschrittsfeindlichkeit. Dieses Fehlurteil durch die Inquisition belastete das Verhältnis zwischen Kirche und Wissenschaft jahrhundertelang. Erst im Jahr 1992 rehabilitierte Johannes Paul II. Galileo Galilei. Eine Kommission der Päpstlichen Akademie der Wissenschaften hatte seinen Fall 13 Jahre lang untersucht und dabei herausgefunden, dass unter anderem eifersüchtige Physiker-Konkurrenten von Galilei alles taten, um die Inquisition gegen ihn aufzuhetzen. Heute erinnert eine Marmortafel an Galileis Verurteilung und eine zweite an deren Aufhebung. Auch die von Charles Darwin entwickelte Evolutionstheorie wurde von Pius XII. noch im Jahr 1941 in einer Ansprache vor der Päpstlichen Akademie als völlig unbewiesen bezeichnet. Gerechterweise muss man sagen, dass diese Linie in der Kirche keineswegs einheitlich war. Letztlich setzten sich aber die engstirnigen Dogmatiker durch, auch wenn sich viele ewige »Wahrheiten« durch die unwiderlegbaren wissenschaftlichen Erkenntnisse als unhaltbar erwiesen.

Obwohl große Wissenschaftler wie Kopernikus, Galileo, Kepler genauso wie später Darwin und Mendel durchaus gläubige Menschen waren, bedeuteten ihre Erkenntnisse Gefahr für die Kirche. Je mehr die Menschen von den wissenschaftlichen Gesetzen wussten, desto weniger glaubten sie an religiöse Hirtenmärchen und Legenden. Viele kirchliche Lehren erfüllten historisch den Zweck, den einfachen, ungebildeten Menschen mittels klarer Bilder und Vorschriften zu zwingen, moralische Orientierung in ihrem irdischen Leben zu finden. Die explosionsartige Ausbreitung von naturwissenschaftlichen Erkenntnissen widerlegte die wörtliche Auslegung der Schöpfungsgeschichte und führte zu einem Verlust der Deutungshoheit der Kirche über wesentliche Bereiche des menschlichen Lebens.

So galten Blitz und Donner bis zur Erfindung des Blitzableiters zu Beginn der 1750er-Jahre als sichtbare Beweise für den Zorn Gottes, der von Predigern entsprechend als Mahnung für die sündigen Gläubigen genutzt werden konnte. Auf einmal reichte es, ein längeres Stück Metall auf sein Dach zu montieren und dieses mit der Erde zu verbinden und schon war man sicher vor dem Zorn Gottes. Ein uraltes Element der Religion, das die Menschen zwang, sich durch Gebet und Glauben vor dem Tod zu schützen, war auf einmal entmystifiziert. Es darf daher nicht wundern, dass die katholische Kirche in den Ideen der Aufklärung eine massive Bedrohung sah.

Dass der Gebrauch der Vernunft nicht automatisch in Gottesverleugnung münden muss, beweist die häufig zitierte Geschichte von der Wette des Mathematikers Blaise Pascal mit einem Freund. Es ging dabei um die Frage, ob es Gott gäbe oder nicht. Der Freund meinte, es gäbe keinen: »Was bekomme ich, wenn ich gewinne?«, fragte er. »Nichts«, antwortete Pascal, »Du magst dann zwar recht haben, aber Du hast trotzdem verloren. Und ich auch. Wenn es keinen Gott gibt, ist das Leben sinnlos und leer.« – »Und wenn Du gewinnst?«, fragte der Freund. »Dann haben wir beide gewonnen«, sagte Pascal. Das, meinte der Freund, beantwortete aber nicht die Frage nach der Existenz Gottes. »Stimmt«, sagte Pascal, »aber es macht klar, dass Du Dich entscheiden musst und dass die Entscheidung für Dein Leben Folgen hat. Du musst zwischen zwei Antworten wählen, die mit gleicher Wahrscheinlichkeit richtig sind: Die eine Antwort hat gute Folgen, die andere schreckliche. Wie kannst Du da zögern?« Der Freund fragte:

»Und wenn ich mich irre?« – »Macht nichts«, sagte Pascal, »dann hast Du eine schöne Illusion gehabt. Andernfalls hättest Du das Nichts gewählt. Das macht nicht glücklich.« Der Freund fragte: »Ich muss also an Gott glauben?« – »Du musst nicht«, antwortete Pascal, »aber es ist Deine einzige Chance.«

Doch die bedrängte Kirche manövrierte sich immer mehr in die Defensive und viele päpstliche Enzykliken waren Anklagen gegen die »Irrtümer der Zeit«, mit denen sie ihre Bastionen zu verteidigen versuchte. Pius IX. verdammte »Gewissens-, Meinungs-, Presse- und Religionsfreiheit« als Wahnwitz.[1] Die Geschwindigkeit, in der sich die Welt veränderte, war allerdings so hoch, das alle Versuche der Kirche, diese Dynamik zu bremsen, erfolglos blieben. Mit dem Festklammern an »unumstößlichen Wahrheiten«, die dem Erkenntnisfortschritt des Menschen offensichtlich widersprachen, schadete die Kirche selbst ihrer Mission. Erst das Zweite Vatikanische Konzil war ein ernsthafter Versuch der Kirche, sich mit den veränderten gesellschaftlichen Verhältnissen zu versöhnen. Das änderte allerdings nichts an der rasanten Abkehr der Menschen von der Kirche und ihrem traditionellen Gottesbild. Egal in welche Gewänder sich die Kirche kleidete, sie hatte ein ernsthaftes Problem mit dem modernen Menschen.

Müssen Religionen irrational sein?

Vor allem Joseph Ratzinger, der spätere Papst Benedikt XVI., hatte sich um die Vereinbarkeit von Glauben und Vernunft bemüht und diese zum zentralen Anliegen seines Pontifikats gemacht. Keine einfache Aufgabe, wie eine Kurzzusammenfassung der katholischen Glaubenslehre zeigt:

Eine Frau gebar einen Sohn, den sie, ohne je Sex gehabt zu haben, vom Heiligen Geist empfangen hatte. Sie war Jungfrau vor, in und nach der Geburt. Ihr Sohn sah sich als Sohn Gottes, vollbrachte einige Wunder und wurde in jungen Jahren von seinem

Volk gekreuzigt. Nach dem Tod stieg er mit der vom Leib getrennten Seele in die Unterwelt hinab. Am dritten Tage nach seinem Tod stand er von den Toten auf und fuhr mit Leib und Seele in den Himmel auf. Dort ist er gleichzeitig Vater, Sohn und eine Taube. Die Gläubigen feiern ihren Gott, indem sie jeden Sonntag gemeinsam seinen Körper essen und sein Blut trinken. Bei diesem Kult sind der Leib und das Blut von Gottes Sohn wahrhaft, wirklich und wesenhaft gegenwärtig.

Für theologische Feinspitze gibt es noch immer insgesamt 245 Dogmen, die eines gemeinsam haben: Sie widersprechen jeder Logik und erlebbaren Realität. Das haben sie allerdings mit allen anderen Weltreligionen gemeinsam. Forschungen zeigen sogar, dass erst der Verstoß gegen rational erfassbare Prinzipien eine Religion überlebensfähig macht. Denn wenn viele Gläubige sich über die Gesetze der kalten Vernunft hinwegsetzen, entsteht ein Gefühl des Auserwähltseins und der Verbundenheit. Nur wer die Energie aufbringt, Tag für Tag Rituale und Verpflichtungen gegenüber einer höheren Macht auf sich zu nehmen, wird Halt in seinem Glauben finden.

Vielleicht liegt genau darin der Erfolg der Religion. Der Glaube an Götter, Geister, Engel, Dämonen, spirituelle Gesetze ist tief im Menschen verankert. Religion hat sich trotz Aufklärung, Wissenschaft und zunehmender Profanisierung erstaunlich gut bis heute erhalten. Und es gibt auch zahlreiche Untersuchungen, die zeigen, dass religiöse Menschen gesünder sind, stabilere Familien haben und seltener an Drogensucht und Depression leiden.[2]

Das Verhältnis von Wissenschaft und Religion in der modernen Welt ist jedenfalls spannungsreich, wenngleich eine Versöhnung nicht unmöglich scheint. Einige Naturwissenschaftler interpretierten zum Beispiel die Erkenntnisse der Quantenphysik sogar eher als eine Bestätigung eines göttlichen Designs als eine Widerlegung. »Ich glaube, auch Physiker brauchen Gott, aber sie drücken es anders aus«, sagte Hans-Peter Dürr, ehemaliger Direktor des Max-Planck-Instituts für Physik und Astrophysik in München. Der britische Physiker Paul Davies meinte sogar, die Naturwissenschaft habe »mittlerweile den Punkt erreicht, von dem aus ehedem religiöse Fragen auf wissenschaftlich haltbare Weise untersucht werden können«.

Die Naturwissenschaft ist überzeugt, die Entstehung des Kosmos mit dem Urknall plausibel erklären zu können. Erklärungen dafür, was davor war, sind dagegen allesamt Theorien. Noch keinem Wissenschaftler ist es gelungen, das Dogma »Alles, was existiert, wurde seiner ganzen Substanz nach von Gott aus nichts hervorgebracht« zu widerlegen. Statt daher selbstbewusst in den Dialog mit der Wissenschaft einzutreten, hat sich die Kirche leider in der Vergangenheit oft auf Auseinandersetzungen eingelassen, die sie nicht gewinnen konnte.

Auch nach dem folgenschweren Fehlurteil über Galileo Galilei tappte die Kirche immer wieder in die Vorverurteilungsfalle von wissenschaftlichen Erkenntnissen. So hatte sich der Versuch, die Evolutionstheorie zu verdammen, als kontraproduktiv für das Ansehen der Kirche erwiesen. Erst seit dem Beginn des dritten Jahrtausends akzeptierten weite Teile der katholischen Kirche die Evolutionstheorie als Tatsache, sahen darin aber keinen Widerspruch zu einem Schöpfer, der sich dieses Mechanismus bedient hat, um seinen göttlichen Plan zu verwirklichen.

Nach ihrer wechselvollen Geschichte genoss die Päpstliche Akademie völlige Forschungsfreiheit. So durfte das Akademiemitglied Stephen Hawking im Jahr 1981 auf einem Symposium über den Kosmos im Vatikan sein Konzept von einem grenzenlosen Universum vorstellen, das einem Schöpfergott widersprach: »Wenn das Universum einen Anfang hatte, können wir von der Annahme ausgehen, dass es durch einen Schöpfer geschaffen worden sei. Doch wenn das Universum wirklich völlig in sich selbst abgeschlossen ist, wenn es wirklich keine Grenze und keinen Rand hat, dann hätte es auch weder einen Anfang noch ein Ende; es würde einfach sein. Wo wäre dann noch Raum für einen Schöpfer?«

Vor Papst Franziskus II. war es üblich, dass die Akademie ihre Themen selbst wählte und dabei so unterschiedliche Bereiche wie »Wissenschaftliche Erkenntnisse über die Evolution des Universums des Lebens« oder »Moderne Sklaverei« behandelte. Franziskus II. brach mit dieser Tradition und ersuchte die Päpstliche Akademie der Wissenschaften im April 2020, sich einem Fragenkatalog zu widmen, dessen Lösung für ihn hohe Priorität hatte.

Der zweite massive Eingriff von Papst Franziskus II. in die Konstruktion der Akademie sorgte vorerst nur innerhalb der Kurie für Aufregung. Er erweiterte die Akademie, der bisher ausschließlich Naturwissenschaftler angehört hatten, um Theologen, mit dem Ziel, das naturwissenschaftliche mit dem christlichen Weltbild zu verbinden. Die Glaubenskongregation empfand diese Intervention nicht ganz unberechtigt als Beschneidung ihrer wichtigsten Kompetenz. Es kursierten sogar Gerüchte, dass der Papst langfristig eine Verschmelzung dieser beiden so unterschiedlichen Institutionen plante.

Ein verbotenes Buch wird zum Wanderpokal der Päpste

In Wahrheit wollte Franziskus II. ganz bewusst den Weg fortsetzen, den bereits sein Vorgänger behutsam vorbereitet hatte. Nach seiner Wahl zum Papst gab es nur eine persönliche Begegnung zwischen Franziskus II. und seinem Vorläufer, obwohl sich die beiden unterschiedlichen Persönlichkeiten sehr gut verstanden. Dabei hatte Franziskus II. von seinem Vorgänger ein abgegriffenes Buch eines verstorbenen französischen Jesuiten geschenkt bekommen. Dessen Buch stehe für ein Gesamtwerk, das der Kirche die Möglichkeit biete, die nächsten wissenschaftlichen Durchbrüche, die unzweifelhaft kommen würden, auch theologisch zu bewältigen. Die Zeit wäre mehr als reif dafür, den starken Magnetismus, welchen die Ideen dieses Mannes noch lange nach dessen Tod auf die Menschen ausgeübt hätten, nicht zu fürchten, sondern für die

Kirche und den Glauben zu nutzen. Er sei davon überzeugt, dass der große Kirchenlehrer Thomas von Aquin wohl der Erste wäre, der die dringende Versöhnung der katholischen Theologie mit der Wissenschaft begrüßen würde.

Franziskus II. musste lachen, als ihm sein Vorgänger das Buch übergab. Als Jugendlicher sei er ein großer Fan des US-Films »In den Schuhen des Fischers« gewesen, in dem Anthony Quinn die Rolle des ersten Papstes aus Russland verkörperte. Oskar Werner spielte darin den Pater David Telemond, einen in der Kirche umstrittenen Vordenker. Die Figur des Paters Telemond trug eindeutig die Züge des Jesuiten, dessen Buch ihm sein Vorgänger nun ans Herz gelegt hatte. In seiner Zeit als Erzbischof von Chicago habe er sogar das Grab des großen Theologen und Wissenschaftlers am Hudson River in New York besucht. Er könne sich noch genau an den einfachen weißen Grabstein erinnern, der völlig unprätentiös nur den Namen sowie das Geburts- und das Todesdatum des Verstorbenen wiedergab:

Pierre Teilhard de Chardin, SJ
Geboren: 1. Mai 1881
Gestorben: 10. April 1955

Franziskus II. stellt der Akademie drei Fragen

Noch in der gleichen Nacht begann Franziskus II. sich wieder in die Gedankenwelt von Teilhard de Chardin zu versenken, die ihn schon während seines Theologiestudiums angezogen hatte. Das Buch von Teilhard war mit vielen persönlichen Anmerkungen seines Vorgängers Franziskus I. versehen und er begriff, welchen Wert es für diesen gehabt haben musste.[3] Ein Zitat von Teilhard faszinierte ihn besonders, denn obwohl es vor fast hundert Jahren niedergeschrieben worden war, traf es den Nerv der Zeit:

»Wir brauchen uns nicht den Kopf darüber zu zerbrechen, wie die gewaltige materielle Größe des Universums jemals vergehen könnte. Es genügt, dass der Geist sich umkehrt, dass er den Bereich wechselt, damit sich sofort auch das Gesicht der Welt ändert.«[4]

Inspiriert durch das Buch formulierte Franziskus II. jene drei Fragen, die er der Päpstlichen Akademie der Wissenschaften stellen wollte:

1. Ist der Glaube an einen persönlichen Gott mit den wissenschaftlichen Erkenntnissen der Evolutionstheorie intellektuell vereinbar?
2. Warum glaubt aus wissenschaftlicher Sicht der eine Mensch an Gott, der andere jedoch nicht?
3. Wie weit darf die Wissenschaft mit Eingriffen die Natur des Menschen verändern?

Ob Papst Franziskus II. bewusst war, welchen intellektuellen Wirbelsturm die berühmten Wissenschaftler der Akademie gemeinsam mit den klügsten Theologen zehn Jahre später lostreten würden? Jedenfalls würden sie die Welt dazu bewegen, der Kirche wieder zuzuhören, ganz besonders einem in Vergessenheit geratenen religiösen Genie des 20. Jahrhunderts.

---

[1] Der am 8. Dezember 1864 veröffentlichte »Syllabus errorum« ist eine Liste von 80 Irrtümern, die von der Kirche als falsch verurteilt wurden, darunter Demokratie und Religionsfreiheit.

[2] Der Gehirnforscher Raphael M. Bonelli publizierte mit Kollegen von der Duke University (North Carolina, USA) einen groß angelegten Studienvergleich im »Journal of Religion and Health«, der belegen soll, dass Depression, Suchtkrankheiten und auch Suizid bei religiösen Menschen eindeutig seltener auftreten als bei Atheisten. Untersucht wurden alle Forschungsarbeiten zu Religiosität und psychischer Gesundheit, die seit 1990 weltweit in den meistzitierten psychiatrischen und neurologischen Fachzeitschriften erschienen

sind. 72 Prozent der relevanten Studien zeigten, dass die psychische Gesundheit mit dem Ausmaß, in dem sich ein Mensch religiös-spirituell engagiert, steigt, während der Zusammenhang bei 18 Prozent unklar und bei 5 Prozent negativ ausfiel. Bereits 1992 war eine ähnliche Vorgängerstudie zu demselben Ergebnis gekommen, das sich nun in umfangreicherer und detaillierterer Form bestätigte.

[3] Inwieweit Papst Franziskus tatsächlich vom Denken Teilhard de Chardins beeinflusst ist, lässt sich nicht beweisen. Faktum ist, dass der junge Theologiestudent und spätere Priester Jorge Mario Bergoglio wesentlich vom französischen Jesuiten und Kardinal Henri de Lubac geprägt wurde. Jener war 30 Jahre lang mit Teilhard de Chardin befreundet und teilte viele seiner Ansichten.

[4] Teilhard de Chardin: Mein Universum, 1924.

2022: Ein Kreuzzug des Geistes – Neue päpstliche Universitäten in Mexico City und Lagos

Der ewige Krieg zwischen Fundamentalismus und Aufklärung

> *»Aufklärung ist die Maxime, selber zu denken.«*
> *Immanuel Kant, deutscher Philosoph*

Die extremistischen Islamisten traten im 21. Jahrhundert nicht zuletzt deshalb so aggressiv auf, weil sie sich von der modernen westlichen Welt ebenso bedroht sahen wie einst die Kirche von den wissenschaftlichen Erkenntnissen im Zeitalter der Aufklärung. Zwar nahm die Zahl der Muslime in Europa ständig zu, aber die überwältigende Mehrheit von ihnen assimilierte sich schnell und wollte von einem Gottesstaat und der Scharia nichts wissen. Sie sehnten sich nach Wohlstand und Sicherheit für ihre Familien. Öffentliche Steinigungen und Enthauptungen konnten nur mittels roher Gewalt bei Stammesvölkern durchgesetzt werden, denen man jede Bildung verweigerte und sie mit aus dem Zusammenhang gerissenen Koranzitaten manipulierte.

Auf der anderen Seite ließen sich jene jungen muslimischen Männer und Frauen, die sich in Europa als ausgestoßene Fremdkörper ohne jede Perspektive für ihr Leben empfanden, von fundamentalistischen Predigern verleiten, die Schuld daran im westlichen Wertesystem zu sehen. Die Errungenschaften der Aufklärung wie Meinungsfreiheit, Gleichberechtigung der Frauen, Demokratie und Rechtsstaat zerstörten aus ihrer Sicht die gottgegebene Ordnung, dass der Mensch Gott unterworfen sei und die Frau dem Mann. In den Vorstädten vieler westlicher Städte wuchsen zornige, junge Migrantenkinder heran, die in der dritten Generation von

Sozialhilfe lebten und jede Hoffnung, der Tristesse ihres Alltags zu entkommen, nutzen wollten. Das Paradies war für sie anderswo.

Auch die immer wiederkehrenden Militäreinsätze des Westens unter der Führung der USA in islamischen Ländern zur Bekämpfung radikaler Fundamentalisten wurden von ihnen als unerlaubte Einmischung in innerislamische Konflikte gesehen, mit dem Ziel, diese Länder dem Westen zu unterwerfen und die Moslems zu unterdrücken. Dass in jenen Ländern wie dem Iran, wo der islamische Gottesstaat seit Langem verwirklicht schien, gerade die Jungen und die Frauen gegen die Mullahs rebellierten, wollten oder konnten sie nicht sehen. Umgekehrt drückten die USA beide Augen zu, um die mittelalterlichen Verhältnisse in den mit ihnen verbündeten Golfstaaten nicht kritisieren zu müssen.

Objektiv betrachtet waren die islamischen Länder dem Westen sowohl wirtschaftlich als auch militärisch hoffnungslos unterlegen. Dabei hatte die islamische Kultur in ihrer Blütezeit vom 10. bis zum 13. Jahrhundert das damalige christliche Abendland in vielen Bereichen sogar übertroffen. Als Trennscheibe erwies sich die Erfindung des Buchdrucks. Dieser führte in Europa zu einer Explosion des Wissens, und die Wissenschaft nahm einen ungeheuren Aufschwung, während das gedruckte Buch in der islamischen Welt aus religiösen Gründen drei Jahrhunderte lang verboten wurde, was zu einer Lähmung aller intellektuellen Kräfte führte. Das Verbot von Kultur und Bildung wurde zum Ideal erhoben.

Selbst im 21. Jahrhundert war die Anzahl der jährlich neu publizierten Bücher in den islamischen Ländern im Vergleich zum Westen erschreckend gering. Das einzig wahre Buch sollte der Koran bleiben, und zwar in seiner wortwörtlichen arabischen Ausgabe. Je ungebildeter die Massen waren, desto leichter ließen sich Meinungsfreiheit, Demokratie und gesellschaftlicher Fortschritt verhindern. Im Namen des Islams scheuten die Demagogen vor nichts zurück, wie sie mit den Selbstmordanschlägen selbst auf Schulkinder immer wieder bewiesen. Daran hatte sich beim Amtsantritt von Franziskus II. im Jahr 2019 nichts geändert.

Der schwarze Stein in der Kaaba in Mekka, das wichtigste Heiligtum im Islam, war das Symbol einer Religion, die wie ein Fels unverrückbar allen Veränderungen der Zeit trotzen wollte. Selbst dessen Herkunft durfte nie wissenschaftlich untersucht werden. Einen Stein, der für das Unbewegliche der Lehre stand, gab es in allen Religionen.

Im Judentum hielten sich hartnäckig die Ultraorthodoxen, die weltliches Wissen ablehnten und versuchten, nach strengen Regeln ein Leben wie vor 3000 Jahren zu führen. Der christliche Fundamentalismus der Evangelikalen vertrat den Glauben an die absolute Richtigkeit der Bibel auf allen Gebieten. Die verkündeten biblischen Wahrheiten durften keiner kritischen Prüfung durch die moderne Wissenschaft unterzogen werden, weil sie als unumstößlich gültig galten. Dem stand das aufgeklärte Verständnis gegenüber, dass jede Religion sich lebendig wie das menschliche Fleisch weiterentwickeln und wachsen könnte.

Fleisch oder Stein? Das waren auch die Alternativen für das Christentum. Die katholische Kirche hatte letztlich nur die Entscheidung zwischen einem aufgeklärten und einem fundamentalistischen Christentum, das sich in Teilen der USA und Südamerikas durchzusetzen drohte. Bildung, die den Menschen zu höherer Erkenntnisfähigkeit führte, und Fundamentalismus, der sein Heil in der Verteidigung des Vergangenen sah, standen einander als Todfeinde gegenüber. Gerade deshalb setzten viele Menschen ihre ganze Hoffnung auf Bildung als wirksame Waffe gegen den Ungeist des Fundamentalismus. Genau bei dieser Hoffnung wollte Franziskus II. die Menschen abholen. Sein Kreuzzug galt nicht der Eroberung von heiligen Stätten, sondern der Gewinnung der Hirne und Herzen der Menschen in der südlichen Hemisphäre.

In Europa drohte der Kirche die spirituelle Versteppung, in Afrika verteidigte sie sich gegen einen immer aggressiveren Islam, in Nord- und Südamerika bedrohten die Evangelikalen ihre Führungsrolle und im bevölkerungsreichen Asien kam sie mit Ausnahme der Philippinen, Südkoreas, Vietnams und Chinas nicht wirklich weiter, was mit der immer brutaleren Verfolgung von Christen in einigen Staaten wie Indien zusammenhing. Trotzdem gab es einen Licht-blick für Franziskus II., wenn er auf die Weltkarte blickte.

Auf allen Erdteilen boomten die katholischen Universitäten, nie zuvor konnten sie so viele Studenten gewinnen. Das Erfolgs-geheimnis ließ sich leicht entschlüsseln. Katholische Universitäten boten ein sicheres Ambiente, Schutz vor staatlicher Überwachung und zählten fast immer zu den besten im jeweiligen Land. Die katholische Pontifícia Universidade Católica de Minas Gerais im brasilianischen Belo Horizonte rangierte mit über 100.000 Studen-ten unter den größten Universitäten der Welt. Interessanterweise erfreuten sich katholische Universitäten aber auch in Ländern, die alles andere als katholisch waren, eines hohen Zuspruchs. Der Sekretär für das katholische Bildungswesen erklärte das Franzis-kus II. in seiner ersten Audienz so: »Dort, wo wir als Kirche auf die äußere weltliche Macht verzichtet haben oder nie welche be-saßen, können wir unsere geistige Macht entfalten. Je weniger wir in einem Land sind, desto stärker sind wir oft. Es ist bei Intellek-tuellen wieder ›in‹, katholisch zu sein.«

Franziskus II. war beseelt von der Idee, dass Bildung und Glaube kein Widerspruch sein durften. Die Jesuiten, der Orden, aus dem sein Vorgänger hervorgegangen war, pflegten diesen Grundsatz seit ihrer Gründung. Deshalb hatten die Päpste ihnen auch die Pflege des wertvollsten Gutes der Kirche übertragen, die Ausbildung der Elite des Priesternachwuchses aus allen Ländern an der berühmten Universität Gregoriana in Rom. Neben etlichen Päpsten reihen sich unzählige Bischöfe und Kardinäle in die Riege der Absolventen ein. Die im Jahr 1551 von Ignatius von Loyola gegründete Gregoriana galt auch unter Franziskus II. unumstritten als die beste kirchliche Universität der Welt.

Ein Wermutstropfen betraf allerdings die Zusammensetzung der 5000 Studenten aus über 90 verschiedenen Ländern. Immer weniger von ihnen wurden zu Priestern oder Ordensleuten ausgebildet, die Mehrzahl waren theologisch interessierte Laien. Vor allem in den Entwicklungsländern scheuten sich die Bischöfe schon seit Jahren, ihre besten Köpfe an die Gregoriana zu schicken. Zu groß war die Angst, dass sich diese dort an das angenehme Leben in Rom gewöhnten und mithilfe von Gönnern in der Kurie auch entsprechende Positionen bekämen, die sie von der Rückkehr in das Elend ihres Heimatlandes abhielten. Für manche finanzschwache Diözesen waren auch die Studien- und Aufenthaltskosten einfach zu hoch.

Der Plan, den Franziskus II. gemeinsam mit dem Rektor der Gregoriana entwickelt hatte, zeugte von großer Kühnheit. Im Jänner 2022 gab Franziskus II. gemeinsam mit dem Rektor in einer Presseerklärung bekannt:

Die päpstliche Universität Gregoriana eröffnet Hauptsitz in Mexico City

Die berühmte, von Jesuiten geleitete Universität Gregoriana wird einen zweiten Hauptsitz in Mexico City eröffnen. In der größten Stadt der Welt sollen in Zukunft Laien und vor allem angehende Priester für ganz Südamerika in den theologischen, philosophischen und sozialwissenschaftlichen Disziplinen auf Weltklasseniveau in spanischer und englischer Sprache studieren können. Alle notwendigen Vorarbeiten sind abgeschlossen und die Finanzierung ist gesichert. Bereits im Herbst 2022 werden erste Seminare abgehalten. Der ordentliche Studienbetrieb wird mit dem Wintersemester 2023 beginnen. Papst Franziskus II. plant, dieses neue spirituelle Zentrum für Südamerika persönlich

*zu eröffnen. Er erhofft durch den frischen Geist der Welt-
kirche eine Belebung der alten Welt in Europa. Auf die
Frage eines Journalisten, ob er sich vorstellen könne, irgendwann einmal den Sitz des Papstes in eine andere Stadt
zu verlegen, antwortete er: »Die katholische Kirche wird
in Zukunft mehrere Zentren haben.«*

Franziskus II. machte jedenfalls deutlich, dass er sich im Gegensatz zu weltlichen Führern nicht an nationale Grenzen gebunden
fühlte, schon gar nicht an die von Italien. Die Medien in den
westlichen Ländern beurteilten die Entscheidung des Papstes zu-
rückhaltend bis kritisch, in Italien war sogar von Effekthascherei
die Rede. In den südlichen Entwicklungsländern gab es dagegen
fast uneingeschränkte Zustimmung, in Mexiko erreichte die Zustimmung zu Franziskus II. fast 90 Prozent.

Bereits die ersten Seminare an der Gregoriana in Mexico City
ließen keinen Zweifel daran aufkommen, dass man die Welt nicht
nur von einem neuen Standort aus sah, sondern dass sich auch die
Perspektive der Studenten verschieben würde. Während sich zum
Beispiel traditionelle Studien zum Thema Armut stark an Indika-
toren wie Einkommen, Wohnungsfläche und Schulbildung orien-
tierten, stellte man in Mexico City andere Fragen: Was hat es für
Auswirkungen auf das Sexualleben der Eltern, wenn sie mit ihren
Kindern in einem Raum leben müssen? Wie werden die Kinder
dadurch geprägt? Die Ergebnisse konnten dann dazu führen, dass
Priester den Eltern empfahlen, durchaus hin und wieder gemeinsam in ein Stundenhotel zu gehen, um ihre Sexualität auszuleben
und ihre Ehe damit zu festigen.

Afrika kämpft mit allen Problemen dieser Welt

Fragte man Verantwortungsträger in der Kurie nach der Zukunft
der Kirche, erhielt man oft ein einziges Wort als Antwort: Afrika.
Viele Hoffnungen richteten sich auf diesen jungen, vitalen Konti-

nent, wo es weder an Gläubigen noch an Priesternachwuchs mangelte. Bei genauerer Betrachtung gab es dafür aber eher profane Gründe.

Die Ermittlung der tatsächlichen Mitgliederzahl der einzelnen Kirchen in Afrika erwies sich schon als große Hürde. In den Städten lebten die Menschen in großen Familien mit acht bis zehn Menschen in einem einzigen Raum, der sich bestenfalls zum gemeinsamen Schlafen in der Nacht eignete. Die Tage verbrachten sie an den oft weit entfernten Arbeitsplätzen, nur am Sonntag waren alle Bewohner einer Hütte gezwungen, Orte zu finden, an denen sie sich aufhalten konnten. Kirchen hatten schlicht den Vorteil, dass man in ihnen den Sonntag kostenlos verbringen konnte. So war es durchaus üblich, von acht bis zehn Uhr früh eine katholische Messe zu besuchen, danach für zwei Stunden eine protestantische, um am Nachmittag zu einem der zahlreichen einheimischen Prediger zu gehen. Abends kehrten die Familienmitglieder nur zum Schlafen in ihren kleinen Raum zurück. Auch der im Vergleich zu anderen Kontinenten starke Zustrom zu den Priesterseminaren hatte häufig wirtschaftliche Gründe. Der Staat und die Kirche waren in vielen Ländern Afrikas die einzigen sicheren Arbeitgeber. Eine katholische Kirche, die sich stärker in ökonomischen Bedingungen als in religiöser Motivation begründete, führte zwangsläufig oft zu einem Mangel an Tiefe und spiritueller Kraft.

Ein wesentlicher Teil des Respekts, den sich die Kirche im Laufe der Geschichte in Afrika erworben hatte, resultierte schon traditionell weniger aus religiösen Gründen, sondern aus ihrer Kompetenz der guten Ausbildung der Jugend. Einige afrikanische Staatsführer, die selbst gar keine Christen waren, bekannten offen, viel von ihrem Erfolg der Ausbildung in katholischen Schulen zu verdanken.

Während sich die Situation der staatlichen Schulen in den meisten afrikanischen Ländern wesentlich verbessert hatte, befanden sich die Universitäten mit wenigen Ausnahmen in einem rückständigen Zustand. Dem riesigen intellektuellen Potenzial von Hunderten Millionen junger Menschen stand ein erschreckend schlechtes Angebot an Universitäten gegenüber. Wer intelligent und qualifiziert war, studierte im Ausland, die besten Absolventen kehrten nie wieder zurück. Diejenigen, die an afrikanischen Universitäten studierten, erreichten oft nur ein niedriges Niveau, wie ein ehemaliger Bildungsminister von Nigeria öffentlich eingestand: »71 Prozent aller nigerianischen Absolventen sind wie schlechte Kirschen. Niemand würde sie einstellen, selbst wenn sie die einzigen Bewerber wären.« Den Uni-Absolventen fehle nicht nur wichtiges Wissen in ihren jeweiligen Bereichen, sie wären dem wirtschaftlichen Wettbewerb des dritten Jahrtausends nicht gewachsen und schlicht nicht unterzubringen. Das äußerte sich auch in den Berufswünschen der meisten Studenten. Ihr größtes Ziel bestand darin, Beamte zu werden. Die Hochqualifizierten verließen zu Zehntausenden den geplagten Kontinent, um im Ausland Karriere zu machen.

Franziskus II. schickt die Dominikaner in das bevölkerungsreichste afrikanische Land

Allein in Rom studierten und lebten Hunderte afrikanischer Priester und Kandidaten, weil es in Afrika nicht ausreichende Studien- und Ausbildungsmöglichkeiten für sie gab. Dem wollte Franziskus II. entschieden entgegenwirken.

Am 12. Oktober 2024 überraschte Franziskus II. mit dem Start der zweiten Stufe seines Plans im Kampf um die Gewinnung der geistigen Eliten in den größten Ballungsgebieten der Welt. Er kündigte an, dass die Königliche Universität des heiligen Thomas von Aquin in Manila eine hochwertige Universität in Lagos, der größten Stadt Nigerias, errichten werde. Diese traditionsreiche Universität auf den Philippinen war neben der Gregoriana in Rom die bedeutendste päpstliche Universität der Welt. Sie wurde von dem Orden der Dominikaner geleitet, was im innerkirchlichen Kräfteparallelogramm gegenüber der jesuitischen Gregoriana in Mexico City als Ausgleich diente. Die Entscheidung solle als Signal verstanden werden, dass nicht mehr alles Heil aus dem Zentrum Rom kommen würde.

Die politische, soziale und religiöse Lage in Nigeria glich einem Druckkochtopf, der regelmäßig explodierte. Ausgerechnet dort das afrikanische Zentrum für die Ausbildung der katholischen Priester und Laien anzusiedeln, konnte je nach Ansicht als mutiges Statement oder als tollkühn interpretiert werden. Traditionelle Katholiken sahen darin endlich eine Rückkehr zum »wehrhaften« Christentum, die islamischen Fundamentalisten diffamierten Franziskus II. dagegen als amerikanischen Krieger und christlichen Kreuzritter.

Die Drohung des »Mahdis«

Muhammad Yeboah, einem selbst ernannten »Mahdi«, der angeblich aus Ghana stammte, war es mit seinen fanatischen Kämpfern gelungen, in Westafrika immer größere Landstriche zu beherrschen. Nach traditioneller islamischer Glaubensauffassung war der Mahdi (arabisch: der von Gott Rechtgeleitete) ein Nachkomme des Propheten Mohammed, der vergleichbar mit dem Messias in der Endzeit auftaucht, um das Unrecht auf der Welt zu beseitigen und den Islam in gereinigter Form wiederherzustellen.

Historisches Vorbild für Muhammad Yeboah war offenbar der legendäre islamische Führer Muhammad Ahmad, der als Mahdi Ende des 19. Jahrhunderts der britischen Kolonialmacht in Ägypten und im Sudan verheerende Niederlagen zufügte. Im Laufe der Geschichte erklärten sich immer wieder verschiedene Führer radikalislamischer Bewegungen zum Mahdi, um ihren Ambitionen eine grundsätzlichere, messianische Bedeutung zu verleihen. Der neue Mahdi, Muhammad Yeboah, drohte allen christlichen Studenten, die es wagen würden, auf afrikanischem Boden den Propheten herauszufordern, dass sie das lodernde Feuer der Hölle erwarten würde.

2025: Unerwartete Verbündete –
Die Versöhnung mit den Freimaurern

Ziemlich beste Feinde – Freimaurer und die katholische Kirche

Im Jahr 1737 erklärte die Inquisition den Freimaurern offen den Krieg. Die erste Bannbulle wurde am 28. April 1738 von Papst Clemens XII. erlassen. »In eminenti apostolatus specula« enthielt den Vorwurf: »Menschen aller Religionen und Sekten verbinden sich in geheimer Weise und legen einen Eid auf die Heilige Schrift ab.« Es folgten intensive Verfolgungen in Polen, aber auch in Spanien, Portugal und Italien, die zu Exkommunikation, Güterkonfiskation und mitunter auch zu Todesstrafen führten. In den habsburgischen Erblanden und in Frankreich wurde diese Bulle Clemens XII. nicht kundgetan, wenngleich das die staatlichen Autoritäten nicht davon abhielt, Freimaurer in Wien und in Paris zu verfolgen. Am 25. Februar 1739 kam es zur ersten Verbrennung von Freimaurern in Rom.

Am 18. Mai 1751 folgte die Bulle des Papstes Benedikt XIV. »Providas romanorum«, die sich sehr intensiv gegen die in den »Alten Pflichten« der Freimaurer festgelegte religiöse Toleranz wendete. Sie bewirkte noch stärkere Verfolgungen als die erste Bulle Clemens XII., ungeachtet der Tatsache, dass eine Mehrheit der Logenmitglieder dieser Zeit sich aus Katholiken zusammensetzte. Einige Logen in katholischen Ländern bestanden sogar ausschließlich aus Geistlichen, ein zusätzliches Ärgernis für die Kirche.

Jesuiten und Freimaurer

Als im Jahr 1773 der Jesuitenorden durch Papst Clemens XIV. auf Druck der Könige von Frankreich, Spanien und Portugal wegen verschiedener Verschwörungstheorien aufgehoben wurde, traten sogar einige Jesuiten dem Freimaurerbund bei und beeinflussten dort intensiv die Ausbildung der Hochgrade primär als Abwehr gegen den expandierenden Protestantismus. Es gab in der Geschichte weit mehr Berührungspunkte zwischen Jesuiten und Freimaurern, als man das bei oberflächlicher Betrachtung vermuten würde. In seinem Buch »Jesuiten und Freimaurer« schildert Töhötöm Sándor Nagy ohne einfältige Weltverschwörungstheorien seinen Lebensweg vom ungarischen Bauernsohn, der es bei den Jesuiten bis zum Berater von Kardinälen und sogar des Papstes gebracht hatte. Durch unkluges Verhalten im kommunistischen Ungarn der Nachkriegszeit gegenüber seinem Vorgesetzten, dem Primas von Ungarn, Kardinal Mindszenty, verspielte er alles und wurde nach Argentinien strafversetzt. Dort verließ er den Orden, um sich über den scheinbar unversöhnlichen Feind der Jesuiten, die Freimaurerei, selbst ein Bild zu machen. Am Ende erklomm Nagy den obersten 33. Grad. Und sah weit mehr Übereinstimmung als Trennendes.[1]

Verfolgt von Maria Theresia – verleumdet von Cagliostro – verewigt von Mozart

Ein anderes Beispiel für die ambivalente Haltung des Katholizismus gegenüber der Freimaurerei war Österreich unter Maria Theresia. Als überzeugte Katholikin war sie eine Gegnerin der Freimaurerei, ihr Ehemann Franz Stephan von Lothringen gehörte jedoch selbst einer holländischen Loge an. Dass Maria Theresia die Freimaurer in Wien deshalb verfolgte, weil sie befürchtete, ihr Ehemann würde die Logen nur als Alibi für amouröse Abenteuer verwenden, ist dagegen frei erfunden.

Als der Sohn Maria Theresias, Joseph II., die Macht übernahm, förderte er sogar die Freimaurerei, um dem absolutistischen Anspruch Roms entgegenzutreten. Mangels Unterstützung durch die weltlichen Machthaber beruhigte sich der Konflikt zwischen Kirche und Freimaurerei. Eine Ausnahme bildete die Verurteilung und Exkommunikation des Grafen Cagliostro im Jahr 1791. Dieser Abenteurer und Hochstapler hatte sich in den Augen der Inquisition aber zusätzlich zur Freimaurerei auch noch der Häresie und Magie schuldig gemacht und rettete seinen Kopf vor der drohenden Hinrichtung durch das Eingeständnis wilder Verschwörungstheorien.

Erst zu Zeiten der Französischen Revolution verschärfte sich die Gangart der Kirche gegenüber der Freimaurerei wieder. Letztere wurde nicht zu Unrecht als Vorreiter der Aufklärung gesehen, die geistig wesentlich durch Freimaurer wie Voltaire, Goethe, Lessing und Herder beeinflusst war. Auch in der »Zauberflöte«, der Oper des wohl bekanntesten Freimaurers Wolfgang Amadeus Mozart, geht es um den Kampf gegen die finsteren Mächte, die die überkommene alte Ordnung verteidigen. Der »Corpus Iuris Canonici« (der CIC ist das Gesetzbuch des Kirchenrechts) belegte die Freimaurer eindeutig mit Strafen bis zur Exkommunikation.

Es war der Leiter des Sekretariats für Nichtgläubige im Vatikan, der Wiener Erzbischof Kardinal König, der den Großmeister der Vereinigten Großloge von Deutschland Theodor Vogel und den Deputierten Großmeister von Österreich Kurt Baresch zu einem Dialog einlud, mit dem Ziel, eine Versöhnung zu erreichen. Am Ende dieser vertraulichen Gespräche wurde am 4. und 5. Juli 1970 die »Lichtenauer Erklärung« veröffentlicht. Diese stellte im Wesentlichen klar, dass die Freimaurerei sich nicht als Religion sah und sich daher die Verurteilungen »gegenüber der Freimaurerei einfach nicht rechtfertigen lassen von einer Kirche, die nach Gottes Gebot lehrt, den Bruder zu lieben«.

Damit war die Grundlage dafür gelegt, dass im bis heute gültigen »Codex Iuris Canonici« Freimaurer im Gegensatz zum CIC von 1917 nicht mehr ausdrücklich mit der Exkommunikation bedroht werden. Gegen diese Aussöhnung gab es in der Kurie aber massive Widerstände.

So verurteilte der damalige Präfekt der Glaubenskongregation Kardinal Joseph Ratzinger einen Tag vor der Veröffentlichung des neuen CIC die Freimaurerei neuerlich: »Das negative Urteil der Kirche über die freimaurerischen Vereinigungen bleibt unverändert, weil ihre Prinzipien noch immer als unvereinbar mit der Kirche betrachtet werden und deshalb ein Beitritt zu ihnen verboten bleibt. Die Gläubigen, die freimaurerischen Vereinigungen angehören, befinden sich also im Stand der schweren Sünde und können nicht die heilige Kommunion empfangen.« Zusätzlich ließ er Kardinal König auf der Titelseite des »L'Osservatore Romano« ausrichten, dass es Ortsbischöfen nicht zustehe, Gespräche mit Freimaurern zu führen, dies liege ausschließlich in der Verantwortung von Rom.

Kardinal König stellte seine Position klar: »Das Dekret der Glaubenskongregation weist in die Vergangenheit, der Kodex des Kirchenrechtes aber in die Zukunft. Seit dem Zweiten Vatikanum geht es um den ökumenischen Dialog, das Gespräch mit den getrennten Christen, geht es aber auch um den interreligiösen Dialog eines Gesprächs mit anderen Religionen und Kulturen. Mit welchem Recht kann man einen Dialog mit der Weltorganisation der Freimaurer ausschließen? Der Dialog, in welcher Form immer, verlangt einen gegenseitigen Respekt und eine entsprechende Gesprächsbereitschaft. Warum sollte das in ihrem Fall nicht gelten?«[2] Ein derartig öffentlich ausgetragener Disput war in der katholischen Kirche ein seltenes Ereignis, das auf den grundsätzlichen Richtungsstreit hinweist, der hinter dieser Frage tobte.

Die Erklärung Ratzingers führte zu heftigen Protesten nicht nur von König selbst, sondern von maßgeblichen Kardinälen der Kurie. Auf diese zahlreichen Interventionen von höchsten Stellen reagierte Ratzinger stets wenig einsichtig oder nur ausweichend. Wesentlich versöhnlicher zeigte er sich nach seiner Wahl zum Papst. Als Papst Benedikt XVI. schrieb er sogar offizielle Briefe an führende Freimaurer und signalisierte seine Bereitschaft zur Fortsetzung des Dialogs.

Für neue Spekulationen sorgte ein Anlass, der wohl nicht ohne Zustimmung des Vatikans zustande gekommen wäre. Am 14. Juni 2007 fand eine öffentliche Diskussion des Abtes des Stiftes Heiligenkreuz Gregor Henckel-Donnersmarck mit dem Großmeister der österreichischen Freimaurer Michael Kraus statt. Der Abt, ein enger Vertrauter von Benedikt XVI., interpretierte diesen eindeutig: Kardinal Ratzinger sei es damals darum gegangen, dass man jeden spezifischen Fall zu prüfen habe und nicht um eine generelle Verurteilung der Freimaurerei. Für ihn, Henckel-Donnersmarck, befände sich die Freimaurerei nicht in aufrührerischer Haltung gegenüber der katholischen Kirche und es gelte daher für sie auch nicht das allgemeine Exkommunikationsgebot.

Franziskus II. sucht den Ausgleich

Trotz aller Versöhnungsversuche blieb das Verhältnis zwischen katholischer Kirche und Freimaurerei durch gegenseitige Vorurteile und Verdächtigungen angespannt. Dabei hatten diese beiden so unterschiedlichen Organisationen eines gemeinsam: Ihre Glanzzeiten waren schon lange vorbei.

Unter Franziskus II. wurden die vertraulichen Gesprächskanäle mit Vertretern der regulären Freimaurer wieder reaktiviert. Dafür gab es mehrere Gründe. Als Kenner der amerikanischen Geschichte wusste Franziskus II., dass ein Drittel der US-Präsidenten dem Bund angehört hatte, als Letzter davon Gerald Ford. 53 von 56 Unterzeichnern der US-Unabhängigkeitserklärung waren Freimaurer gewesen. Der politische Einfluss der Freimaurer in den USA hatte sich seither deutlich verringert, sie engagierten sich vor allem in Wohlfahrtsprojekten. Trotzdem galten sie noch immer als gut vernetzt in den Medien und der Politik. Ähnlich wie die Kirche waren sie in Diktaturen der Verfolgung ausgesetzt.

Objektiv betrachtet bot sich eine Versöhnung zwischen einem amerikanischen Papst, der einen Mehrfrontenkrieg gegen den Fundamentalismus führte, und der Freimaurerei durchaus an. Das konnte auch zu einer Entkrampfung in den noch immer mehrheitlich katholischen Ländern wie Italien, Spanien, Portugal, Polen, Österreich und Deutschland führen, in denen sich gläubige Katholiken, die Freimaurer waren, einem ständigen Gewissenskonflikt ausgesetzt fühlten. Einem offiziellen Friedensschluss standen aber einige heikle Punkte im Weg.

Warum es keinen »Baumeister aller Welten« geben darf

Aus Sicht der Kirche durfte sich niemand anderer zwischen die von ihr offenbarte göttliche Wahrheit und die Menschen stellen. Das galt für alle esoterischen Lehren und eben auch für die Freimaurerei. Die Kirche hatte seit dem Zweiten Vatikanischen Konzil längst anerkannt, dass viele Wege zu Gott führen konnten. Genau deshalb konnte sie nicht die Idee eines »Großen Baumeisters aller Welten« akzeptieren, der über allen Religionen stand, wie das die Freimaurer vertraten. Aus kirchlicher Sicht bediente sich die Freimaurerei religiöser Heiligtümer, wenn zum Beispiel bei ihrem Ritual Zirkel und Winkelmaß auf dem Johannesevangelium lagen. In den vertraulichen Gesprächen stellten die Vertreter der Freimaurer immer wieder klar, dass es sich bei ihrer Lehre um keine Religion handelte. Zirkel und Dreieck würden so wie andere christliche, jüdische und auch eigene Symbole nur als Instrumente der Arbeit mit dem Ziel der Schulung des Denkens verwendet, aber keinesfalls als Objekte der religiösen Anbetung. So lag in manchen Logen auch nicht das Neue Testament, sondern der Koran oder ein anderes Buch der Weisheit auf.

Der Vatikan ersuchte die Freimaurer, doch einfach ihre Rituale, Geheimnisse und Praktiken offenzulegen, wenn sie nichts zu verbergen hätten. Das lehnten diese mit dem Hinweis ab, dass jene Rituale aus dem Zusammenhang gerissen nur zu weiteren Verleumdungen in der Öffentlichkeit führen würden. So hätten sie selbst im 21. Jahrhundert noch immer mit Weltverschwörungstheorien oder dem völlig aus der Luft gegriffenen Vorwurf zu kämpfen, dass sie bei ihren Ritualen Blut tranken, schwarze Messen feierten und dabei das Kreuz verspotteten. Das einzig wahre Geheimnis der Freimaurer sei nur im Inneren der Aufgenommenen erlebbar und daher könne es trotz aller bisherigen Veröffentlichungen nicht verraten werden.

Eine andere vonseiten des Vatikans nicht offen geäußerte Befürchtung bestand in der historischen Anziehungskraft der Freimaurerei auf kirchliche Amtsträger. So war der Abt eines berühmten Benediktinerstifts vor 200 Jahren mit Schurz und Hammer begraben worden, weil er gleichzeitig der Meister vom Stuhl der Loge in seinem Kloster war. Diese Zeiten waren zwar lange vorbei, aber niemand zweifelte daran, dass es auch in der Gegenwart katholische Priester unter den Freimaurern gab. Selbst im Vatikan hatten immer Logen für kirchliche Amtsträger bestanden.

Eine Abwägung aller Für und Wider führte Franziskus II. zur Entscheidung für eine offizielle Normalisierung der Beziehung zu den Freimaurern. Es war ein wohlüberlegter Schachzug, der ihn fast nichts kostete und viel brachte. Dadurch eröffneten sich gerade in den für die Kirche schwierigen Regionen wie in Russland oder Großbritannien neue Möglichkeiten. Innerkirchlich stärkte er damit die Reformkräfte, ohne dass er dafür den Konservativen Zugeständnisse machen musste, denn die Verurteilung der Freimaurer war ausschließlich historisch und durch kein Dogma begründet. Es betraf zwar nur eine verschwindend kleine Gruppe von Menschen, aber allein das Wort Freimaurerei in einer Erklärung des Vatikans würde für Aufmerksamkeit sorgen. In der Öffentlichkeit konnte Franziskus II. so sein Image als mutiger Erneuerer festigen.

Am 12. Februar 2025 erklärte Franziskus II. in seiner Generalaudienz am Mittwoch, dass die Zugehörigkeit eines Katholiken zum Bund der Freimaurer seinem eigenen Gewissen überlassen bleibe. Nur ein Freimaurer, der verschwörerisch gegen die Kirche agiere, sei von Sanktionen bedroht. Die Beurteilung derartiger Einzelfälle sollte vom zuständigen Bischof getroffen werden.

Es hatte 60 Jahre gedauert, bis der in den 1960er-Jahren begonnene Dialog von Kardinal König zu einem erfolgreichen Abschluss führte. Für die Kirche also fast mit Lichtgeschwindigkeit.

---

[1] Töhötöm Nagy: Jesuiten und Freimaurer, Wien 1969.

[2] Das Zitat stammt aus einem persönlichen Brief von Kardinal König, in den die Autoren Einblick nehmen durften, dessen Empfänger aber aus Gründen der zugesicherten Vertraulichkeit hier nicht genannt wird.

2027: Der Flügelschlag einer Libelle löst einen Aufstand der Frauen aus

Der berühmte Flügelschlag einer Libelle, der einen Tornado auslöst, war ein informelles Treffen von Anna Marie Motamura, der Präfektin der Kongregationen für die »Verkündung der frohen Botschaft«, mit Studierenden der Gregoriana in Rom am Dienstag, den 9. November 2027. Auf die unvermeidliche Frage einer Studentin, ob sie persönlich für die Öffnung des Priesteramts für Frauen sei, antwortete Motamura: »Frauen haben den Zugang zu den Universitäten, das Wahlrecht und gleiche Rechte vor dem Gesetz erkämpft. Erkämpft mit ihrem Blut, mit Gefängnis und mit ihrem Leben. Und natürlich frage auch ich immer wieder den Heiligen Vater, die Kardinäle und Bischöfe: ›Wenn ihr die Wahl habt, euch für eine Kirche ohne Frauen und ohne Zukunft zu entscheiden oder Frauen genau die gleichen Rechte wie den Männern zu geben, wie wird eure Antwort lauten?‹ Ich bin davon überzeugt, dass die Kirche irgendwann nur zu einer Antwort gelangen kann: Sie muss den Frauen alle Rechte geben, das heißt natürlich auch den Zugang zum Priesteramt.« Motamura erhielt viel Applaus von den knapp hundert männlichen und weiblichen internationalen Studenten. Es sollte der folgenschwerste Applaus ihres Lebens werden.

Anna Marie Motamura ging bei ihrer Aussage davon aus, dass diese in einem geschützten informellen Rahmen bleiben würde. Das »Off the record«-Prinzip derartiger Hintergrundgespräche war ungeschriebenes Gesetz an der Gregoriana. Zwei Teilnehmerinnen hatten die Aussage von Motamura aber aufgenommen und stellten sie, wie sie nachher behaupteten, ohne jede böse Absicht in ihre sozialen Netzwerke. Drei Tage passierte gar nichts, nur etwa 300 »Friends« favorisierten den 90 Sekunden langen Ausschnitt mit der Passage von den weiblichen Priestern.

149

Der Journalist Pietro della Chiesa des italienischen Nachrichtenmagazins »L'Espresso« recherchierte ziemlich lustlos zum ewigen Thema »Weibliche Priester in der katholischen Kirche«. Nachdem er auf der siebten Suchseite von Google zu diesem Suchbegriff eine ganz witzige Geschichte unter dem Titel »Was soll ich anziehen?« über eine Modeschau für liturgische Messgewänder zukünftiger Priesterinnen in Genua gelesen hatte, wollte er schon aufgeben. Dann öffnete er doch noch den Link zum Namen Motamura, der ihm angeboten wurde. Das kurze Video war etwas wackelig und schlecht belichtet, was darauf hindeutete, dass es ohne Wissen des weiblichen Aushängeschilds von Papst Franziskus II. gefilmt wurde. Della Chiesa fühlte sich plötzlich munter und begann zu recherchieren.

Nach einer langen Nacht schickte er die Geschichte seiner Chefredakteurin noch am Samstag. Die entschied, das Video technisch auf mögliche Manipulation zu untersuchen, verzichtete aber darauf, sich im Vatikan die Authentizität bestätigen zu lassen. Sie gehörte schon der Generation von Journalisten an, die nicht mehr nach dem Prinzip »Check – Re-Check – Double-Check« ausgebildet worden war, sondern das Motto »Feuern – Feuern – Feuern« verinnerlicht hatte. Die Website von »L'Espresso« machte am Sonntag, den 14. November 2027 mit der Überschrift »Engste Vertraute von Franziskus II. kündigt weibliche Priester an« auf. Bestärkt durch den Anruf ihres Eigentümers, der ihr nur »Feuer frei« sagte, beauftragte die Chefredakteurin am Montag ihre PR-Agentur, die Geschichte international zu vermarkten.

Das Wort »irgendwann« in der Aussage von Anna Marie Motamura zur Möglichkeit weiblicher Priester ging schnell verloren und es entstand der Eindruck, dass eine offizielle Entscheidung von Franziskus II. unmittelbar bevorstand. Die vatikanische Öffentlichkeitschefin Sophie Yin versuchte mit allen Tricks, das Thema wegzuspielen. Die Kuh war aber aus dem Stall und ließ sich nicht mehr einfangen.

Franziskus II. wurde von besorgten Kardinälen und Bischöfen aus der ganzen Welt bombardiert, einige wenige gratulierten ihm zu seinem Mut, die meisten ersuchten um Klarstellung. In den Medien wurden erste Meinungsumfragen präsentiert. Die etwas seriöseren Befragungen, die sich sinnvollerweise nur an Katholiken wandten, ergaben Zustimmungsraten von 75 Prozent für die Zulassung von Frauen zum Priesteramt, 15 Prozent waren dagegen, dem Rest war es egal.

Der schweigende Papst gerät ins Schussfeld

Beim Versuch, in dieser aufgeladenen Atmosphäre jeden Fehler zu vermeiden, passierte Franziskus II. der entscheidende Fehler. Er schwieg und zog damit alle Pfeile auf sich. Die Reformer warfen ihm einen Rückzieher vor und die Traditionalisten unterstellten ihm, dass die Aussage von Anna Marie Motamura mit ihm abgesprochen war. Das war insofern besonders unangenehm für ihn, weil es einen inoffiziellen Konsens zwischen dem Papst und den Kardinälen gab, diese extrem polarisierende Frage in seinem Pontifikat nicht aufzuwerfen. Deshalb hatten auch die Traditionalisten zähneknirschend keinen offenen Widerstand gegenüber der Bestellung von zwei Frauen in vatikanische Toppositionen geleistet. Die fühlten sich jetzt hintergangen und machten aus ihren Herzen auch öffentlich keine Mördergrube.

Tommaso Querini, der konservative Erzbischof von Venedig, der schon unter Franziskus I. vergeblich auf den Kardinalshut für seine Diözese gewartet hatte, meldete sich in einem Interview im italienischen Fernsehen zu Wort: »Der katholische Glaube wurzelt in der Heiligen Schrift und in der Tradition. Weder die Kirche noch der Papst haben die Vollmacht, Frauen die Priesterweihe zu spenden. Jesus Christus wählte nur Männer zu Aposteln, daran hat die Kirche auch immer in ihrer gelebten Praxis festgehalten. Daher steht der Ausschluss von Frauen vom Priesteramt in Übereinstimmung mit Gottes Plan für seine Kirche. Ich gestehe, dass ich schon von Anfang an skeptisch war, Frauen mit kirchlichen Funktionen zu betrauen, die nicht für sie geschaffen sind. Auch wenn es dafür eine gewisse Unterstützung gab, stehen wir jetzt vor einem Scherbenhaufen. Nicht nur in meinem Namen sei darum die dringende Bitte ausgesprochen, diese Diskussion, die uns zum Überdruss belästigt und darüber hinaus die Verwirrung unter den Gläubigen vermehrt, ein für alle Mal zu beenden.«

Ein gefundenes Fressen für die Medien war der schon öfter durch skurrile Aussagen aufgefallene Schweizer Bischof von Chur, Matthäus Schweri: »Die Kirche müssen wir Menschen so akzeptieren, wie Christus sie geschaffen hat, und nicht, wie es für uns am bequemsten wäre. Frauen am Altar, das wäre wie eine heilige Messe mit Coca-Cola und Pizza statt Wein und Brot.« Mit dieser Aussage sicherte sich Schweri für Wochen die Einladungen in deutschsprachige Talkshows.

Rosa Rauch über der Sixtinischen Kapelle im November 2027

Intern versuchten einige Kardinäle und Bischöfe Franziskus II. davon zu überzeugen, dass Anna Marie Motamura untragbar geworden sei. Diese war völlig verzweifelt, weil sie sich für das Desaster verantwortlich fühlte, das sie unbeabsichtigt ausgelöst hatte. Mit ihrer unvorsichtigen Bemerkung gefährdete sie die ausgeklügelte Strategie von Papst Franziskus II. Der hatte von Beginn an gewusst, dass man beim Thema mehr Einfluss für Frauen in der Kirche keine Veränderungen gegen den Widerstand einer gut organisierten Minderheit durchsetzen konnte, ohne ein unvertretbar hohes Risiko bis zur Kirchenspaltung einzugehen. Es ging ihm darum, sich an das Mögliche heranzutasten, mit gerade noch zumutbaren Erneuerungen anzufangen, um so die Zögerlichen daran zu gewöhnen, dass sich Dinge auch tatsächlich verändern konnten. Mit der Bestellung von Motamura und Yin, die sich noch dazu beide in ihren Positionen bestens bewährten, hatte er viele Pluspunkte bei Frauen gesammelt, ohne seinen Gegnern eine zu große Angriffsfläche zu bieten.

Dieses mühsam errichtete Kartenhaus einer stärkeren Rolle der Frau in der Kirche drohte jetzt einzustürzen. Denn während die Fraktion der Traditionalisten Aufwind verspürte und ihn auch nutzte, um den Rücktritt von Motamura zu erzwingen, wurde Letztere gleichzeitig zur Hoffnungsträgerin aller Reformkräfte in der Kirche und zur Ikone der Frauen. Dieses Dilemma war der Grund, warum der Papst das Rücktrittsangebot von Motamura nicht annehmen konnte, jedenfalls nicht sofort. Er schlug ihr vor, dass sie sich einige Monate aus dem Schussfeld zurückziehen sollte, um dann eine andere wichtige Aufgabe innerhalb der Weltkirche wahrzunehmen, möglichst weit weg von Rom.

Franziskus II. unterschätzte dabei die Dynamik, die das Thema mittlerweile gewonnen hatte. Unablässig wurde darüber öffentlich spekuliert, ob der Papst jetzt endlich den Frauen gleiche Rechte geben werde oder Motamura einfach wie eine heiße Kartoffel fallen ließe. Das öffentliche Abtauchen der Präfektin der so wichtigen Verkündigungskongregation erwies sich als keine gute Idee. Die traditionserprobte Verteidigungsstrategie vieler Päpste, schweigen und abwarten, war im 21. Jahrhundert zum Scheitern verurteilt.

Am Freitag, den 26. November hackte die feministische Initiative »Las Meninas«, deren Name sich als Anspielung auf das berühmte Gemälde »Die Hoffräulein« des spanischen Malers Diego Velázquez verstand, die Website des Vatikans. Die Website zeigte auf einmal im Hintergrund den berühmten Schornstein über der Sixtinischen Kapelle, aus dem Rauch in rosa Farbe aufstieg. Davor prangten die Worte »Die Kirche und ihre verleugneten Frauen«. Es folgten kurze Porträts von Frauen beginnend mit Maria Magdalena, dann Junia, der berühmten Apostelin der Urkirche, Phöbe, der Vorsteherin einer frühen christlichen Gemeinde, Lydia, der ersten Christin Europas und anderen bekannten Frauen der Kirchengeschichte. Nach zwei Minuten blendete sich dann groß das Foto von Anna Marie Motamura ein – versehen mit der Überschrift »Die verschwundene Verkünderin des Glaubens«. Die Computerexperten des Vatikans brauchten nach der Entdeckung des Angriffs 25 Minuten, um wieder die Kontrolle über die Website zu gewinnen. Diese Zeit reichte aus, um die gehackte Seite in allen Netzwerken einem großteils amüsierten Millionenpublikum zugänglich zu machen. Noch am selben Tag riefen mehrere Frauengruppen, Verbände feministischer Theologinnen und andere Reformgruppen dazu auf, das Angelus-Gebet des Papstes am kommenden Sonntag zu einer Demonstration für Anna Marie Motamura zu nutzen. Der Spruch einer amerikanischen Theologin ging um die Welt: »Offensichtlich ist es wahrscheinlicher, dass im Jahr 2035 Menschen auf dem Mars siedeln werden, als dass es Frauen als Priesterinnen in der katholischen Kirche geben wird.«

In einem Telefonat ersuchte Frau Motamura Franziskus II. nochmals dringend, sie von ihrer Aufgabe zu entbinden, sie sei dem Druck einfach nicht mehr gewachsen und wolle dem Papst nicht schaden. Im Kreis seiner Vertrauten war die Stimmung eindeutig. Franziskus II. müsse das Gesetz des Handelns jetzt unbedingt wieder an sich reißen. Am Sonntag, den 28. November nach dem Angelus-Gebet reagierte Franziskus II. endlich. Er dankte Anna Marie Motamura in bewegten Worten und gestand, dass er ihren mehrmaligen heftigen Bitten, sie von der Aufgabe zu entbinden, nachgegeben hätte. Es werde aber kein Zurückweichen, sondern nur ein mutiges Voranschreiten beim Ausbau der Verantwortung von Frauen geben. Das beträfe alle kirchlichen Positionen, die nicht an eine Weihe gebunden seien, schränkte der Papst ein. Danach berief er die Italienerin Eva Pagina, Mitglied der Gesellschaft der heiligen Ursula, die bisher schon als Sekretärin der Ordenskongregation ganz weit oben in der vatikanischen Hierarchie gestanden war, an die Spitze der Kongregation zur Verkündung der frohen Botschaft. Gleichzeitig kündigte er die

Einsetzung einer Kommission von Kardinälen, Bischöfen sowie von Laienexperten, darunter auch Theologinnen, an, die sich mit der Stellung der Frau in der Kirche der Zukunft beschäftigen sollte.

Die Reaktionen auf die Vorgangsweise von Franziskus II. waren großteils negativ, oft mit zynischem Beigeschmack. Der allgemeine Tenor sah keine Lösung in Sicht, sondern nur die uralte Verzögerungstaktik des Vatikans bei heiklen Themen. Die »New York Times« schrieb einen Leitartikel mit dem Titel: »Franziskus II. und die Frauen – eine traurige Geschichte«. Alles deute darauf hin, dass die Auseinandersetzungen an Schärfe gewinnen würden. Jeder Versuch, den Kampf um die volle Gleichwertigkeit der Frau innerhalb der Kirche zu begraben, würde die engagierten Frauen in die Resignation treiben und die Mehrheit in ihrer Gleichgültigkeit bestärken. Am Ende zitierte der Artikel eine aktuelle Umfrage, die den Absturz der Beliebtheit von Papst Franziskus II. in den USA von seinem Höchstwert von 70 Prozent auf 31 Prozent auswies. Das folgende Jahr sollte noch schlimmer werden.

2028: Die Rache des Mahdis –
Franziskus II. im Tal der Tränen

Am Morgen des 7. März 2028 sprengte sich in Lagos ein zehnjähriges Mädchen auf einem Busbahnhof in die Luft und tötete dabei zwölf Menschen. Als die Polizei- und Rettungskräfte eintrafen, um das blutige Chaos unter Kontrolle zu bringen, explodierte ein mit Sprengstoff angefüllter Lastwagen mittels Fernzündung und riss 89 Menschen in den Tod, weitere 300 wurden teilweise schwer verletzt.

Dieses Blutbad wäre für die leidgeprüften Nigerianer nach einigen Tagen in Vergessenheit geraten, der Schrecken war längst zur Routine geworden. Doch der 7. März war nicht zufällig gewählt. Es sollte einer der schrecklichsten Tage in der Geschichte Nigerias und des Vatikans werden. Am 7. März 1274 verstarb der große Kirchenheilige Thomas von Aquin, Namensgeber der Königlichen Universität des heiligen Thomas von Aquin, seit knapp drei Jahren Hauptsitz der Ausbildung katholischer Priester in Afrika. Es war das Ziel des Mahdis, jenes geheimnisumwitterten islamischen Anführers, der in Teilen von Westafrika einen Gottesstaat errichtet hatte, die Universität am Todestag des Thomas von Aquin auszulöschen. Die hundert Toten am Busbahnhof, zum Großteil Muslime, waren nur ein unbedeutender Kollateralschaden im Vergleich zu dem perfiden Plan, den der Mahdi für diesen Tag entworfen hatte. In intensiven Studien der berühmtesten Attentate der letzten 50 Jahre fand er heraus, dass ein erstes Attentat, welches die Sicherheitskräfte band und vom eigentlichen Ziel ablenkte, gefolgt vom verheerenden Hauptschlag die stärkste Wirkung versprach. Mit dieser Strategie gelang es sogar Einzeltätern, bis zu hundert Menschen zu töten. Wie sehr konnte man den Schrecken multiplizieren, wenn man wie der Mahdi über eine fast unbegrenzte Anzahl von zu allem entschlossenen und bestens ausgebildeten Gefolgsleuten verfügte.

Allerdings lernte der Mahdi bei seiner Analyse der Folgewirkung von Attentaten auch, wie wichtig die Symbolik im Vergleich zur Anzahl der Opfer war. Der Mord an Cäsar durch seinen Freund Brutus ging in die Geschichte ein, die Hunderten Meuchelmorde von Unbekannten an großen Führern gerieten in Vergessenheit. So begründete sich für den Mahdi der ewige Ruhm von Osama bin Laden in seinem Coup, mit den beiden Türmen des World Trade Centers die Symbole des US-Kapitalismus vor den Augen der Menschheit zum Einsturz gebracht zu haben. Dass an diesem Tag auch das Pentagon schwer beschädigt wurde, verschwand schnell aus der Erinnerung der Menschen. Der große Traum des Mahdis, der ihn manchmal aus seinen Träumen riss, war die Sprengung der Kuppel des Petersdoms, dessen Trümmer in Folge den Papst erschlugen. Doch Rom war weit, Lagos ganz nahe. Und die Folgen des 7. März 2028 würden auch die Mauern des Vatikans erzittern lassen. Der Mahdi folgte der Bestimmung der heiligen Schriften: Wenn Bosheit und Unterdrückung überhandnehmen, werde der Mahdi, ein Mann aus der Familie Mohammeds, erscheinen und den Glauben erneuern.

»Und fürchtet das Feuer, das für die Ungläubigen vorbereitet ist«

20 Minuten nachdem die Bombe im Lastwagen am Busbahnhof explodiert war, näherte sich eine Wagenkolonne der Königlichen Universität des heiligen Thomas von Aquin. An der Spitze fuhr ein Lastwagen, aus dem Soldaten in Uniformen der nigerianischen Armee sprangen und den Polizisten, die den Eingang zur Universität bewachten, zuriefen, dass sie den Auftrag hätten, das gesamte Gelände zu sichern. Plötzlich eröffneten sie, ohne zu zögern, das Feuer und erschossen die überraschten Polizisten. Nachdem alle Fahrzeuge das Sicherheitstor passiert hatten, schlossen

es die Angreifer und brachten Sprengfallen an. Es war 10 Uhr vormittags, die Mehrzahl der Studenten und Professoren befand sich in den Hörsälen, einige dagegen im großen Hof in der Mitte der Universität. Die Soldaten trieben sie zusammen und befahlen ihnen, sich in einem großen Kreis niederzusetzen. In der Zwischenzeit drangen auch nicht uniformierte Angreifer, die schwere Behälter mitschleppten, in die umliegenden Gebäude ein. Erste Schreie wurden laut, Menschen erschienen an den Fenstern. Die Eingänge wurden mit mitgebrachten Stahlgittern verschweißt oder mit Ketten von außen abgesperrt. Die Angreifer verfügten über beste Ortskenntnisse, gingen systematisch vor, hin und wieder hörte man Schüsse.

Man sah erst Rauch und dann Feuer aus Gebäuden dringen. Die Schreie wurden lauter. Als sich das Feuer von Gebäude zu Gebäude ausbreitete, versuchten Verzweifelte aus den Fenstern zu springen. Sobald sie auf dem Boden gelandet waren, wurden sie erschossen. Es war erst der Anfang des Grauens. Unter dem Schutz der schwerbewaffneten Soldaten besprengten einige Terroristen die im Hof sitzenden Studenten mit einer Flüssigkeit, die sie wenig später entzündeten. Innerhalb von Sekunden rannten lebendige Brandfackeln durch den Hof, die sich verzweifelt auf dem Boden wälzten. Mehrere Kameraleute filmten das Inferno. 16 Minuten nach dem Eindringen standen weite Teile der Königlichen Universität des heiligen Thomas von Aquin in Flammen.

Ein Armeehubschrauber versuchte die Situation aus der Luft zu erkunden, wurde aber durch die starke Rauchentwicklung behindert. Es dauerte fast 40 Minuten, bis Spezialeinheiten der Armee und Polizei die brennende Universität umzingelt hatten. Die Feuerwehr versuchte den Brand von außen zu löschen, was in diesem Stadium nicht mehr möglich war. Die Attentäter waren auf alles bestens vorbereitet. Einigen Terroristen, darunter den Kameraleuten, gelang es, getarnt in ihren gestohlenen Uniformen durch eine Seitentür dem Chaos zu entkommen. Die anderen Attentäter verteidigten mit Atemschutzgeräten ausgerüstet den

Eingang, den die Armee in der Zwischenzeit mit einem Panzer aufzubrechen versuchte. Drei Stunden nach dem Angriff hatten die Spezialeinheiten alle im Gebäude verbliebenen Terroristen getötet. Fünf Stunden später konnte die Feuerwehr die letzten durch die Brandbomben ausgelösten Glutnester löschen. Von den 2586 Personen in der Universität, darunter Priester, Ordensleute, weltliche Professoren, Studenten, Hausarbeiter, Hilfskräfte, Polizisten und Portiere, starben 889 in der Flammenhölle oder an Maschinengewehrkugeln. 1119 erlitten teilweise schwere Verletzungen und 578 kamen mit dem Schock davon, weil sie sich rechtzeitig im Keller oder im Freien verstecken konnten.

Bilder als Waffen

Noch am Abend des 7. März bekannte sich der Mahdi zu dem Anschlag. Ein fünf Minuten langes Video mit den Schreckensszenen innerhalb der Universität wurde immer wieder vom Satz »Und fürchtet das Feuer, das für die Ungläubigen vorbereitet ist« überblendet. Am schlimmsten war die 90 Sekunden lange Sequenz, in der ein selbst schon brennender Student verzweifelt versuchte, eine junge Frau zu retten, die sich in den Flammen aufzulösen begann.

Noch in der Nacht darauf kam es zu schweren Ausschreitungen in Lagos. Als Vergeltung stürmten aufgebrachte Christen in die moslemischen Viertel der Stadt und zündeten vier Moscheen an. Auch in anderen Landesteilen von Nigeria kam es zu gewaltsamen Übergriffen von Christen auf Moslems. Moslems wurden in ihren Häusern überfallen, auf den Straßen gejagt und erschlagen. Nigeria hatte die Schwelle zum Bürgerkrieg überschritten. Der Mahdi schien sein Ziel erreicht zu haben.

Papst Franziskus II. verurteilte die Angriffe in schärfster Form. Das Attentat zeuge »von der Grausamkeit eines blinden und absurden Hasses, der keinerlei Respekt vor dem menschlichen Leben habe«. Vertraute erzählten später, dass der Papst völlig verzweifelte und sie ihn das erste Mal bitterlich weinen gesehen hätten. Er zog sich mit seinem jesuitischen Beichtvater drei Tage zurück. Ein Papst war kein weltlicher Krisenmanager, sondern ein spiritueller Führer. Und als solcher suchte er nach einer Antwort.

Franziskus II. in Lagos – Die Kirche ist unzerstörbar

Zwangsläufig war der Papst zu dem Schluss gekommen, dass er die päpstliche Universität in Lagos schließen musste. Zu groß war der Druck der nigerianischen Regierung. Aber er war fest entschlossen, dem Hass keinen Endsieg zu erlauben. Dann tat er etwas, wovon ihn seine Berater fast mit körperlicher Gewalt abhalten wollten.

Am 10. März zeigte sich Franziskus II. in der Königlichen Universität des heiligen Thomas von Aquin in Lagos. Im Hof der streng geschützten Universität feierte er mit den Überlebenden und deren Angehörigen die heilige Messe. Nach langen Verhandlungen hatte er sich mit dem Präsidenten von Nigeria darauf verständigen können, dass dieser den Besuch des Papstes in der Universität unter der Voraussetzung völliger Geheimhaltung und des Verzichts auf jeden sonstigen öffentlichen Auftritt akzeptierte. In seiner Predigt gedachte Franziskus der Opfer des Anschlags und verurteilte auch die Ausschreitungen von Christen gegen Muslime in dessen Folge. Dem Vorbild Christus zu folgen heiße auch die Bereitschaft zum Martyrium. Der Mensch könnte die Kirche aber nie zerstören, sie sei unzerstörbar. Auch Rom sei mehrmals niedergebrannt worden. Es werde immer um den Nachfolger von Petrus eine Schar von Menschen geben, die an Jesus Christus glaubten und die heilige Messe feierten. Es müsste dafür auch keine großen prächtigen Gebäude geben. Von der heiligen Messe würden immer die Nächstenliebe, die Sorge um die Armen und die Verkündung des Glaubens ausgehen. Zum Abschluss bot der Papst allen afrikanischen Priesterkandidaten und Studenten an, ihre Ausbildung an einer anderen päpstlichen Universität fortzusetzen.

Die Bilder des weiß gekleideten Papstes in den Brandruinen der Universität des heiligen Thomas von Aquin verdrängten die Schreckensbilder des Attentats. Es gab ein Ausmaß des Grauens, bei dem die Lust am Voyeurismus vom körperlich spürbaren Ekel so überlagert wurde, dass einigermaßen normale Menschen die Stopptaste drücken mussten. Doch nicht der Papst, sondern andere fügten dem Madhi kurz nach seinem scheinbaren Triumph seine schlimmste Niederlage zu.

Die Rektoren fast aller bedeutenden islamischen Universitäten, angeführt vom Rektor der Al-Azhar-Universität in Kairo, über die islamischen Fakultäten in Indonesien bis zu den Universitäten des Nahen Ostens, verurteilten nicht nur den Anschlag als unislamisch, sondern forderten alle gläubigen Muslime der Welt auf, den falschen Madhi zu verfolgen und seiner Bestrafung zuzuführen. Sogar der Präsident der Islamisch-Theologischen Hochschule im iranischen Ghom unterstützte diesen Aufruf. Gerade weil der Madhi im schiitischen Glauben eine so große Rolle spiele, seien die Verbrechen, die dieser Feind Gottes in dessen Namen angerichtet habe, besonders verwerflich.

Geschichte wiederholt sich nicht – und wenn, dann als Farce. Muhammad Ahmad, das historische Vorbild des westafrikanischen Nachahmers Muhammad Yeboah, starb nur wenige Monate nachdem er Khartum im Januar 1885 eroberte und dort ein Blutbad angerichtet hatte, plötzlich und unter ungeklärten Umständen. Das Phantom Muhammad Yeboah, von dem nicht einmal aktuelle Fotos existierten, kam bei einem erfolgreichen Drohnenangriff aus der Luft im Juni 2028 ums Leben. Die Hinweise auf seinen Aufenthaltsort verdankte die nigerianische Luftwaffe einem Verräter aus seinem unmittelbaren Umfeld. Wer die offiziell ausgelobte Summe von zehn Millionen Dollar für die Ergreifung des Mahdis erhielt, wurde nie veröffentlicht. Die völlig auf die Führungsfigur des Mahdis ausgerichtete radikalislamische Bewegung zerbrach an den brutalen Machtkämpfen um seine Nachfolge.

Der Kirche geht das Geld aus

Nachdem Franziskus II. seinen Plan, den überlebenden Studenten der geschlossenen Universität in Lagos einen Studienplatz an einer anderen päpstlichen Universität anzubieten, veröffentlicht hatte, warnte ihn der Vorsitzende des vatikanischen Finanzkomitees Kardinal Georg Lahnstein eindringlich, dass das Geld zumindest im Vatikan dafür nicht vorhanden sei. Die ohnehin angespannte finanzielle Situation der Kirche war unter Franziskus II. immer kritischer geworden. Dafür gab es mehrere Ursachen:

Da war zunächst das Erbe seines Vorgängers. Die Idee der Wiedererrichtung der päpstlichen Flotte hatte so positive Reaktionen ausgelöst, dass sie weiter ausgebaut und für die Versorgung von Krisengebieten auf der ganzen Welt eingesetzt wurde. Die Ausgaben dafür überstiegen bei Weitem die zahlreichen Spenden für das Projekt. Gleichzeitig reduzierte die seit Papst Franziskus I. an strengen moralischen Kriterien ausgerichtete Finanzpolitik der Kirche das Ausschöpfen des vollen ökonomischen Potenzials des noch immer umfangreichen kircheneigenen Finanzvermögens.

Die Finanzierung der Diözesen hatte am besten in jenen wenigen Ländern, wie in Deutschland und Österreich, funktioniert, in denen mit staatlicher Unterstützung ein Kirchenbeitrag verpflichtend eingehoben wurde. Gerade in diesen Ländern waren die Mitgliedszahlen aber so dramatisch eingebrochen, dass sich die Diözesen gezwungen sahen, die Kirchensteuer abzuschaffen und diese durch freiwillige Beiträge zu ersetzen. Allein in Deutschland stürzten die Einnahmen von über fünf Milliarden Euro des letzten »Kirchensteuerjahres« 2021 innerhalb weniger Jahre auf unter eine Milliarde Euro ab.

Es war noch nicht an die Öffentlichkeit gedrungen, dass sich zunehmend mehr Bischöfe der finanzstarken deutschen und amerikanischen Diözesen weigerten, ihre Beiträge nach Rom abzuliefern. Die deutschen Diözesen kämpften mit dem Erhalt ihrer Kirchen und der Mitarbeiter. Sie fürchteten den Widerstand ihrer Gläubigen, sobald sie noch mehr Kirchen schlossen oder Gemeinden zusammenlegten. Die US-Kirche war nach jahrzehntelangen Prozessen wegen Missbrauchsvorwürfen finanziell in ihrer Existenz bedroht.

Seine Finanzexperten machten Franziskus II. klar, dass die Kluft zwischen den immer höheren Kosten für die Erhaltung der kirchlichen Strukturen und den sinkenden Einnahmen sich zu einer finanziellen Zeitbombe entwickelte. Ohne die freiwilligen Spenden aus den USA und indirekte Zahlungen der reichen deutschen Diözesen wäre die Kirche in ihrer derzeitigen Struktur nicht überlebensfähig. Diese negative Dynamik betraf sowohl den Vatikan als auch die Weltkirche. Ein Ende des »Lebens von der Substanz« war absehbar.

Franziskus II. fand schnell heraus, dass er nicht der erste Papst war, der auf eine naheliegende Lösung zur Bewältigung der finanziellen Probleme der Kirche kam. Es gab detaillierte Pläne zum Verkauf kunst- und kirchengeschichtlich nicht unbedingt notwendiger Schätze des Vatikans. Auf den ersten Blick war die Idee bestechend, Bilder, Skulpturen, Bücher und Handschriften, die der Öffentlichkeit aus Platzgründen ohnehin nicht zugänglich waren, zu verkaufen. Würde man dazu noch einen Tizian, Cranach oder van Dyck mischen, dann ließen sich bei Auktionen gewaltige Beträge erzielen, die man in einem kirchlichen Wohlfahrtsfonds konzentrieren könnte. Doch letztlich hatten alle seine Vorgänger vor der öffentlichen Diskussion über den Verkauf des kirchlichen Erbes zurückgeschreckt. Bei der Veräußerung von kirchlichen Kunstwerken musste man auch bedenken, dass für viele Gläubige

Kunst eine Art von geistiger Nahrung war. Mit welchen Empörungswellen hätte gerade ein amerikanischer Papst zu rechnen, der als »Kulturbarbar« historischen Besitz raubte? Im Kern ging es wie so oft in seinem Pontifikat um die Frage »Fleisch oder Stein?«. War es wichtiger, das Leben und die Arbeit von Hunderttausenden Priestern, Ordensleuten und idealistischen Mitarbeitern zu sichern oder sollte man die eigene Kulturgeschichte um jeden Preis für alle irdische Ewigkeit erhalten? Keine einfache Frage.

Um die kurzfristige Finanzierung der von ihm angekündigten Stipendien der afrikanischen Studenten zu sichern, griff Franziskus zum wirksamsten Mittel, von dem er schon in seiner Zeit als Erzbischof von Chicago oft hatte Gebrauch machen müssen. Noch immer war es eine handgeschriebene Liste mit Namen, die sich allerdings seit seiner Zeit als Papst wesentlich verlängert hatte. Ganz oben standen die Namen von Familienunternehmen, die zu den größten Reifen-, Süßigkeiten-, Maschinenbau- und Teigwarenproduzenten der Welt gehörten. Diese Unternehmen befanden sich seit Generationen in Familienbesitz und fühlten sich der katholischen Kirche verpflichtet. Der Papst lud sie dafür regelmäßig zu privaten Audienzen und öffnete ihnen auch international über seine Nuntiaturen viele Türen. Die vermögendsten von ihnen würden in den nächsten Tagen einen Anruf vom Sekretär des Papstes erhalten, der ihnen mitteilte, dass der Heilige Vater sie um ein persönliches Gespräch in Rom bitten würde. Dass diese Vorgangsweise keine nachhaltige Lösung versprach, wusste Franziskus II. natürlich und es zehrte an seinen Kräften.

In der Intensivstation sind alle Menschen gleich

Verglich man Fotos des Kardinals Thomas Gleeson unmittelbar vor dem Konklave 2019 mit jenen der Weihnachtsfeierlichkeiten des Jahres 2028, schien er nicht um 10, sondern um 25 Jahre gealtert. Vor allem der Anschlag auf sein Lieblingsprojekt, die Universität in Lagos, hatte ihn verändert. Dazu kam die in der Öffentlichkeit ständig neu aufflammende Diskussion über die Stellung der Frau in der Kirche. Kein Papst vor ihm hatte es gewagt, zwei Frauen an die Spitze von Kongregationen zu berufen. Und was war der Dank dafür? Dass ihn die Medien als Zauderer und die innerkirchliche Opposition als Abweichler denunzierten.

Am Sonntagabend des 7. Jänner 2029, nachdem er tagsüber eine Messe gefeiert und Kindergruppen aus aller Welt zur Feier des Festes der Heiligen Drei Könige empfangen hatte, wurde Franziskus II. wegen starker Übelkeit und kalter Schweißausbrüche ins Spital eingeliefert. Die Ärzte diagnostizierten einen Herzinfarkt und behielten den Papst auf der Station. In jedem Menschen, der das erste Mal mehrere Tage auf einer Intensivstation liegt, verschieben sich die Prioritäten seines Lebens. Selbst ein Papst wird auf seine Körperfunktionen zurückgeworfen. Auf Anraten seiner Ärzte erklärte Franziskus II. eine Woche nach seinem Herzinfarkt am 15. Jänner 2029 seinen Rücktritt, der mit Mitternacht in Kraft treten sollte. Seinen 80. Geburtstag würde er als Privatperson feiern.

III.
Versöhnung –
Johannes XXIV. wagt ein
heiliges Experiment

2029: Johannes XXIV. –
Der Papst aus dem Land mit den meisten Menschen

Die Welt mit ihren fast neun Milliarden Bewohnern kämpfte mit großen Widersprüchen. Die Warnungen der Wissenschaftler vor einem Massensterben der Arten auf der Erde waren in einem erschreckenden Ausmaß Realität geworden. 41 Prozent aller Amphibien und 26 Prozent aller Säugetiere standen knapp vor ihrer völligen Auslöschung. In früheren Phasen der Geschichte der Erde starben pro Jahrhundert von 10.000 Wirbeltierarten nur zwei aus. Diese Rate hatte sich im zurückliegenden Jahrhundert auf das 114-Fache erhöht und stieg exponentiell an. Die Messungen der Wissenschaftler ließen keinen Zweifel daran, dass die Erde in eine sechste große Welle des Massenaussterbens eintrat, in dessen Verlauf auch die Menschheit verschwinden würde.[1]

So düster es langfristig für die Menschheit insgesamt aussah, so unterschiedlich waren die Lebenschancen für jeden einzelnen neugeborenen Erdenbürger. In einem Teil der Erde verhungerten und litten die Menschen, im anderen konnten sich die Eltern das Geschlecht ihres noch ungeborenen Kindes aussuchen. Die durchschnittliche Lebenserwartung eines Babys lag zwischen 43 und 115 Jahren, abhängig von Elternhaus und vom Ort seiner Geburt. Ganz oben oder ganz unten, Norden oder Süden, egal in welche der Welten man hineingeboren wurde, man dachte in den Kategorien »wir« und »die anderen«. Umso größer war die Sehnsucht nach einer moralischen Autorität, zu der man hätte aufblicken können, die sich über das Elend und den Glanz der Welt erhob. In dieser Stimmung sollte ein neuer Papst gewählt werden. Dem letzten, Franziskus II., war das Leid der Welt so zu Herzen gegangen, dass es fast zu schlagen aufgehört hätte.

Den Titel »Stellvertreter Christi« hatten die Päpste schon lange aufgegeben. Aber einen Pontifex Maximus, einen großen

Brückenbauer, hätte die zerklüftete Welt gut brauchen können. Der argentinische Jesuit Franziskus I. hatte der Kirche eine Brücke ins 21. Jahrhundert geschlagen. Sein Nachfolger, der erste amerikanische Papst Franziskus II., versuchte diese vorsichtig zu beschreiten und war dabei immer wieder beinahe abgestürzt. Welches Profil sollte der nächste Pontifex haben, der wohl eher ein von heftigem Sturm umtostes Trapezseil als eine feste Brücke vorfinden würde?

Hörte man sich in Rom unter den schon eingelangten Kardinälen um, dann sollte der neue Papst nicht älter als 67 Jahre alt sein und aus einer Region kommen, wo die Kirche noch dynamisch war. Die starke Fraktion der Weltkirche innerhalb des Konklaves war offensichtlich davon überzeugt, dass es nach einem Polen und einem Deutschen, gefolgt von einem Süd- und einem Nordamerikaner hoch an der Zeit für einen afrikanischen oder asiatischen Papst wäre. Bezüglich des Persönlichkeitsprofils kursierten Schlagwörter wie Teamgeist, Visionskraft, Mut, Glaubensstärke, Furchtlosigkeit, Dialogfähigkeit, Menschenliebe und immer wieder Versöhnungsfähigkeit unter den Papstmachern. Am besten geeignet wäre ein Heiliger, der die inneren Probleme der Kirche lösen und die Schmerzen der Welt heilen könnte. Und beides möglichst durch sanftes Handauflegen, ohne vom Skalpell Gebrauch zu machen. Doch in Zeiten, in denen niemand mehr an Wunder glaubte, funktionierten diese Mittel nicht mehr.

Bei den Experten herrschte Einigkeit über die großen Themen, die bei der Wahl eine Rolle spielen würden. Die Frage nach der Stellung der Frau in der Kirche war nach wie vor brennend und ungelöst. Die Priesterberufungen sanken trotz Abschaffung des Pflichtzölibats unaufhaltsam und bedrohten die Zukunft der Kirche. Wohlstand und Bildung unterminierten die Bedeutung von Religion und Glauben in der modernen Gesellschaft. Das Dilemma der Kirche zwischen der Notwendigkeit des Dialogs mit den anderen Religionen und dem entschiedenen Widerstand gegen alle Formen des Fundamentalismus erwies sich als ständige Zerreißprobe. Das Überschreiten der Schwelle zum künstlichen Menschen zwang die Kirche, ethisch klar Position zu beziehen, ohne sich dem Vorwurf der Wissenschaftsfeindlichkeit auszusetzen.

Wer von den zahlreichen Kandidaten konnte das alles bewältigen? Auch auf diese Frage war die Antwort der Experten eindeutig: Keiner. Den idealen Papst würde es nicht geben. Es bliebe die Hoffnung auf einen guten Papst.

Die Weltkirche ist nach Rom gekommen, um zu bleiben

Das Konklave wählte am 4. Februar 2029 bereits im dritten Wahlgang den Erzbischof von Trivandrum, Kardinal Sanjay Xavier zum ersten Papst aus Asien. Mit 64 Jahren zählte er zu den jüngsten Päpsten der Neuzeit, das hing wohl auch damit zusammen, dass der Rücktritt aus Altersgründen seit Benedikt XVI. zur Regel geworden war und die Kirche daher nicht mehr dahinsiechende Päpste fürchten musste. Der neue Papst entschied sich für den Namen Johannes XXIV.

Der Grund für die überraschend schnelle Entscheidung lag in der ungewöhnlich langen Zeit der gemeinsamen Beratungen, die es diesmal vor Beginn des Konklaves gegeben hatte. Auch wenn diese nicht den Charakter offener parlamentarischer Debatten hatten, waren sie von politischen Überlegungen getragen. Die Kirche wollte unter allen Umständen den Eindruck der Zerrissenheit in einer gespaltenen Welt vermeiden. Obwohl das offiziell bestritten wurde, dürfte es zu klaren Absprachen zwischen den Anführern der einzelnen regionalen und ideologischen Lager gekommen sein.

»Warum gerade ein Inder?«, fragten sich viele. Sanjay Xavier, ein kleiner, freundlich wirkender Mann, hatte sich vor allem unter den Bischöfen der Entwicklungsländer einen Namen gemacht, weil er immer dafür plädierte, dass die Kirche nur dann überleben würde, wenn sie in den unterschiedlichen Kulturen geerdet wäre.

171

Das Wenige, was die Medien über die Vergangenheit von Sanjay Xavier herausfinden konnten, waren seine Lebensklugheit und ein brillanter Verstand, der sich hinter seinem zurückhaltenden Wesen verbarg. Er gestand auch gerne seine Schwächen wie sein schlechtes Latein ein. Als junger Priester habe er es nur gelernt, um Rom eine Freude zu machen, sagte er einmal in einem Interview. Xavier war stolz auf die spirituelle Tradition Indiens. Die Kirche dort hatte sich mit 24 Millionen Mitgliedern trotz der Verfolgung durch extremistische Hindus gut halten können, wenngleich das natürlich zu den 1,4 Milliarden Einwohnern des bevölkerungsreichsten Landes der Welt verschwindend wenig erschien.

Der zweite bedeutsame Aspekt in der Kirchenkarriere von Xavier war seine Zeit als Sekretär der katholischen Bischofskonferenz von Indien. Die indischen Bischöfe waren die Ersten innerhalb der Weltkirche, die bereits im Jahr 2010 eine offizielle Strategie in der Frauenfrage veröffentlichten. Dieses Dokument zur »gender policy«, wie man das damals nannte, bezog vor allem Stellung zur Situation der armen und unterprivilegierten Frauen und verurteilte scharf jede Form von Gewalt gegen Frauen. Wirklich revolutionär war die Tatsache, dass die Strategie fast gänzlich unter Federführung einer Frau erarbeitet und formuliert wurde.[2] Viele deuteten das als ein Signal dafür, dass der indische Papst bei der Stellung der Frau der inneren Befindlichkeit der katholischen Kirche schon immer weit voraus war.

Die indische Kirche hatte sich in der Vergangenheit erfolgreich dagegen verwehrt, die verordnete Glaubenslehre aus Rom »eins zu eins« zu übernehmen, sondern immer stark auf den Glauben des einfachen Volkes mit einem starken Naturbezug gesetzt. In einer seiner ersten Aussagen als neuer Papst erteilte er einer römischen Zentralkirche eine klare Absage: »Die Weltkirche ist eine Vereinigung individueller Kirchen. Auch wenn einige dieser individuellen Kirchen sehr kleine Gemeinschaften sind, müssen wir ihr Erbe wertschätzen. Wir müssen sie in der universellen

Kirche halten, und es ist unsere Aufgabe, sie zu beschützen. Das Wesensmerkmal der katholischen Kirche war immer und wird immer sein, dass sie allumfassend ist.« Niemand ahnte, wie sehr die Begriffe »universell« und »allumfassend« das Pontifikat von Johannes XXIV. prägen würden.

Was durfte die Welt von Sanjay Xavier als neuem Papst erwarten?

Hatte man ihn deshalb gewählt, weil er aus dem bevölkerungsreichsten Land der Welt kam und er daher wusste, wie man auf einem Planeten mit neun Milliarden Menschen am besten miteinander auskommen konnte? Auf eine diesbezügliche Journalistenfrage antwortete der neu gewählte Papst: »Es stimmt nicht, dass für uns in Asien Gemeinschaft und Solidarität deshalb wichtiger sind als totaler Individualismus, weil wir so viele sind, sondern weil wir uns untereinander verbunden fühlen. Wir können und wollen nicht alleine leben. Die Zukunft der Menschheit ist daher eine des gegenseitigen Austausches mit unabsehbar vielen anderen Lebewesen. Das für sich zu erkennen, ist schon eine wichtige Einsicht. Danach zu handeln, ist der entscheidende Schritt.«

Ein großes Rätsel blieb die Namenswahl des Papstes, die zu einer Vielzahl von Spekulationen führte, weil er sie nie eindeutig begründete. Es sollte genau ein Jahr dauern, bis die Welt die Symbolik hinter dem Namen des neuen Papstes verstand.

Als erste Personalentscheidung ernannte Johannes XXIV. Kardinal Laurent Mussawa aus dem Kongo, der bei der vorletzten Papstwahl angeblich die meisten Stimmen nach Thomas Gleeson erhalten hatte, zu seinem Staatssekretär. Indien und Afrika – die Weltkirche war nach Rom gekommen, um zu bleiben.

Als Erzbischof von Trivandrum hatte Sanjay Xavier seine Bischöfe, Priester und vor allem auch die Laien mit seinem kollegialen Führungsstil eingebunden. Das entsprach der asiatischen Tradition, die langwierige Diskussionen bis zur gemeinsamen Entscheidung gegenüber einsamen Entschlüssen bevorzugte. Immer wieder betonte er: »Keiner von uns ist so klug wie wir alle zusammen.« Regelmäßig lud er Betroffene zu Bischofskonferenzen zum offenen Dialog ein. Sollte er nun als Papst die Last der Probleme der Welt ganz allein auf seinen Schultern tragen? Nein, er würde seine positiven Erfahrungen mit Dialog und Mitbestimmung auch im neuen Amt nutzen. Dafür schuf er ein ständiges persönliches Beratergremium, das aus von ihm geschätzten Priestern und Ordensleuten, vor allem aber männlichen und weiblichen Laien aus vielen Berufsrichtungen bestand. Dass es sich dabei um keine Alibiaktion handelte, zeigte ein Privileg, das sonst nur Kardinälen zukam. Jedes Mitglied konnte den Papst zusätzlich zu den offiziellen Zusammenkünften der Beratergruppe in einer Privataudienz unter vier Augen treffen. Während sein Vorgänger noch sehr vom amerikanischen »Leadership-Denken« geprägt war, vertraute der Inder Johannes XXIV. mehr der kollektiven Weisheit: »Die Menschen verändern die Kirche, nicht die Priester, Bischöfe und Kardinäle. Hören wir mehr auf die Leute. Sie sind die Gläubigen.«

Seit dem entsetzlichen Anschlag auf die Königliche Universität des heiligen Thomas von Aquin in Lagos war erst ein Jahr verstrichen und der Fluch des Fundamentalismus warf noch immer seine Schatten auf weite Teile der Welt. Trotzdem gab es weiterhin Menschen, für die ein neuer Papst auch immer ein neuer Anfang war. Kein Land hatte mehr Bewohner als Indien. In keinem Land waren mehr Menschen wegen religiöser Konflikte getötet worden als dort. Johannes XXIV. hatte in seinem Heimatland für Versöhnung gekämpft, jetzt kämpfte er für die Versöhnung der Welt. Kein anderes Wort verwendete er öfter in seinen ersten Reden. Immer wieder betonte er: »Es wird keinen Frieden unter den Völkern ohne Frieden unter den Religionen geben. Für die Menschheit ist der Dialog zwischen den Religionen überlebenswichtig.« Traute man einem Inder zu, das zu schaffen, wonach sich die Menschen inner- und außerhalb aller Religionen so sehnten?

---

1 Focus online und Stern online beziehen sich auf einen Bericht im Wissenschaftsmagazin »Science Advances« »Accelerated modern human-induced species losses: Entering the sixth mass extinction« vom Juni 2015. Die fiktive Darstellung im Jahr 2019 vor der Papstwahl basiert somit auf wissenschaftlichen Prognosen.

2 Die katholische Bischofskonferenz in Indien hat als einzige der Weltkirche eine offizielle Strategie in der Frauenfrage in einem offziellen Dokument, erschienen 2010, veröffentlicht. Die Naturwissenschaftlerin Astrid Lobo Gajiwala spielte bei der Erarbeitung eine wesentliche Rolle. Quelle: Radio Vatikan vom 16. 3. 2015.

2029: Der islamische Fundamentalismus erkrankt an seinen Wurzeln

Ein Weihnachtswunder bringt noch keinen islamischen Frühling

Nurkan war 17 Jahre alt, als er in Ankara das erste Mal in seinem Leben ein Flugzeug bestieg, um zu einer Reise nach Europa aufzubrechen. Der Tag, an dem er den Boden des Frankfurter Flughafens betrat, war ein 24. Dezember. Nervös suchte er unter den Wartenden nach seinem Onkel, der ihn abholen sollte. Doch so genau er auch schaute, er konnte ihn nicht entdecken. Seine Uhr zeigte zehn Uhr abends, die riesige Ankunftshalle leerte sich schnell. Angst überfiel Nurkan, alle Warnungen, die ihm sein Vater mitgegeben hatte, kreisten in seinem Kopf. »Du musst sehr aufpassen, darfst niemandem trauen, die Deutschen mögen keine Moslems.«

Eine Stunde vor Mitternacht waren auch die letzten Taxis weggefahren. In dieser verzweifelten Situation kam ein Mensch auf Nurkan zu und fragte ihn, ob er ihm helfen könnte. Da Nurkan nicht Deutsch konnte, verstand er ihn nicht. Er überwand seine Angst und folgte dem Deutschen, der ihn mit Gesten aufforderte mitzukommen. Sie fuhren durch die weihnachtlich geschmückten Straßen, Nurkan fühlte sich wie in einer anderen Welt, war überwältigt von der Schönheit. Er kam aus einem kleinen Dorf ganz im Osten Anatoliens und hatte noch nie so viel Licht gesehen, wusste auch nicht genau, was Weihnachten bedeutete. Der Mann lud ihn zum späten Abendessen mit seiner Familie ein. Zuhause hatte Nurkan gehört, die Deutschen wären kalt, geizig und hätten keine Ahnung vom Kochen. Es gelang dann doch noch, Kontakt mit seinem Onkel herzustellen, der das Datum verwechselt hatte. Da es zu spät war, um Nurkan zu ihm zu bringen, verbrachte er seine erste Nacht in Europa bei der deutschen Familie. Diese Nacht veränderte Nurkan für den Rest seines Lebens. Ein einfaches »Komm mit« eines wildfremden Menschen prägte seine Einstellung zu Europa, zu den Menschen in der nichtmuslimischen Welt. Sein Gastgeber war Christ, aber kein besonders eifriger. Er war einfach ein guter Mensch und die gab es offensichtlich überall.

Später lud Nurkan Güneş seine Retter in die Türkei ein und blieb der Familie noch verbunden, als er einer der führenden islamischen Gelehrten geworden war. Sein Menschenbild und sein religiöses Verständnis hatten sich seit diesem Weihnachtstag so gewandelt, dass daran auch einige radikale islamische Gelehrte während seines Studiums nichts ändern konnten. Nie wieder ließ er sich einreden, dass auch die schlimmsten Muslime am Ende ins Paradies kämen, während so wunderbare Menschen, wie er sie kennengelernt hatte, unwiderruflich in der ewigen Hölle landen würden. Er scheute sich nicht, bei islamischen Gelehrtentreffen die Frage zu stellen, ob es wirklich einem barmherzigen Gott entsprechen könnte, von den neun Milliarden Erdenbürgern alle sieben Milliarden in die Hölle zu verstoßen, die sich nicht zum Propheten Mohammed bekannten. Damit folgte er der langen Tradition großer Islamlehrer, die eine wortwörtliche Auslegung des Korans ohne Prüfung durch die Vernunft immer abgelehnt hatten. Eine Haltung, die Nurkan Güneş gefährliche Drohungen einbrachte. Denn die Deutungsmacht über den Islam lag noch immer bei den Mullahs, Ayatollahs und Imamen in den fundamentalistisch regierten Ursprungsländern.[1]

Das äußere Gesicht des Islams

Die meisten Experten vertraten die These, dass sich vor allem in jenen islamischen Ländern, wo der Sozialstaat schwach, das Bildungsniveau gering und die Lebensängste groß waren, die fundamentalistischen Strömungen weiter verfestigen könnten. Die radikalen Imame appellierten an die Bereitschaft jedes Einzelnen, für den wahren Glauben zu töten oder zu sterben. Die entsprechende Idealisierung aller Märtyrer durch die notwendige Solidarität und Anerkennung in der islamischen Welt lieferten die Prediger gleich mit. Vergossenes Märtyrerblut ohne Tränen und Racheschwüre war sinnlos.

Dazu kamen die geschickte Nutzung des Nationalismus und die Betonung der Opferrolle der Muslime, die es den autoritären Regimes erlaubten, die durchaus vorhandenen Reformbewegungen innerhalb des Islams zu behindern. Wann immer sich die Religion der Angst bemächtigte, griff jedes rationale Argument zu kurz. Nach außen prägte der Salafismus, die strenge wortgetreue Auslegung des Korans, dessen Gesicht. Islamexperten gingen daher von zwei Annahmen aus: 1. Religion bleibt in den islamischen Ländern die wichtigste Kraft, die das Zusammenleben der Menschen regelt. 2. Es besteht wenig Hoffnung auf einen Rückgang des gewaltsamen Fundamentalismus. Im Gegenteil, dieser werde durch die Vielzahl der Krisenregionen in der Welt weiter zunehmen.

Warum alles anders kam

Der Anschlag des Jahres 2028 auf die päpstliche Universität in Lagos hatte eine Trendwende markiert. Der islamische Fundamentalismus konnte zwar immer wieder Teilerfolge erringen, seine Anhänger in ihrem Hass bestärken oder die Gegner mit Gewalt unterdrücken, aber drei Gegenkräfte erwiesen sich als weit wirksamer, als das von den Experten vorhergesagt wurde:

Der technologische Fortschritt: Dieser machte die Mauern um die archaischen Stammesgesellschaften brüchig. Bis ins letzte Dorf konnten Nachrichten und Bilder dringen. Fundamentalismus ließ sich aber nur durch ein totales Informationsmonopol aufrechterhalten. Mit permanentem Terrorismus konnte man einen Staat zerstören, ihn aber nicht auf Dauer regieren.

Die Landflucht: Fundamentalismus funktionierte am besten in dörflich patriarchalischen Gesellschaften. Die Welt »verstädterte« aber. Im Jahr 2029 gab es 41 Megastädte mit mehr als 10 Millionen Einwohnern, die Mehrzahl davon in Afrika und Asien, wo die Hochburgen des Islams lagen.[2] Bereits 60 Prozent der Menschen weltweit lebten in Städten, vor allem die Jungen und Ehrgeizigen verließen die Dörfer und entzogen sich damit dem Einfluss der traditionellen Stammesgesellschaften. Viele Kinder in den Städten wuchsen in einem neuen Umfeld auf, das es ihnen ermöglichte, sich andere Werte als die ihrer Eltern zu bilden. Die Chance war, dass sie sich zu offeneren Menschen entwickelten, die Gefahr, dass sie ihrer alten Welt entwurzelt wurden und in ihrer neuen Welt nicht Fuß fassen konnten. Nur dann blieben sie weiterhin Opfer des Fundamentalismus.

Die Bildung der Frauen: Das steigende Bildungsniveau der Menschen in den Städten entwickelte sich zum stärksten Gift gegen den Fundamentalismus. Der Analphabetismus ging auch in den islamischen Ländern mit der Landflucht rapide zurück. Frauen, die weniger Kinder bekamen, selbst über ihre Kinder lesen und schreiben lernten, schlossen sich zusammen und wehrten sich gegen ihre Unterdrückung. Gebildetere Frauen erzogen ihre Töchter aufgeschlossener und diese ließen sich auch immer weniger in das für sie bis dahin einzig mögliche Lebenskonzept der Mutter, Köchin und Putzfrau zwingen. Natürlich wurde Bildung auch dazu missbraucht, die Kinder nicht zum eigenen Denken zu befähigen, sondern sie durch Manipulation in radikalen Islamschulen zu indoktrinieren. Andererseits zeigte die Geschichte des Christentums, dass Menschen, denen man das Lesen nur deshalb beigebracht hatte, damit sie die Bibel verstanden, irgendwann begannen, andere, vor allem verbotene Bücher zu lesen. Es sollte sich bewahrheiten, dass sich die Bildung von Frauen in keiner Religion auf Dauer aufhalten ließ – auch nicht im Islam.

Ein aus dem Nahen Osten stammender Islamexperte der Jesuiten hatte einmal den Versuch gemacht, die komplexen Kräfte, die

die Nährstoffe für den Fundamentalismus lieferten, auf eine Formel zu bringen:

$$\text{Fundamentalismus} = \frac{\text{Entwurzelung x Armut x Perspektivenlosigkeit}}{\text{Bildungsniveau}}$$

Der Koran als einzige Quelle des Handelns ist gefährlich

Die Herausforderung für die Reformer im Islam, die ihren Glauben mit Lebenswirklichkeit des 21. Jahrhunderts vereinbar machen wollten, erschien gigantisch. Das bedeutete, sich von jenen Inhalten zu trennen, die nur in ihrer von Kriegen geprägten Entstehungszeit in den arabischen Wüstengebieten des 7. Jahrhunderts Bedeutung gehabt hatten.

Am Beginn dieses Prozesses stand eine ehrliche Auseinandersetzung mit der eigenen Geschichte des Islams nach dem Tod des Propheten Mohammed. Der erste Kalif Abū Bakr tötete Tausende Muslime anderer Stämme, die sich weigerten, ihm Steuern zu zahlen. Der zweite, dritte und vierte Kalif wurden ermordet, auch Enkelkinder des Propheten wurden ermordet. Die Frage, warum nach dem Tod des Propheten nicht die im Koran vorgesehene friedliche Gesellschaft entstand, sondern die Nachfolger sich in blutigen Stammesfehden verstrickten, wurde bis in die Gegenwart unterdrückt. Das hatte zur Konsequenz, dass sich die herrschende Islamlehre nie wirklich von dem Aufruf zur Tötung Ungläubiger distanzieren konnte, wie sie zum Beispiel in der berüchtigten »Schwertsure« (Sure 9, Vers 5) stand: »Sind aber die heiligen Monate verflossen, so erschlagt die Götzendiener, wo ihr sie findet, und packt sie und belagert sie und lauert ihnen in jedem Hinterhalt auf. So sie jedoch bereuen und das Gebet verrichten und die Armensteuer zahlen, so lasst sie ihres Weges ziehen.«

Die Mehrheit der Muslime hatte schon lange erkannt, dass die Errichtung von mittelalterlichen Kalifaten Hirngespinste größenwahnsinniger Despoten waren, deren versuchte Durchsetzung primär das Blut muslimischer Männer, Frauen und Kinder kostete.

»Der Islam der Zukunft wird ein mystischer sein oder er wird nicht mehr sein.«[3] Diese provokante These eines islamischen Philosophen sorgte für heftige Diskussionen. Er selbst sah sich im Einklang mit den Sufis, die sich immer stärker als Gegengewicht zu den radikalen Islamisten herauskristallisierten. Die Sufis beriefen sich auf eine jahrhundertealte Tradition einer Gemeinschaft spiritueller Menschen, die der Liebe einen höheren Platz einräumte als formaler Religion oder materiellem Besitz. Der Sufismus war keine Kriegsreligion, er hatte die Herzen der Menschen in Südostasien ohne Gewalt für den Islam gewonnen. Die rote Rose, und nicht das Schwert, war im Sufismus das Symbol des Propheten Mohammed. Die Sufis glaubten an eine höhere Existenz, die vom Menschen noch zu entdecken sei. Auch wenn sich der Sufismus im islamischen Raum begründet hatte, verstand er sich als alle Religionen übergreifend. So predigte schon der Sufi Scheich Ibn al'Arabi im 13. Jahrhundert:

»Hüte dich vor einer Beschränkung auf einen bestimmten Glauben und der Leugnung alles anderen, denn viel Gutes, ja das Wissen um die Wirklichkeit würde dir entgehen. Sei im Herzen offen für alle Formen des Glaubens, denn Gott ist zu groß und zu gewaltig, als dass man Ihn auf den einen oder anderen Glauben beschränken könnte.«

Nicht Reformtheologen,
sondern Musik erschüttert den Fundamentalismus

Auf welch wackeligen Füßen der islamische Fundamentalismus stand, zeigte der unaufhaltsame Aufstieg der iranischen Popgruppe »Al-Noon«.[4] Mit ihren von alten Sufi-Texten inspirierten Liedern und ihrer Botschaft von einem Gott der Liebe eroberte die Musikgruppe innerhalb kürzester Zeit weite Teile vor allem junger

Muslime über den Iran hinaus. Ihr populärstes Lied hieß »Spione des Herzens«.

In vielen traditionellen islamischen Regimes versuchten die Machthaber, diese Musik mit allen Mitteln als »unislamisch« zu unterdrücken. Der Prophet habe ausschließlich Trommeln erlaubt, daher dürfe es keine andere Art von Musik geben. Dass es zu Lebzeiten Mohammeds in seinem Kulturkreis keine Klaviere oder Geigen gab, änderte nichts an ihrer verengten Sicht der Welt. Dahinter verbarg sich die Angst der Taliban und ihrer Geisteskinder vor jeder Art von Vergnügung und Freude. Das änderte allerdings nichts daran, dass »Al-Noon« selbst in den repressivsten islamischen Staaten einen Weg zu den Ohren und Herzen der Menschen fand. Und das auch mit politischen Botschaften für mehr Frauenrechte, Bildung, Toleranz gegenüber Homosexuellen und vor allem Meinungsfreiheit. Mehrmals wurden einzelne Mitglieder der Gruppe überfallen, zweimal von den Behörden des Innenministeriums verhaftet und eingesperrt. Der gefährlichste Feind von »Al-Noon« war allerdings nicht der offizielle iranische Gottesstaat, sondern fanatisierte Extremisten, die vor nichts zurückschreckten.

Am 18. Dezember 2029 verletzte ein Attentäter den Leadsänger von »Al-Noon« bei einem Konzert in Teheran mit einem Messer so schwer, dass dieser noch in der Nacht im Krankenhaus verstarb. Der 20-jährige Attentäter sagte nach seiner Festnahme, es sei seine Pflicht gewesen, den Islam vor der teuflischen westlichen Musik zu schützen, die den Propheten beleidigt habe. Am Tag danach kam es in allen größeren Städten des Irans zu Massendemonstrationen mit über zwei Millionen Teilnehmern. Das waren in Summe mehr Menschen als unmittelbar vor dem Sturz des Schahs im Jahr 1979. Die Geschäftsleute des Teheraner Basars, immer ein Seismograf für politische Veränderungen im Iran, schlossen ihre Geschäfte und beteiligten sich zum Großteil an den Demonstrationen. Die Mischung aus Wut und Trauer über den »Märtyrertod« des beliebten Sängers erzeugte eine Stimmung, die immer radikaler freie Wahlen ohne jede Einschränkung forderte. Die Sicherheitskräfte hielten sich auffallend zurück, um die Lage nicht weiter zu eskalieren. Doch der Aufstand der Jungen und der Frauen gegen islamische Regimes, die sie unterdrückten, breitete sich wie ein Flächenbrand auch auf andere Länder aus. Die Menschen wollten sich von den Zwängen einer »Verbotstheologie« befreien, nicht jedes Mal die Angst in den Knochen spüren, wenn ein Religionspolizist sie kritisch ansah.

Große Beachtung fand die offizielle Beileidsbekundung für den ermordeten Popsänger durch den sunnitischen Groß-Imam der bedeutenden Al-Azhar-Moschee in Kairo. Er forderte ein radiales Umdenken bei der Ausbildung von islamischen Religionslehrern und verurteilte jede Auslegung des Islams, die Gewalt rechtfertigte. Es gab auf einmal erste Anzeichen dafür, dass die Impulse, die von einigen europäischen Islamgelehrten ausgingen, mit großer Zeitverzögerung auch Wirkung in den Zentren der islamischen Länder zeigten. Es bestand trotz schwerer Rückschläge die Hoffnung, dass ähnliche Entwicklungen in den islamischen Ländern nicht mehr Jahrhunderte brauchen würden. Die Vertreter eines friedlichen Islams konnten sich dabei auf die Lehre des wohl berühmtesten islamischen Weisen, Dschalal-ed-din Rumi, aus dem 13. Jahrhundert berufen:

»Was ist zu tun, oh Moslems?
Denn ich erkenne mich selber nicht.
Ich bin nicht Christ, nicht Jude, nicht Parse, nicht Muselman.
Ich bin nicht vom Osten, nicht vom Westen, nicht vom Land, nicht von der See.
Mein Ort ist das Ortlose, meine Spur ist das Spurlose; es ist weder Leib noch Seele,
denn ich gehöre der Seele des Geliebten.«

[1] Die Weihnachtsgeschichte des islamischen Gelehrten ist tatsächlich so passiert, sein Name und sein Hintergrund wurden zum Schutz seiner Person verändert.

[2] Eine Prognose der UNO in der Zeitung »Die Welt« vom 10. 7. 2014: »Im Jahr 2030 soll es weltweit 41 Megastädte geben.«

[3] Das Originalzitat stammt von dem französischen Philosophen und Islamexperten Éric Geoffroy.

[4] Es gibt tatsächlich Sufi-Popgruppen. Der fiktive Name »Al-Noon« ist eine Referenz an die erfolgreichste Sufi-Band Pakistans »Junoon«. Die beschriebene Geschichte ist fiktiv, allerdings an den Tod des iranischen Popsängers Morteza Pashaei angelehnt. Beim Begräbnis des im 30. Lebensjahr an Krebs gestorbenen Jugendidols kam es zu Demonstrationen, die in ihrem Ausmaß an die Proteste gegen die angebliche Wahlfälschung des iranischen Präsidenten Mahmud Ahmadinedschad im Jahr 2009 erinnerten.

2029–2032: Fünf wissenschaftliche Durchbrüche spalten die Welt

»Es gibt zwei Grundarten von Engeln. Die einen halfen dem Menschen von Anfang an, die Erde wohnlich einzurichten. Die anderen hinderten ihn daran. Die Menschheit ist noch lange nicht reif genug, damit man vor ihr enthülle, welche von diesen Engeln die guten sind und welche die bösen.«

Valentinus der Gnostiker

Das größte Versprechen der technologischen Heilslehre war der Sieg über den Tod. Während Religionen die Auferstehung oder die Wiedergeburt versprachen, wollten die Technologiegläubigen das irdische Leben eines Menschen auf fast unvorstellbare Zeiträume von Hunderten von Jahren ausdehnen. Für den Normalbürger erwies sich das Argument »Würden Sie der Rettung Ihres einzigen Kindes zustimmen, wenn das nur durch ein im Labor produziertes künstliches Organ möglich wäre?« als schwer zu entkräften.

Den Menschen wurde ein technologisches Paradies versprochen, in dem sie von der Last eintöniger Arbeit befreit, die Umwelt sauber, lebenslanges Lernen Spaß machen, Krankheiten und Hunger besiegt und letztlich das Weltall erobert werden würde. Menschen würden selbst zu unsterblichen Göttern.

Das Einzige, was die neue Religion nicht abdecken konnte, war das gerade im technologischen Zeitalter gewachsene spirituelle Bedürfnis des Menschen, der Wunsch nach tiefen seelischen Erlebnissen und Berührungen. Die überwältigende Mehrheit der Technologiegläubigen praktizierte die spirituelle Promiskuität. Yogaseminare, Atemworkshops, Meditationskurse wechselten sich mit Einführungen in die christliche, buddhistische oder islamische Mystik ab. Die Ausnahme von diesen spirituellen Mode-

185

trends war der Langzeiterfolg der im Jahr 1954 veröffentlichten Trilogie »Herr der Ringe«. Es war eine Pointe der Geschichte, dass die vom Oxfordprofessor für englische Sprache John R. R. Tolkien geschaffene Fantasiewelt als Lieblingslektüre der Rationalisten der Technikwelt galt. Im »Herr der Ringe« will sich der finstere Sauron ganz »Mittelerde« unterwerfen. In der realen Welt stellten immer mehr die Frage: Waren die Verfechter des Glaubens an die Segnungen der Technik die helle oder die dunkle Seite der Macht?

Unbestreitbar stand die Entwicklung des Menschen vor einem Sprung. Papst Johannes XXIV. hatte deshalb die Päpstliche Akademie der Wissenschaften unmittelbar nach seiner Wahl beauftragt, ihn laufend über die wissenschaftlichen Durchbrüche zu informieren. Erst in einem zweiten Schritt würde man sich dann gemeinsam mit den Theologen über deren Einordnung in die christliche Lehre auseinandersetzen. Denn die Propheten der technologischen Heilslehre entgegneten ihren Kritikern aus religiösen Kreisen gerne mit einem Bibelspruch: »Macht euch die Erde untertan.« Doch allein mit der Erde sollten sie sich nicht zufrieden geben.

Der erste Durchbruch – Die Besiedelung des Mars beginnt

Am Beginn des 21. Jahrhunderts errechnete man, dass die Reise für Menschen zum Mars acht Monate dauern würde, wenn man jenen alle zwei Jahre möglichen einzigen Tag wählte, an dem die Entfernung am geringsten war. Die Temperaturunterschiede auf dem Mars reichten von freundlichen 20 °C am Tag in Äquatornähe bis zu mehr als frostigen −85 °C in der Nacht. Dazu kamen im Marsfrühjahr Staubstürme, die mit ihren bis zu 400 Stundenkilometern große Teile der Marsoberfläche verhüllten. Die erste offensichtliche Frage lautete daher: Warum sollten Menschen diesen unwirtlichen Planeten kolonialisieren?

Das idealistische Motiv war einfach: So wie Christoph Kolumbus vor 500 Jahren über den Atlantik fuhr und damit ein neues Kapitel in der Geschichte der Menschheit aufschlug, so wäre es nun an der Zeit, die Fesselung an einen einzigen Planeten zu lösen, um das langfristige Überleben der Menschheit unabhängig vom Schicksal der Erde zu sichern.

Folgte man dieser These, so stellte sich die nächste Frage: Konnten Menschen tatsächlich auf dem Mars leben?

Die Grundvoraussetzungen zum Leben auf dem Mars waren Wasser, Essen, Wohnraum, Kleidung und Sauerstoff. Dies sei alles möglich, war die euphorische Antwort der Befürworter einer Marsbesiedelung. Riesige Wasserreserven existierten sowohl im Untergrund als auch in den Polkappen, Sauerstoff könnte aus CO_2 gewonnen werden, Essen ließe sich durch Hydrokulturen produzieren. In der Anfangsphase müsste man allerdings unter die Marsoberfläche gehen, um überleben zu können. Um den Mars dauerhaft zu besiedeln, war es jedenfalls notwendig, ihn in einen der Erde ähnlicheren Zustand zu transformieren. So ließe sich das Eis am Südpol auftauen, das würde die für einen Klimawandel erforderliche dichtere Atmosphäre schaffen. Diese würde Schnee und Regen wie auf der Erde ermöglichen und den Menschen vor der starken kosmischen Strahlung schützen. Schließlich müsste man die Gene der Siedler so verändern, dass sich diese besser den Lebensbedingungen auf dem Mars anpassen könnten. Alles sei nur eine Frage des richtigen »Designs«.

Pessimistische Experten sagten das Jahr 2050 für die erste Marslandung voraus, die NASA rechnete mit 2040. Technikgenie und Weltraumpionier Elon Musk setzte sich mit seinem Space-X-Projekt das ehrgeizige Ziel 2025. In seinem Büro hingen zwei riesige Poster vom Mars an der Wand. Das linke zeigte den Mars als kalten, steinigen roten Giganten. Auf dem rechten Poster sah man den neuen Mars mit einer riesigen grünen Landmasse und blauen Ozeanen.

Durch einige Rückschläge bedingt, sollte Musk sich um vier Jahre irren. Tatsächlich gelang es 2029, den ersten Menschen auf dem Mars zu landen und mit den Vorbereitungen für die Ankunft der nachfolgenden Siedler zu beginnen. Musk ging davon aus, dass schon im Jahr 2050 bis zu 50.000 Menschen auf dem Mars leben würden. Dafür plante er tausend Space-X-Raumschiffe mit je 80 Passagieren. Es waren Elon Musk und andere Unternehmer, die den Kosmos für sich und die Menschheit erobern wollten. Für sie war es keine Frage, ob es eine zivile Weltraumindustrie geben würde, sondern nur wann. Und sie ließen keinen Zweifel daran, dass die »Marsianer« sich zu einer vom Erdbewohner unterschiedlichen Spezies entwickeln würden – bereit für den Sprung in andere Galaxien.

Der zweite Durchbruch – Die Erschaffung künstlichen Lebens

Craig Venter schaffte es mit seiner Firma Celera Corporation im Jahr 2000 als erster Wissenschaftler, die gesamte menschliche DNA zu entschlüsseln und ermöglichte damit die Grundlage für die Schaffung künstlichen Lebens. Der »Herr der Gene«, wie Venter genannt wurde, hatte damit die Büchse der Pandora weit geöffnet. Mit Feuereifer machte er sich daran, künstliches Leben zu schaffen. Er begann mit Bakterien, dann einer Zelle. Nachfolgende Wissenschaftler wagten sich an immer komplexere Lebensformen heran. Niemand konnte völlig ausschließen, dass am Ende dieser rasanten Entwicklung irgendwann einmal der künstliche Mensch stehen würde – mit ungeahnten Möglichkeiten und Gefahren.

Zunächst experimentierte die Gentechnik damit, neue Spezies im Labor zu schaffen, um sich an ihrem veränderten Genmaterial zu bedienen. Viele Versuche dienten dabei zweifellos der Bekämpfung von bis dahin als unheilbar geltenden Krankheiten. Es tauchten aber Gerüchte über die schrankenlose Nutzung von Embryonen auf. Ernsthafte Wissenschaftler warnten vor den Konsequenzen eines Missbrauchs der Erschaffung von künstlichem Leben, die weit über die Spaltung des Atomkerns und die Atombombe hinausgingen. Skeptiker sahen überhaupt die Zukunft der Menschheit gefährdet. In einer von Gewinnstreben beherrschten Welt stritten Juristen mit Ethikern über die Frage, inwieweit es »Baurechte« und »Patente« für Lebewesen geben dürfte.

Der dritte Durchbruch –
Die Lebenszeit des Menschen verdoppelt sich

Googles Calico überrascht mit den »Hundertjährigen«

Im November 2029 stellte Google tausend Menschen im Alter zwischen 80 und 90 Jahren vor, die sich alle im Jahr 2018 dem Projekt »Google Calico« angeschlossen hatten. In den elf Jahren sei es gelungen, den Alterungsprozess bei den Versuchsteilnehmern so zu verlangsamen, dass sie noch mindestens 20 bis 30 weitere Jahre vor sich hatten. Viel wichtiger sei jedoch, dass sie hinsichtlich ihrer kognitiven Fähigkeiten und ihrer Beweglichkeit signifikant über einer Vergleichsgruppe lägen.

Um die Konsequenzen dieser Entwicklung zu verstehen, lohnt es sich, einen Moment ins Jahr 2014 zurückzublicken. Google kündigte damals an, das Unternehmen Calico auf den Markt zu bringen. Offiziell sollte Calico die Gesundheit und das Wohlbefinden der Menschen verbessern und sich dabei besonders mit dem Älterwerden beschäftigen. Der damalige Google-Chef Larry Page sprach von »einem unglaublichen Potenzial der Technologie, das Leben der Menschen zu verbessern. Also seid nicht überrascht, wenn wir in Projekte investieren, die seltsam oder spekulativ anmuten verglichen mit unserem bestehenden Internetgeschäft.« Nur wenige Experten durchschauten am Anfang das wahre Ausmaß dieses Konzepts. Der Erfolg von Calico würde es zumindest einer ausgewählten Minderheit ermöglichen, ein völlig neues Leben zu leben.

Die Zeitspanne, die es von der Entschlüsselung der DNA durch Graig Venter im Jahr 2000 dann noch brauchte, um den zweiten Code des Lebens zu knacken, erschien im Vergleich zur mindestens 200.000-jährigen Entwicklungsgeschichte des Menschen wie ein Wimpernschlag: die Entschlüsselung des Schwangerschafts-Codes. Wichtigste Vorstufe dafür war die Entdeckung des GDF11-Faktors, einer Substanz in jungem Blut, die den Jungerhaltungseffekt auslöste. Diese Entdeckung fand als »Durchbruch des Jahres 2014« Beachtung im renommierten »Science Magazine«. Forscher verabreichten älteren Mäusen das Protein GDF11 aus dem Blut junger Tiere und beobachteten die Regeneration von Muskeln und Gehirn. Ein anderes Team berichtete, dass Blut oder Plasma junger Mäuse das Gedächtnis älterer stärkt. Durch die vollständige Entschlüsselung des Schwangerschafts-Codes im Jahr 2030 erhielten die Forscher Zugang zu all jenen Informationen, die Menschen im Laufe ihres Lebens in der DNA speicherten. Damit konnte nachgezeichnet werden, wie sich der Mensch von der befruchteten Eizelle entwickelte, welche Signale notwendig waren, um ein Gehirn, ein Herz und eine Niere im heranwachsenden Kind entstehen zu lassen. Die Abberufung der Signale des Schwangerschafts-Codes in einem alternden Menschen würde es in Zukunft ermöglichen, seine angegriffenen Organe quasi wie im Mutterleib von selbst zu erneuern. Damals begann die Revolution der Hundertjährigen, die den für den Menschen von der Evolution vorgesehenen Alterungsprozess entscheidend verlangsamte.

Die beiden großen Durchbrüche, Calico von Google und die Entschlüsselung des Schwangerschafts-Codes, verschoben die mittlere Lebenserwartung auf bis zu 150 Jahre. Dieses Versprechen zog vor allem in den reichen Staaten immer mehr Menschen in den Bann. Und es schuf den Nährboden für künftige Klassenkämpfe: zwischen jenen, die Zugang zu diesen Technologien hatten, und der großen Mehrheit, die davon ausgeschlossen blieb.

Zwischen denen, deren Lebensdauer durch ungesunden Lebenswandel trotz intensivsten Einsatzes der medizinischen Möglichkeiten deutlich unterdurchschnittlich blieb, und jenen, die ihren gesamten Lebensstil völlig dem Ziel der »ewigen Jugend« unterordneten.

Der vierte Durchbruch –
Der Mensch steht vor seinem nächsten evolutionären
Entwicklungssprung

Ein Faktum ließ sich im Jahr 2032 nicht verleugnen. Der Homo sapiens konnte nicht der Endpunkt der Evolution sein, er entwickelte sich sowohl genetisch als auch in seinem Bewusstsein rasend schnell weiter. Die Größe und das Geburtsgewicht der Babys hatten in den letzten Jahrzehnten kontinuierlich zugenommen, die Säuglinge wurden schwerer und größer und auch Kopfumfang und Schulterbreite wuchsen bereits im Mutterleib zu Rekordgrößen, sodass die Notwendigkeit von »Kaiserschnitten« bei der Geburt weiter zunahm. Obwohl die Kopfgröße nicht unbedingt ein Maßstab für höhere Intelligenz sein musste, ging diese offenbar Hand in Hand mit einem Zuwachs an Neuronen und deren Vernetzungen.

Dazu kam auch das schon im Kleinkindalter stattfindende ständige Gehirntraining, das durch die Bedienung elektronischer Medien die Neuronenvernetzung weiter verdichtete. Die ganze Evolution war offensichtlich geprägt durch ein kontinuierliches Streben nach »Mehr-Sein« gemäß der Formel: je komplexer, desto bewusster. Unbestreitbar stand die Entwicklung des Menschen vor einem Sprung.

Martine Rothblatt[1] bestätigte als Ausnahme die Regel, wonach alle
Propheten der technologischen Heilslehre Männer seien. Sie wurde
als Mann geboren und ließ sich mit 40 Jahren in eine Frau umwandeln. Im Jahr 2010 speicherte die erfolgreiche Unternehmerin und
bekennende Transhumanistin Rothblatt die Gefühlswelt und Erinnerungen ihrer Lebenspartnerin Bina Aspen auf einem Roboter mit
dem Namen Bina 48. Aufsehen erregte dieses Experiment durch
einen Artikel der »New York Times«-Redakteurin Amy Harmon
mit dem Titel »Wie ich Freundschaft mit dem Roboter Bina 48
schloss«.[2] »Mind-Cloning«, also die Möglichkeit, menschliches
Bewusstsein auf digitale Speicher hochzuladen, erschien den meisten Experten damals als reine Science Fiction.

Rothblatt ließ sich davon nicht beirren und bezeichnete ihre
Vision als die größte Erfindung der Menschheit mit einem unbegrenzten Markt. Man müsste dafür keine Naturgesetze wie die
Schwerkraft aufheben. So wie der menschliche Körper auf Kohlenstoff basiere, sei das Silicium das Kernelement der Halbleiter, auf
dem die gesamte Computerwelt aufbaue. Leben sei mehr oder
weniger Elektronik. Legte man eine tote und eine lebendige Hand
nebeneinander, so lag der entscheidende Unterschied zwischen
beiden in der Elektronik. In der lebenden Hand herrschte jener
Elektronenfluss, den die tote Hand nicht mehr besaß. Rothblatt
versuchte diesen Elektronenfluss im Silicium zu speichern. Das
war der Schlüssel zur Verschmelzung von menschlichem Leben
mit der digitalen Computerwelt mit einem riesigen kommerziellen Potenzial. Rothblatt prophezeite, dass ab dem Jahr 2030 mit
einer Realisierung gerechnet werden konnte.

Bereits im Jänner 2029 präsentierte die Firma »Totally Human«, ein kalifornisch-indisches Joint Venture, den ersten Prototypen eines Mind-Clons. Dieser Mind-Clon war eine digitale
Kopie des Bewusstseins des 30-jährigen Walter Danner außerhalb

dessen Körpers. Unter Einsatz der Erkenntnisse der Neurofor-
schung war es gelungen, die im menschlichen Gehirn elektronisch
abgespeicherten Informationen in Logarithmen zu programmie-
ren und auf einem Computer zu speichern. Das war eine ähnliche
Revolution wie die Erfindung der Fotografie, welche die bildhafte
Verewigung eines Menschen ermöglichte, oder des Magnetofons,
das Stimmen auf Magnetbänder bannte.

Die Geschäftsführer von »Totally Human« redeten von der
kühnen Vision, dass der menschliche Geist als Software, vom
biologischen Verfall befreit, ewig weiterleben könnte. Familienmitglieder hätten so die Möglichkeit, generationsübergreifend miteinander in Kontakt zu bleiben. Das Wissen von seltenen Genies
wie Leonardo da Vinci oder Albert Einstein bliebe der Menschheit in Zukunft erhalten. Aber auch ganz normalen Menschen
würde es im fortgeschrittenen Alter möglich werden, durch Zu-
griff auf ihre auf Computern gespeicherten früheren Erinnerungen
ihr schwindendes Gedächtnis zu kompensieren. Juristen entdeckten
ein völlig neues Arbeitsfeld: Denn wer durfte diese Bewusstseins-
elektronik nutzen, wenn der Inhaber einmal doch verstarb? Welche
Rechte hatten die Erben an dem elektronisch abgelegten Wesen
eines Verstorbenen?

»Mit brennender Sorge« –
Katholische Theologen, Wissenschaftler und Politiker
melden sich zu Wort

Dramatischer hätte der von über tausend Persönlichkeiten aus
dem konservativen katholischen Lager unterzeichnete Aufruf
nicht formuliert sein können. »Mit brennender Sorge« war der
gleiche Titel wie jener Enzyklika, mit der Papst Pius XI. im März
1937 die Politik und Ideologie des Nationalsozialismus in scharfer
Form verurteilt hatte.

»Mit brennender Sorge« sahen die Unterzeichner auch die unkontrollierten Entwicklungen auf dem Gebiet der Künstlichen Intelligenz, Genmanipulation und der technologischen Erweiterung des menschlichen Bewusstseins. Man habe die Schwelle zum Transhumanismus, dem genetisch und technologisch optimierten Menschen, bereits betreten. Eingriffe in das Erbmaterial des Menschen seien stets eine Parteinahme zugunsten des Starken, Perfekten und Schönen mit ungeahnten Folgen. Zu oft in der Geschichte habe sich das vermeintlich Beste als das Schrecklichste entpuppt.

Wenn nun immer mehr Schnittstellen des menschlichen Gehirns mit Computern geschaffen werden, dann müsse man sich der Tatsache bewusst sein, dass in absehbarer Zukunft Maschinen entstünden, die sich unabhängig vom menschlichen Willen selbst weiterentwickeln würden.

Die beschriebenen Forschungen würden vorangetrieben, ohne die ethischen und gesundheitlichen Folgen ausreichend erforscht zu haben. Ohne gesellschaftlichen Konsens passierten fundamentale Veränderungen der menschlichen Natur. Die schlimmste Folge könnte nach einigen Generationen das völlige Ausbleiben der Reproduktionsfähigkeit des Menschen sein mit dramatischen Auswirkungen auf die Fortpflanzung der menschlichen Art. Wissenschaftlicher Fortschritt sei ein Schritt-für-Schritt-Prozess. Es liege an den Menschen, jene Werte genau zu definieren, denen sich alle Erfindungen zu unterwerfen hätten. Bevor superintelligente Maschinenwesen geschaffen werden, müsse gesichert sein, dass diese unter allen Umständen menschlichen Wertvorstellungen gehorchen.

Die Menschheit habe ein Entwicklungsstadium erreicht, in dem sie sich durch unabsehbare Folgen ihres Handelns selbst vernichten könnte. Es gehe darum, den Wahn der Allmächtigkeit zu stoppen, der durch ideologische und vor allem ökonomische Interessen gefördert werde. Statt alle Energie in den Schutz der bedrohten Erde zu investieren, arbeite man an der Eroberung und letztlich Ökonomisierung des Weltalls. Zu glauben, dass man alle

Folgen des Eingriffs in den Mikro- und Makrokosmos abschätzen und kontrollieren könnte, gleiche der Ignoranz des Kapitäns eines kleinen Fischerboots, der die Steuerung eines Raumschiffs übernehmen will. Der Aufruf schloss mit dem Satz: »Wenn wir in Zukunft weiter eine Geschichte haben wollen, dann müssen wir jetzt bereit sein, verantwortungsvoll zu handeln.«

Die Warnungen der katholischen Experten stießen über ihre sonst engen Kreise hinaus auf ein starkes Echo: Was machte das Menschliche im Menschen aus, das ihn von allen anderen Lebewesen und auch hochintelligenten Maschinen unterschied? In welcher Zukunft wollten die Menschen leben? Wurden die Menschen glücklicher, wenn sie alles taten, was sie tun konnten?

Die Antwort der Päpstlichen Akademie der Wissenschaften überrascht

Mit Spannung wurde die Stellungnahme der Päpstlichen Akademie der Wissenschaften erwartet. Würde die Kirche zum dritten Mal nach Galileo Galilei und Charles Darwin in die Falle der Fortschrittsfeindlichkeit tappen, die ihr von ihren eigenen traditionsverhafteten Experten gestellt wurde?

Der Präsident der Akademie gab eine Erklärung ab, die eine neue Ausrichtung der Kirche erahnen ließ:

Die Akademie sei nach umfassender Beratung zu dem Ergebnis gekommen, dass sie der Erforschung und auch Besiedelung anderer Planeten prinzipiell positiv gegenüberstehe. Der Drang aufzubrechen, um neue Welten zu erkunden, liege in der Natur des Menschen. Theologisch könne man den Schöpfungsauftrag »Macht euch die Erde untertan« durchaus auch in diesem weiteren Sinne sehen. Allerdings dürfte dies keinesfalls aus der Motivation geschehen, sich einen »Ersatzplaneten« zu schaffen, um die Erde weiterhin rücksichtslos auszubeuten.

Die Akademie bejahte auch grundsätzlich die Forschung, die dazu diente, erkrankten Menschen ein lebenswertes Weiterleben zu ermöglichen. Dass es der Fortschritt erlaube, kranke Organe nicht nur durch solche von Verstorbenen zu ersetzen, sondern diese auch künstlich herzustellen, sei eine positive Entwicklung. Theologisch gesehen imitiere der Mensch damit ja nur den Schöpfungsakt. Technologischer Fortschritt sei allerdings niemals neutral, sondern bedürfe stets einer ethischen Bewertung. Für diese seien aus christlicher Sicht die zehn Gebote der entscheidende Maßstab und die rote Linie, die nie überschritten werden dürfe. Jedes Forschungsziel, das die Elternschaft durch natürliche Zeugung generell abzuschaffen zum Ziel hätte, würde daher dem vierten Gebot »Du sollst Vater und Mutter ehren« widersprechen. Das sechste Gebot »Du sollst nicht töten« beziehe sich natürlich auch auf die Gefahr des Experimentierens mit gefährlichen Bakterien oder anderen Lebensformen, die ganze Völker vernichten könnten. »Du sollst nicht stehlen« könne man durchaus darauf beziehen, dass man das Erbmaterial von Menschen nicht ökonomisch ausbeuten dürfe.

Mit großer Sorge sah die Akademie den immer brutaleren Klassenkampf »Jung gegen Alt«, der sich wie eine Seuche auszuweiten drohte. So gebe es immer wieder Berichte aus China über die politisch geduldete Jagd auf alte Frauen. Aber nicht nur in China, sondern in vielen Ländern, deren Überalterung sich durch die medizinischen Errungenschaften noch weiter zu verschärfen drohte, mehrten sich die Stimmen, die Lebenszeit der über Hundertjährigen zu begrenzen. Der Druck, dem sich die alten Menschen dadurch ausgesetzt fühlten, grenzte sehr wohl an bewusste Tötung. Es sei die Aufgabe aller Christen, gegen derartige menschenfeindliche Strömungen anzukämpfen, die sowohl gegen das Tötungsverbot als auch gegen die Elternliebe verstießen.

Die Stellungnahme der Akademie schloss mit dem Zitat eines französischen Jesuiten:

*Eines Tages, nachdem wir Herr der Winde, der Wellen, der Ge-
zeiten und der Schwerkraft geworden sind, werden wir uns in
Gottes Auftrag die Kräfte der Liebe nutzbar machen. Dann wird
die Menschheit, zum zweiten Mal in der Weltgeschichte, das Feuer
entdeckt haben.*

Teilhard de Chardin

---

[1] Martine Rothblatt ist eine reale Person der Gegenwart, die Entwicklung dieser
Figur in der Zukunft ist fiktiv. Ihre beeindruckende Biografie kann auf Wiki-
pedia nachgelesen werden.

[2] Amy Harmon: Making Friends with a Robot Named Bina 48. New York
Times, 4. 7. 2010.

2031: Die Kirche rehabilitiert ein religiöses Genie und versöhnt sich mit der Evolution

Paris, 1925, Büro des Provinzials der Jesuiten in Frankreich

Der französische Jesuit, Theologe, Naturwissenschaftler und Forscher Teilhard de Chardin hatte im Jahr 1925 ein Manuskript zur Genehmigung eingereicht, in dem er die Abstammung des Menschen behandelte. Der Provinzial des Jesuitenordens in Frankreich bat ihn um ein Gespräch, um ihm die Antwort aus Rom mitzuteilen.[1]

Provinzial: »Es wäre mir lieber, ich hätte eine bessere Nachricht für Sie.«

Teilhard: »Ich war darauf gefasst, nach allem was ich bisher gehört habe.«

Provinzial: »Ich habe alles Mögliche versucht und ich habe gehofft, dass die Druckerlaubnis vielleicht doch noch gegeben würde.«

Teilhard: »Was hat man gegen mich einzuwenden?«

Provinzial: »Rom hat mir geantwortet, Ihre Auffassungen stimmten nicht mit der traditionellen Lehre der Kirche überein – und schon gar nicht mit dem, was zurzeit in der Ewigen Stadt vertreten wird.«

Teilhard: »Rom und ich sehen die Welt offenbar nicht mit denselben Augen.«

Provinzial: »Ja, eben darauf hätten Sie Rücksicht nehmen sollen.«

Teilhard: »Nimmt Rom Rücksicht auf neue Erkenntnisse der Naturwissenschaft? Mir kommt es vor allem darauf an, den Glauben mit den Forschungsergebnissen der heutigen Zeit in Einklang zu bringen.«

Provinzial: »Aber doch nicht so, dass man Sie im Vatikan verdächtigt, Sie wollten mit Ihrem Buch den Glauben untergraben?«

Teilhard: »Nur weil ich schreibe, was wissenschaftlich unbestreitbar ist? Warum halten manche Theologen das noch immer für unannehmbar? Vielleicht, weil es nicht in ihre alten Denkgewohnheiten passt?«

Provinzial: »Jedenfalls haben Sie ängstliche Naturen in Unruhe versetzt.«

Teilhard: »Vor allem Leute, die noch immer glauben, man könne naturwissenschaftliche Probleme mit der Bibel lösen.«

Provinzial: »Sie werden in diesem Schreiben aufgefordert, künftig aus Ihren naturwissenschaftlichen Erkenntnissen keine theologischen Schlussfolgerungen abzuleiten, die den bisherigen Auffassungen widersprechen.«

Teilhard: »Darf ich nicht über meine Forschungsergebnisse nachdenken?«

Provinzial: »Das Denken kann Ihnen natürlich niemand verbieten. Sie sollten nur wissen, wo die Grenzen sind.«

Teilhard: »Also doch aufhören zu denken.«

Die Zeit wird kommen ...

Am 1. Juni 1946 erlitt Teilhard de Chardin seinen ersten Herzinfarkt, der, wie Freunde versicherten, durch die Androhung aus Rom, sein Werk auf den Index der verbotenen Bücher zu setzen, ausgelöst worden war. Neun Jahre später verstarb er am Ostersonntag des Jahres 1955 in New York, jener Stadt, in der er, zum totalen Schweigen verurteilt, seit seiner Verbannung aus Frankreich lebte. Nur zwei Mitbrüder kamen zu seinem Begräbnis, obwohl er seinem Orden zeitlebens bis zur Selbstaufgabe die Treue gehalten hatte. In seiner letzten Stunde konnte er nicht ahnen, dass ausgerechnet sein von der Kirche verbotenes Hauptwerk »Der Mensch im Kosmos« einmal durch die Hände von drei Päpsten wandern und den Geist der Kirche im dritten Jahrtausend erhellen würde.[2]

Damit sollte sich die Prophezeiung der Zeitung »Die Welt« aus dem Jahr 1960 bewahrheiten: »Sein Werk ist von der Größenordnung jener Bücher, die nur einmal in einem Jahrhundert geschrieben werden. Die Zeit wird kommen – wir wagen es zu prophezeien –, wo man Teilhard de Chardin im gleichen Atemzug nennen wird mit Descartes, Hegel, Kant, Darwin und Einstein.«

Rom, 80 Jahre nach dem Tod von Teilhard de Chardin

Am 2. Jänner 2031 gab die Päpstliche Akademie der Wissenschaften bekannt, dass sie von Papst Johannes XXIV. ermächtigt worden sei, die Ergebnisse der Prüfung des Werkes von Teilhard de Chardin zu veröffentlichen:

»Teilhard de Chardins Denken ist geprägt von einem umfassenden naturwissenschaftlichen Wissen und zugleich von tiefem Gottesvertrauen. Seine für die damalige Zeit anstößige These, dass die Schöpfung als ein bis ans Ende der Zeiten fortdauernder Prozess mit noch ungeahnten Ergebnissen anzusehen sei und nicht als etwas Abgeschlossenes und Fertiges, wie es die Bibel nahezulegen scheint, ist unumstrittener Stand der Wissenschaft. Für Teilhard ist der Kosmos keine fixe Größe, sondern ein sich entfaltendes Universum. Dieses entwickle sich allerdings nicht zufällig, sondern durch eine von Gott ausgehende kreative Kraft. Es ist heute eine von weiten Teilen der Kirche akzeptierte Grundannahme, dass die biblische Schöpfungsgeschichte und die Evolutionstheorie keine Gegensätze sein müssen. Daher macht es Sinn, Teilhard de Chardin und Charles Darwin einer gemeinsamen Bewertung zu unterziehen.

Zunächst fallen bemerkenswerte Parallelen zwischen Darwin und Teilhard auf. Beide waren Theologen und Naturwissenschaftler. Beide unternahmen lange Forschungsreisen in ferne Länder, um die Gesetze der Natur besser zu verstehen. Trotz aller Anfeindungen standen beide zu ihren revolutionären Überzeugungen. Und was gerne übersehen wird, beide sahen in der Liebe den wesentlichen Antrieb zur Evolution. So kommt in Darwins Werk ›Die Abstammung des Menschen‹ sein so gerne zitierter Begriff ›survival of the fittest‹ (Überleben des Geeignetsten) nur zweimal vor, das Wort ›Liebe‹ hingegen 95 Mal.

Der große Unterschied zwischen den beiden liegt darin, dass es Darwin nicht gelang, seine wissenschaftlichen Erkenntnisse über die Natur in seinen Glauben zu integrieren. Für Teilhard de Chardin konnten dagegen die Erkenntnisse des Menschen über die Natur nie dem Werk Gottes widersprechen. Denn schließlich hatte Gott den Menschen durch die Gabe des Verstandes überhaupt erst zu diesen Erkenntnissen befähigt. Kaum jemandem ist es bisher glaubhafter gelungen, den Glauben an Christus und die Idee der Evolution in eine Synthese zu bringen als Teilhard.«

Zusammenfassend stellten die Wissenschaftler und Theologen der Päpstlichen Akademie fest, dass die Kirche mit einer Rehabilitation von Teilhard de Chardin einen klaren Schlussstrich unter die aus wissenschaftlicher Sicht unhaltbare Ablehnung der Evolutionstheorie ziehen könnte, ohne ihren spirituellen Anspruch zu opfern.

Gestützt auf diesen Befund der Akademie bekannte Papst Johannes XXIV., dass das Publikationsverbot großer Teile von de Chardins Werk zu dessen Lebzeiten dem gegenwärtigen Wissensstand nicht standhielte: »Wir sollten uns in Zukunft offener und vorurteilsfrei mit neuen Ideen auseinandersetzen, anstatt uns angsterfüllt am einmal als richtig Erkannten festzuklammern. Das große Genie Teilhard de Chardin hat es im Alleingang gewagt, seinen Blick weit nach vorne zu richten, um uns, den nachfolgenden Generationen des wissenschaftlichen Zeitalters, Christus zu verkünden. Christus erhält durch ihn eine kosmische Dimension, und der Kosmos erhält eine christliche Dimension.«

Was bedeutete die Rehabilitierung von Teilhard de Chardin? Sie kam einer Revolution gleich. Die Kirche öffnete sich damit einer Neuinterpretation der Schöpfungsgeschichte im Einklang mit den wissenschaftlichen Erkenntnissen. Für die Gläubigen noch wichtiger war ein Umdenken bei den Fragen nach dem Teufel und der Erbsünde. Teilhard leugnete keineswegs die Existenz des Bösen. Bei ihm war das Böse aber natürlicher Teil der kosmischen Kräfte, es stand für die Zersetzung und das Chaos. Beim einzelnen Menschen zeige sich das Böse im Gefühl der Einsamkeit, des Abgetrenntseins und der Angst vor dem Tod. Das war viel näher an den Erfahrungen der Menschen als die Vorstellung von einem leibhaftigen Teufel, an den fast niemand mehr ernsthaft glaubte.

Mit der Rehabilitierung von Teilhard erlitten vor allem jene Traditionalisten in der Kirche eine schwere Niederlage, die die Idee der Erbsünde von Adam und Eva, die auf alle nachfolgenden Menschen übergegangen sei, mit Zähnen und Klauen verteidigten. Für Teilhard war der Mensch seiner Natur nach gut und eben nicht schon durch seine Geburt durch eine Sünde befleckt. Er setzte das Urvertrauen in den Menschen anstelle der Ursünde. Auch wenn die Lehre von der Erbsünde keinerlei praktische Bedeutung mehr hatte, befreite Johannes XXIV. die Kirche mit seinem Kraftakt nun auch offiziell davon. Einfach formuliert: Katholiken würden in Zukunft weniger intellektuelle Verrenkungen zugemutet, wenn sie ihren Glauben begründen oder gar verteidigen müssten. Dafür standen allen, die einen spirituellen ganzheitlichen Zugang zur Religion suchten, die Türen weit offen.

Wenige Wochen nach der Rehabilitierung von Teilhard de Chardin durch den Papst erschien ein Buch mit dem Titel »Der kosmische Christus – Die Annäherung an den Punkt Omega«. Das von dem amerikanischen Jesuitenpater James Portman verfasste Buch verknüpfte die Gedankenwelt von Teilhard de Chardin mit den aktuellen Fragen der Welt. Es erklomm innerhalb kürzester Zeit die Spitzen der Bestsellerlisten in Europa und den

USA. Die Gründe dafür versuchte »Der Spiegel« in einer umfassenden Analyse auszuleuchten:

Der kosmische Christus
oder das garantierte Happy End für die Menschheit

Einer der faszinierendsten Versuche einer Synthese von wissenschaftlicher Erkenntnis und Spiritualität stammt vom französischen Jesuiten Teilhard de Chardin. Dessen Mitte des 20. Jahrhunderts entwickelte Lehre dient James Portman in seinem Buch »Der kosmische Christus« als Rohstoff. Der weltweite Erfolg eines 400 Seiten starken und intellektuell anspruchsvollen Buches über einen seit 80 Jahren toten, von der Kirche lange verstoßenen Theologen und Naturforscher scheint mehr als rätselhaft.

Die Theorien des Teilhard de Chardin waren so visionär, dass sie die damalige Vorstellungswelt sowohl der Kirche als auch der Wissenschaft sprengten. Sein Werk blieb auch noch lange nach seinem Tod Gegenstand von glühender Verehrung, es erlebte einen geradezu kometenhaften Aufstieg, obwohl es schwer zu verstehen war. Die Relativitätstheorie Albert Einsteins wurde nur von ganz wenigen wirklich verstanden, aber alle ahnten die große Idee dahinter. Ähnlich gelang es Teilhard de Chardin, das Gefühl zu erzeugen, dass er schlüssige Antworten auf die Fragen nach der Herkunft des Menschen, des Kosmos und der Existenz Gottes hatte. Er erweckte die Hoffnung auf ein kosmisches Bewusstsein, das die Menschen und alle Lebewesen zu einem Vereinigungsprozess leiten werde. Eine große Rolle werde dabei die weibliche Dimension des menschlichen Geistes spielen. Teilhard de Chardins Bücher fanden reißenden Absatz. Das änderte nichts an der

*erbitterten Ablehnung durch Rom. So forderte die Glau-
benskongregation noch im Juni 1962, sieben Jahre nach
dem Tod Teilhards, alle katholischen Theologen auf, »vor
allem die jungen Menschen vor den in den Werken Teilhard de Chardins enthaltenen Gefahren zu schützen.«*

*Genau das Gegenteil gelingt derzeit offensichtlich dem
Autor James Portman. Nämlich die heute in Vergessenheit
geratenen Thesen Teilhards wieder einer breiten Öffentlichkeit zugänglich zu machen. Portman bedient sich des
genial einfachen Tricks, drei spannende Fragen der Gegenwart aus der Weltsicht von Teilhard de Chardin zu beant-
worten. Offensichtlich trifft das Buch damit den Nerv der
Zeit.*

1. Ist der Glaube an einen persönlichen Gott mit den wissenschaftlichen Erkenntnissen der Evolutionstheorie intellektuell vereinbar?

*Teilhard setzte sich intensiv mit der Entstehung des Kos-
mos auseinander, daher mussten seine Erkenntnisse als
Naturwissenschaftler zwangsläufig mit der damals wortwörtlichen Auslegung der Bibel in Konflikt geraten. Gerade als gläubigem Menschen ging es ihm nicht um die
Frage, ob der Mensch tatsächlich aus Lehm geschaffen
wurde, sondern um die dahinterliegende Botschaft. Auch
Michelangelos berühmtes Deckengemälde in der Sixtina,
das zeigt, wie Gott mit seinem rechten Zeigefinger den
Lebensfunken auf Adams ausgestreckten linken Zeigefinger überspringen lässt, verewigt eben nicht wie ein Foto
einen historischen Augenblick, sondern einen großen Gedanken: die Erschaffung des Kosmos und des Menschen
durch einen »Anstoß«, ausgehend von einer höheren*

Macht. Teilhard de Chardin dachte diesen Schöpfungsakt nur weiter und nahm bereits vorweg, was Quantenphysiker heute immer mehr vermuten: Im Urknall war schon die gesamte, sich später entwickelnde Welt, inklusive des Menschen, vorbereitet.

Die Aktualität der Lehre von Teilhard de Chardin liegt darin, dass er das Wachstum des menschlichen Geistes mit der Entfaltung des Kosmos in Einklang bringt. Teilhard spricht von zunehmender »Verdichtung« der Materie. Getrieben von einer geheimnisvollen Verwirklichungskraft »knospt« sich die Materie immer stärker ein, während sich gleichzeitig das Seelisch-Geistige »ausknospt«, heißt das in der poetischen Sprache von Teilhard. Dadurch erscheinen immer höhere Formen des Bewusstseins. Die ganze Evolution ist geprägt durch ein kontinuierliches Streben nach »Mehr-Sein« gemäß der Formel: je komplexer, desto bewusster. Denkt man diese Entwicklung konsequent weiter, landet man schnell bei einer Frage, die derzeit heftig diskutiert wird:

2. Ist der Homo sapiens der Gipfelpunkt der Evolution oder entwickelt sich aus ihm eine höhere Spezies?

Unbestreitbar setzt sich die Evolution des Menschen auf zwei Ebenen mit ungeahnter Geschwindigkeit fort: 1. Bei Neugeborenen lässt sich schon seit Jahren eine deutlich höhere Leistungsfähigkeit der im Durchschnitt größeren Gehirne feststellen. 2. Noch viel spektakulärer verändert sich der Mensch auf der psychisch-geistigen, kulturellen und sozialen Ebene. Damit tritt der Mensch in die von Teilhard vorhergesagte Noosphäre[3], die Phase des Bewusstseinszeitalters.

Die Noosphäre ist die letzte und spannendste Etappe in der Entwicklung des Menschen, sie schreitet unaufhaltsam voran. Im Verständnis von Teilhard wäre es selbstverständlich, dass sich die Menschen bei diesem Prozess wie auch in der Vergangenheit aller zur Verfügung stehenden technischen Hilfsmittel wie der Gentechnik oder der Elektronik bedienen. Diese sind also genauso wenig »Werkzeuge des Satans«, wie es in der Vergangenheit verbotene Bücher oder die Forschungen am menschlichen Leichnam waren. Teilhard konnte natürlich die beginnende Besiedelung anderer Planeten zu seinen Lebzeiten nicht erahnen, aber dass sich die »Noosphäre«, also die geistige Welt durch den Menschen auch auf den Kosmos ausdehnt, hätte er als Bestätigung seiner Theorie gesehen, meint Autor Portman.

Die wahre Originalität Teilhards liegt darin, dass für ihn die Evolution mit der Entstehung des menschlichen Geistes nicht abgeschlossen ist, sondern von einer inneren Dynamik angetrieben immer neue Grenzen durchstößt. Nur ängstliche Kulturpessimisten oder religiöse Fanatiker fürchten sich davor, meint Portman. Das Bewusstsein der Menschen vor 200.000 Jahren war zweifellos ein anderes, als es heute ist. Teilhard glaubte nie an die Trennung von Geist und Materie, was einer seiner Hauptkonflikte mit der Kirche war. Hätte er die Urknalltheorie schon gekannt, so wäre auch die Seele für ihn im Urknall bereits vorhanden gewesen. Denn für Teilhard gibt es eine geheime, ordnende Kraft, die die Weiterentwicklung des Kosmos seit seiner Entstehung ständig vorantreibt. Diese göttliche Kraft setzt sich dann im Menschen fort, so lange, bis der Mensch aufgrund seines erweiterten Bewusstseins erkennt, dass er auch mit seiner Seele Teil des Kosmos ist. Das Ende dieses Entwicklungspfades der Evolution nennt

Teilhard den Punkt Omega oder den »kosmischen Christus«. In ihm würden sich Raum, Zeit und Materie wieder vereinigen.

3. Gibt es Hoffnung auf eine positive Zukunft der Menschheit oder droht sie in Krieg und Chaos unterzugehen?

Portman sieht in der Formel Teilhards »je komplexer, desto bewusster« die Hoffnung für ein Lösungsmodell für die Welt. Die Erweiterung des menschlichen Bewusstseins helfe den Menschen langfristig, einsichtiger zu werden. Sie erkennen die größeren Zusammenhänge, dass im Universum alles mit allem zusammenhängt und dass jedes Individuum Teil eines Gesamtorganismus ist. In den einzelnen Menschen wächst zunehmend das Bedürfnis, diesem Ganzen zu dienen und Mitverantwortung zu übernehmen.

Mit dem Wachstum des menschlichen Gehirns und der Erweiterung des Bewusstseins, auch unterstützt durch den gewaltigen technischen Entwicklungssprung, muss die Menschheit nicht in den Abgrund stürzen, wie manche Skeptiker das befürchten, sondern sie könnte auch auf eine gute Zukunft zusteuern. Erste Anzeichen dafür lassen sich in einer stärkeren Solidarität der Menschen und mehr Verständnis für den Schutz des Planeten erkennen. Es mache wenig Sinn, Jahr um Jahr mit dem Mikroskop einen Fortschritt zum Besseren zu suchen, sehr wohl aber, diesen im Lauf der Jahrhunderte zu erkennen, empfiehlt James Portman.

Teilhard polarisiert wie vor 80 Jahren – Lob und Kritik aus der Kirche

Einfach zusammengefasst hat das Buch von Portman eine Botschaft, die naturwissenschaftlich einigermaßen schlüssig klingt und spirituell neugierig macht. Es herrsche mittlerweile wissenschaftlicher Konsens darüber, dass Materie nicht verloren gehen kann. Sie transformiere sich nur in andere Formen, sie »lebe« jedenfalls weiter. Diese Erkenntnis sei zwar kein Beweis für die Richtigkeit der Theorie von Teilhard de Chardin, aber sie lasse es sowohl intellektuell als auch religiös legitim erscheinen, an einen Weltenbaumeister, einen Schöpfer oder eben an einen »kosmischen Christus« zu glauben. Und dieser werde schon dafür sorgen, dass das Gehirn- und Bewusstseinswachstum des Menschen nicht in die Selbstzerstörung, sondern ins Happy End führen werde.

James Portman ist Mitglied des Jesuitenordens und vor allem mit 33 Jahren jüngstes Mitglied der heute enorm einflussreichen Päpstlichen Akademie der Wissenschaften. Damit hat seine Stimme auch innerhalb der Kirche Gewicht, was sich an den heftigen Reaktionen auf sein Buch ablesen lässt. Der Erzbischof von Québec bedankte sich ausdrücklich bei Portman für seine Leistung, die zukunftsweisenden Ideen von Teilhard de Chardin so vielen Menschen nahegebracht zu haben, und wünschte dem Buch eine weite Verbreitung. Vernichtende Kritik kam dagegen vom bekannt konservativen Kurienkardinal José Maria della Rosas: »Man muss bezweifeln, ob Pater Portman bewusst ist, welche verheerende Wirkung das Wiederaufkochen der pseudochristlichen Esoterik von Teilhard de Chardin auf die große Masse der Halbgebildeten und Glaubensschwachen hat. Portmans relativistisches

Machwerk vertritt ein Christentum ohne Sünde und An-
betung, einer Verleugnung der göttlichen Dreifaltigkeit
und einer maßlosen Selbsterhöhung des Menschen.«

Man muss kein Verschwörungstheoretiker sein, um anzu-
nehmen, dass das Erscheinen von »Der kosmische Chris-
tus« kurz nach der Rehabilitierung von Teilhard de Char-
din kein Zufall war. Da kommt wohl noch mehr, vielleicht
sogar vom Papst selbst. Zu groß ist die Verführungskraft
einer spirituell angehauchten »Universal Theory of Every-
thing« für eine Renaissance des Christentums. Eigentlich
schade, dass der französische Jesuit, der seiner Zeit so
weit voraus war, das nicht mehr erleben darf. Umso mehr
Aufmerksamkeit genießen seine Ideen in einer Zeit, in der
unser Planet auf einen Kipppunkt zusteuert.

Bereits vor 80 Jahren hatte Teilhard prophezeit, dass es
durch die ständige Zunahme der Weltbevölkerung wegen
der nicht ausdehnbaren Erdoberfläche immer enger werde
auf der Erde. Es käme zu einer neuen Art der Verdichtung,
diesmal der Menschen untereinander. Die »psychische
Temperatur« der Menschheit werde sich dadurch erhöhen.
Das führe zu großen Spannungen und Konflikten. An die-
sem kritischen Punkt müsse die Menschheit entscheiden:
Untergang oder Einswerdung. Damit hatte Teilhard wohl
die Frage vorweggenommen, die heute jeder Mensch für
sich selbst und die ganze Menschheit insgesamt beantwor-
ten muss: alles oder nichts.

Stefan Glasl, im »Spiegel« vom 16. Februar 2031

1 Der Dialog ist eine gekürzte Wiedergabe aus dem Film »Das Paradies liegt vor uns: Pierre Teilhard de Chardin 1881–1955« von Walter Rupp. Man kann den Filmausschnitt auf YouTube ansehen, wenn man den Titel eingibt.

2 »Der Mensch im Kosmos« entstand im Jahr 1940 und gilt als das zentrale Werk von Teilhard de Chardin. Die vatikanische Zensur verbot die Veröffentlichung, trotzdem fand das Buch seinen Weg zu Interessierten in Form von behelfsmäßigen Vervielfältigungen. »Der Mensch im Kosmos« ist als Taschenbuch erhältlich im C. H. Beck Verlag, 2010.

3 In dem Begriff Noosphäre steckt das altgriechische Wort »Geist«, zusammen also »Sphäre des menschlichen Geistes«.

2032–2035: Johannes XXIV. überrascht die Welt mit dem Dritten Vatikanischen Konzil

Seit seiner Wahl rang der Papst aus Indien mit einer riskanten Entscheidung. Immer häufiger tauchte in ihm der Gedanke auf, dass ein Drittes Vatikanisches Konzil notwendig wäre, damit die Kirche den Sprung ins dritte Jahrtausend bewältigen könnte. Viele Dogmen und kirchliche Gebote waren längst zu totem Recht verkommen, das mit Ausnahme von kleinen frommen Minderheiten keinerlei Bedeutung mehr für die Menschen hatte. Diese lebten ihre Beziehungen, Ehen, Sexualität, Arbeitswelt und Spiritualität nach von ihnen selbst geschaffenen Moralvorstellungen.

Je mehr Johannes XXIV. die Idee an ein Konzil zu unterdrücken versuchte, desto intensiver formte sie sich in ihm aus. Mitverantwortlich dafür war sein Vorgänger Franziskus II. Von ihm hatte er als Einstandsgeschenk ein Buch von Teilhard de Chardin in einer spanischen Erstausgabe erhalten. Ursprünglich gehörte es offensichtlich seinem argentinischen Vorvorgänger. Johannes XXIV. kannte zwar Teilhard, war aber der spanischen Sprache nicht mächtig und ließ das Buch zunächst liegen. Sein Interesse an Teilhard war jedenfalls geweckt. Augenscheinlich hatte dieser das Denken seiner beiden Vorgänger beeinflusst.

Der Anlass zu einer intensiven Auseinandersetzung mit dem innerhalb der Kirche umstrittenen französischen Jesuiten bot sich, als ihm die Päpstliche Akademie der Wissenschaften ihr Urteil über Teilhard de Chardin präsentierte. Je tiefer Johannes XXIV. in dessen Gedankenwelt eindrang, desto mehr fühlte er sich ergriffen. Vielleicht setzte die Aussöhnung, die er mit dem Konzil plante, eine Rückbesinnung voraus. Die Rückbesinnung auf einen, den die Kirche schlecht behandelt hatte. Ein Konzil brauchte einen Bauplan. War es höhere Bestimmung, dass das Gedankengebäude, welches Teilhard im 20. Jahrhundert entworfen hatte, im 21. Jahrhundert mit Leben erfüllt werden sollte? Manche Sätze Teilhards klangen für den Papst wie eine Aufforderung, ein Konzil zu wagen:

»Die gegenwärtige Menschheit zögert und leidet auf dem Gipfel ihrer Macht, weil sie ihren geistigen Pol nicht bestimmt hat. Ihr fehlt eine Religion ... Nicht mehr nur eine Religion der Individuen und des Himmels, sondern eine Religion der Menschheit und der Erde: Das erwarten wir als unentbehrlichen Sauerstoff in diesem Augenblick.«[1]

Eine Nachricht aus Jerusalem geht um die Welt

Anlässlich eines Besuchs des Papstes in der heiligen Stadt der drei abrahamitischen Weltreligionen zeigte sich, dass eine Botschaft der katholischen Kirche auch noch im dritten Jahrtausend die Schlagzeilen in aller Welt beherrschen konnte. Am 25. Jänner 2030, genau ein Jahr nach seiner Wahl, kündigte Papst Johannes XXIV. ein Drittes Vatikanisches Konzil an. Der Server im Vatikan brach nach der Ankündigung aufgrund der Millionen von Zugriffen innerhalb weniger Minuten zusammen. Allein der Ort der Ankündigung sorgte für Aufregung: Jerusalem. Jerusalem war der Ursprung. Der Ursprung war Jesus. Von diesem Ursprung wollte Johannes XXIV. aufbrechen.

Ein kurzer Blick in die Kirchengeschichte zeigt, dass ein Vatikanisches Konzil ein Jahrhundertereignis war. Unter einem Konzil verstand man eine Versammlung aller wichtigen kirchlichen Entscheidungsträger wie der Bischöfe, Patriarchen, Kardinäle und Ordensoberen mit dem Ziel, verbindliche Entscheidungen für die Gläubigen zu treffen, aber auch Botschaften an die ganze Welt zu richten. Insgesamt zählte die offizielle Kirchengeschichte 21 sogenannte ökumenische Konzile. Mit dem Begriff »ökumenisch« sollte ursprünglich ihre Gültigkeit für alle Christen »der ganzen bewohnten Erde« betont werden. Am ersten Konzil von Nicäa im Jahr 325 kamen die rund 300 Konzilsväter aus der gesamten damaligen christlichen Welt, die sich auf Europa, Nordafrika und den Nahen Osten beschränkte. Das 20. Konzil, bekannt als das »Erste Vatikanische Konzil«, das am 29. Juni 1868 von Papst Pius IX. einberufen wurde, stützte sich auf eine völlig andere Grundlage.[2] Mit der Bezeichnung »Vatikanisches Konzil« sollte von Anfang an verdeutlicht werden, dass der Papst das erste und auch das letzte Wort haben würde. Wenig überraschend wurde das Erste Vatikanische Konzil unmittelbar nach der konfliktbehafteten Verkündigung der Unfehlbarkeit des Papstes unterbrochen und nicht wieder fortgesetzt. Vertreter einer monarchischen Kirche vertraten damals die Ansicht, dass nie wieder ein Konzil notwendig wäre, weil der Papst nun die absolute Autorität über die kirchliche Lehre hatte.

Es sollten über 90 Jahre vergehen, bis der als Übergangspapst gewählte Johannes XXIII. am 25. Januar 1959 völlig überraschend die Einberufung eines Konzils mit dem Ziel der Erneuerung der Kirche ankündigte. Das Zweite Vatikanische Konzil tagte vom 11. Oktober 1962 bis zum 8. Dezember 1965 im Rom. Trotz teils heftiger Auseinandersetzungen gelang es doch, das schwerfällige Schiff Kirche aus dem ruhigen Brackwasser einer falsch verstandenen Tradition des 19. Jahrhunderts ins offene, stürmische Meer des 20. Jahrhunderts hinauszuführen. Zu den wichtigsten Beschlüssen des Konzils, das nach dem Tod von Johannes XXIII. durch Papst Paul VI. fortgesetzt wurde, gehörten die Feier der Messe in der Landessprache statt in Latein sowie ein Bekenntnis zur Religionsfreiheit. 2850 Konzilsväter aus der ganzen Welt nahmen am Zweiten Vatikanischen Konzil teil. An einem Dritten Vatikanischen Konzil in dieser traditionellen Form müssten aufgrund der gewachsenen Anzahl an kirchlichen Würdenträgern und deren Berater mindestens 6000 Menschen teilnehmen. Doch das wäre dann eine Veranstaltung von Klerikern für Kleriker, ein Konzil über die Kirche, nicht über die Welt mit ihren drängenden Problemen.

Um eine derartige Fehlentwicklung von Anfang an zu vermeiden, bestand die Botschaft von Johannes XXIV., die die Menschen auf ihren mobilen Empfängern erhielten, aus zwei Sätzen: »Die Kirche braucht allen Mut, um im dritten Jahrtausend neue Wege zu gehen. Ich lade Dich ein, am kommenden Konzil mitzuwirken.«

Die Eröffnung – eine Sternstunde für Johannes XXIV.

Es hätte kein strahlenderer Tag auf dem Petersplatz sein können, als am 5. Mai 2032 die gewählten Delegierten von über einer Milliarde Katholiken zu ihren Plätzen strömten. Einige suchten unsicher ihren Platz in den nach Erdteilen aufgeteilten Sektoren auf dem Petersplatz. Andere waren voll gespannter Erwartung: Was kam in den nächsten Stunden, Tagen, Monaten, wahrscheinlich sogar Jahren auf sie zu? Wo sollte das alles hinführen? Was war vorausgeplant, und was würde sich spontan entwickeln?

Das öffentliche Interesse am Dritten Vatikanischen Konzil war durchaus vergleichbar mit dem an Olympischen Spielen. Manche Kommentatoren schrieben sarkastisch von »Olympischen Sommerspielen der katholischen Kirche« mit Bewerben wie dem »2000-Jahre-Hindernislauf« oder dem »Dogmen-Wegwurf«. Was ein Konzil von einem Sportereignis jedenfalls unterschied, war seine Dauer. Es ging nicht um drei Wochen wie bei einer Fußballweltmeisterschaft, sondern um einen Prozess von zwei bis drei Jahren, wie Experten erwarteten. In einem Zeitalter, in dem bewegte Bilder viel mehr als Worte zählten, konnte man zwar sicher auf ein gewaltiges mittelalterliches Schauspiel mit dem Einzug der Tausenden Konzilsteilnehmer in den Petersdom hoffen, doch dann würde wohl alles hinter den Kulissen in einem Kampf um schwer verständliche Dokumente enden. Viel spannender wären Skandale, Intrigen und Verleumdungen. Disziplinen, in denen die Kirche über reiche Erfahrung verfügte.

Drei Gruppen, sogenannte Kurien, waren am Konzil stimmberechtigt:

> Das Volk Gottes, repräsentiert durch die regionalen Pfarrgemeinderäte und Vertreter der vielfältigen Laiengruppen.
> Der Klerus, bestehend aus Priestern und allen geweihten und ungeweihten Ordensleuten.
> Die Bischöfe, Kardinäle und Ordensoberen.

Beschlüsse am Konzil waren nur gültig, wenn sie Mehrheiten in allen drei Kurien und auch die Zustimmung des Papstes fanden. Bevor es zu Beschlüssen kam, wurden die Fragen allen Kirchenmitgliedern in ihrer Gemeinde oder Organisation vorgelegt, diskutiert und jeder Einzelne konnte online abstimmen. Das war die erste Revolution.

Johannes XXIV. erwies sich schon am ersten Tag des Konzils nicht nur als mutiger Kirchenführer, sondern als Meister der Symbolik. Die mächtigen Glocken der Peterskirche erklangen und danach ertönte das »Veni Sancte Spiritus«, der lateinische Messgesang mit der Bitte um den Beistand des Heiligen Geistes, über den Platz.[3] Nach dem Verklingen der Stimmen des Chores war die Atmosphäre unter den knapp 8000 Konzilsbrüdern und -schwestern – den Begriff hatte man anstatt des alten der »Konzilsväter« gewählt – wie verwandelt. Als könnte Johannes XXIV. die Gedanken jedes Einzelnen lesen, bat er die Teilnehmer, innerlich zu jenem Ereignis in ihrem Leben zurückzuwandern, als sie das erste Mal Jesus gespürt hatten. Und dann bat er sie, den Pfad ihres Lebens entlang zu schreiten und mit offenem Herzen die Augenblicke der Freude, der Angst, der Hoffnung, des Zweifels nachzuerleben, so lange, bis sie alle an dem Ort angekommen waren, an dem sie sich befanden. So begann alles …

Wenn man den Verlauf der drei Jahre rückblickend betrachtete, dann gab es keinen Tag, der nicht voller Möglichkeiten war: zu sprechen und zuzuhören, seelenverwandte Menschen zu treffen und sich mit ihnen auszutauschen, auf ganz andere Meinungen zu prallen und heftig zu diskutieren. Dabei herrschte ein strikter Zeitrahmen für die offiziellen Sitzungen, an den sich alle halten mussten, vom einfachen Laien, der von seiner Kirchengemeinde delegiert war, bis zu den Bischöfen und den bedeutendsten Denkern der Welt. Die Zeiträume zwischen den offiziellen Gesprächen und gemeinsamen Mahlzeiten waren großzügig bemessen, manche hatten sogar gezweifelt, ob nicht zu viel wertvolle Zeit für belangloses Geschwätz statt für ernsthafte Gespräche verschwendet werden würde.

Es soll und kann nicht verschwiegen werden, dass es vor allem am Anfang großen Widerstand gegen die Radikalität des Konzils gab: gegen das Konzept des offenen Ausgangs; gegen das gleiche Stimmrecht von Bischöfen und Laien; gegen die Einladung an die Medien, an allen Veranstaltungen teilzunehmen; gegen die Befragung aller Mitglieder und die unzensierte Veröffentlichung der Ergebnisse; gegen den gleichberechtigten Einfluss von Wissenschaftlern gegenüber den Theologen; gegen den Aufwand, das Konzil auf fünf Kontinenten tagen zu lassen.

Die Gegner des Konzils beließen es nicht bei öffentlicher Kritik, sondern luden unter dem Motto »In der Wahrheit Christi bleiben« nach Krakau, der Wirkungsstätte des traditionellen polnischen Papstes Johannes Paul II., ein. An diesem Treffen nahmen über 500 Vertreter des gut organisierten konservativen Lagers teil, die für eine Rückkehr zu einer Kirche der wahrhaft Gläubigen eintraten. Sie einte die Überzeugung, dass auch eine kleine Minderheit Tiefgläubiger langfristig eine hohe Anziehungskraft auf die von schrankenlosem Egoismus und Materialismus enttäuschten Menschen ausüben würde. Die Anpassung unter Papst Franziskus I. und seiner Nachfolger an den Zeitgeist und die Bequemlichkeit der Menschen habe sich für die katholische Kirche als fatal erwiesen und sei daher mit allen Mitteln zu bekämpfen. Mit Aussagen wie »Das Dogma ist der höchste Grad des Glaubens. Auch der Papst ist daran gebunden und darf sich keinen Millimeter von der Glaubenswahrheit entfernen. Wer immer die Dogmen verneint, wird zum Häretiker« erregte man am Anfang hohe Aufmerksamkeit. Schnell geisterte das Wort vom »Gegenkonzil« durch die Medien, was die Proponenten allerdings dementierten. Man bete nur für die Genesung der Kirche. Die Stimmung in Krakau lässt sich am besten von einem Theologen, der sich ausdrücklich als Schüler von Papst Johannes Paul II. verstand, wiedergeben:

»Man kann nur dann katholisch sein, wenn man voll und ganz den Glauben der Kirche anerkennt. Dazu gehört auch das Lehramt. Die Vergangenheit ist der Stoff der Erfahrung und sehr konkret. Die Zukunft ist das Reich der Träume und Verführer. Da lässt sich ungeprüft leicht alles behaupten und versprechen. Nur auf der sicheren Basis geschichtlicher Erfahrung lässt sich Zukunft bauen. Es gibt sehr wohl einen Fortschritt in der Erkenntnis. Es ist aber undenkbar, dass spätere Erkenntnisse dem bisher Erkannten widersprechen. Zwei mal zwei bleibt vier. Wahrheit ändert sich nicht. Man kann und darf nicht über sie abstimmen.«

Wie sehr sollten sich die Gegner über die Stimmung unter den Gläubigen der Weltkirche täuschen. Diese erwiesen sich als weitgehend immun gegen den Geist der Vergangenheit. Das Feuer, das die Verteidiger der ewigen Wahrheiten zu entfachen versuchten, sprang nicht über. Dem »Gegenkonzil« ging nach zwei Wochen die Luft aus. Die angekündigte Fortsetzung fand nie statt.

Dagegen verfügten die vom Papst mit der Planung des Konzils betrauten Menschen über ganz besonderes Wissen über die Kunst der Inspiration. Inspiration konnte man nicht planen, man durfte sie lediglich herbeiwünschen, um dann zu sehen, wie sie – ähnlich einem Funken – auf die Menschen übersprang. Inspiration zu erlangen, ist wohl ein bisschen so, als ob man einen Sonnenstrahl einfangen wollte: Nichts ist so kraftvoll und dabei so flüchtig. Man konnte nicht direkt hinsehen – wenn man es doch tat, riskierte man wegen der Helligkeit sein Augenlicht, stattdessen konnte man von verschiedenen Blickwinkeln aus einen Teil der Ansicht erhaschen. Genau diese vielen bunten Perspektiven aus der ganzen Welt öffneten die Herzen der Teilnehmer. Es wurde möglich, zumindest in Gedanken Neues zu wagen.

Zwei Revolutionen und eine Notlösung

Die erste Revolution: Das Dritte Vatikanische Konzil war die erste Versammlung des Volks Gottes seit der Urkirche. Alle wurden gehört, alle durften mitreden. Dialog war das entscheidende Wort. Die Kirche hatte die hohe Kunst des Zuhörens wieder gelernt. Der Dialog brauchte den Nährboden des Vertrauens und der Sicherheit. Im Dialog lernten Menschen am meisten von denen, die anders waren als sie selbst. In dem Augenblick, als es gelang, die Qualität der Gespräche zu verändern, konnte sich auch die Zukunft der ältesten Organisation der Welt verändern.

Die zweite Revolution: Die Orte bestimmten den Inhalt. Eine Weltkirche musste in die Welt gehen, wenn sie alle Menschen erreichen wollte. Die Wurzel der Inspiration war ja letztendlich »göttliche Eingebung«. So fanden zwar Eröffnung und Abschluss des Konzils so wie die zentrale Koordinierung in Rom statt, weshalb man es offiziell das Dritte Vatikanische Konzil nannte, wenngleich es als »Das Konzil der fünf Kontinente« in die Geschichte eingehen sollte. Denn die laufende Arbeit wurde in vier Zentren der Weltkirche geleistet:

> Manila, die Hauptstadt der Philippinen, diente als Zentrum für den Hoffnungskontinent Asien.
> Die Fragen des Verhältnisses von Christentum zu den anderen Religionen sowie der Kampf gegen den Fundamentalismus

wurden in Kinshasa, dem Zentrum für Afrika, diskutiert. Nach dem gewaltsamen Scheitern der päpstlichen Universität in Nigeria scheute man sich nicht, erneut ein afrikanisches Krisenland zu wählen. Der Kongo war von belgischer Kolonialherrschaft, blutrünstigen Diktatoren, rohstoffhungrigen Konzernen und grausamsten Bürgerkriegen zerrüttet. Genau dorthin wollte Papst Johannes XXIV. den Geist der Versöhnung tragen.

> Am meisten überraschte die Kirche mit ihrer Entscheidung, das Spannungsfeld von Wissenschaft und Glaube in San Francisco zu diskutieren. Sie wagte sich damit ins Epizentrum der technologischen Heilslehre und Esoterik.
> Mexico City als Zentrum für Lateinamerika war eine logische Wahl. In der größten Stadt der Welt mit einem hohen Anteil an Katholiken sollte es um die Grenzen des Eingriffs in die menschliche Natur gehen. Dafür hatte die Päpstliche Akademie der Wissenschaften bereits in den Jahren vor dem Konzil die wesentlichen Grundlagen erarbeitet.

Eine alte Frage spaltet noch immer –
Dürfen Frauen Priester werden?

Manila, Philippinen, März 2034

Am Konzil bestand die Chance, die weibliche Kraft zu nutzen, um die Sehnsucht nach einer spirituellen Kirche zu erfüllen. Die Erwartungshaltung war hoch. Demgegenüber stand unverrückbar die Mehrheitsmeinung innerhalb des Klerus und der Theologen, dass Gott eben zwei Geschlechter mit unterschiedlichen Aufgaben geschaffen habe. Hier gebe es auch keinen Unterschied zwischen der Evolutionstheorie und der Glaubenslehre. Verstärkt wurde dieses biologische Argument durch die katholische Tradition, dass Jesus nun mal keine Frauen mit seiner Nachfolge beauftragt habe. Daher sei es richtig, Frauen weiterhin nicht zur Weihe zum Priesteramt zuzulassen, wenngleich ihnen wie schon bisher höchste kirchliche Funktionen offenstanden.

Es ist schwierig, die Spannung zu beschreiben, die entstand, als die Brasilianerin Mercedes Ferreira berichtete, wie sie von ihrer Gemeinde erst ersucht wurde, die Führung zu übernehmen, und sich irgendwann nicht mehr gegen den Wunsch wehren konnte, gemeinsam mit allen die heilige Messe zu feiern. Sie habe sich dabei von ihrem Gewissen leiten lassen und nie das Gefühl gehabt, etwas Falsches zu tun.

An dieser Wortmeldung entzündete sich eine heftige Debatte über die Frage, ob die Rettung einer Gemeinde durch Frauen nicht den höheren Wert als die Bewahrung einer kirchlichen Tradition hätte. Ein argentinischer Kardinal überraschte mit einer klaren Meinung: »Ich habe vor unserem Treffen Hunderte E-Mails von Gläubigen bekommen, die mehr oder weniger in die gleiche Richtung gehen: Es kann nicht sein, dass man der Auslöschung von Tausenden christlichen Gemeinden aufgrund des Priestermangels weiter tatenlos zusieht, nur weil man nicht bereit ist, fähige Frauen mit der Leitung zu betrauen. Die Angst der Kirche vor den Frauen ist absurd. Thomas von Aquin war sicher ein herausragender Kirchenlehrer. Aber auch er hat der Kirche die Frauenfeindlichkeit eingeimpft. Ich werde nie vergessen, wie erschrocken ich während meines Studiums war, Sätze wie ›Das Weib ist dem Mann untertan wegen der Schwäche ihrer Natur und wegen der Kraft des Geistes und des Körpers im Manne‹ von Thomas zu lesen. Unsere Lehrer haben uns das mit dem Verständnis der damaligen Zeit begründet, womit sie sicher recht hatten. Das Problem ist nur, dass genau dieses Verständnis noch bis heute in den Köpfen vieler Kardinäle vorherrscht.«

Umfragen zum Frauenpriestertum ergaben überwältigende Mehrheiten dafür unter den Laien und eine klare Ablehnung innerhalb des Klerus. Die Jahrtausende alte Angst der Kirche vor der Frau als einem spirituellen und sexuellen Wesen saß tief.

220

Nach zermürbenden Debatten erzwang die normative Kraft des Faktischen einen umstrittenen Kompromiss: Die Lehre zur ausschließlichen Weihe von Männern zu Priestern blieb unverändert, in ganz besonderen Notsituationen durften aber Frauen die Aufgaben eines Priesters übernehmen, wenn sonst der Fortbestand einer Gemeinde unmöglich war. Die praktische Umsetzung dieses Kompromisses hatte immerhin zur Folge, dass in Zukunft nie wieder eine Frau exkommuniziert wurde, weil sie mit ihrer Gemeinde die Messe feierte. Ein erster Schritt auf einem langen Weg, den die Kirche noch vor sich hatte.

Drei Jahre später endete das Konzil im Petersdom

Rom, Sonntag, 6. Mai 2035

Während auf dem Petersplatz langsam der Abend hereinbrach, breitete sich unter der riesigen Kuppel des Petersdoms eine besondere Energie aus, die sich bis in alle Seitenaltäre fortpflanzte. Nach einem gemeinsamen Gebet war die Zeit der abschließenden Worte gekommen. Nacheinander traten Vertreter der Laien, der Orden, der Bischöfe, der Theologen und der Priester ans Mikrofon. Anscheinend ohne fixe Rangordnung erzählten Männer und Frauen aus allen Erdteilen ihre Geschichten, die sie mit der Welt teilen wollten. Es waren einfache Worte, die so aus dem Herzen der Menschen kamen, dass man oft den Eindruck hatte, sie hätten gar nicht jedem Teilnehmer in seine Landessprache übersetzt werden müssen, um sie zu verstehen.

Besondere Aufmerksamkeit erregten die Wortmeldungen einer Ordensfrau und einer Studentin, weil sie das riesige Spektrum erahnen ließen, in dem sich das Konzil bewegt hatte. Die Ordensfrau stammte aus Nigeria: »Ohne die Einladung, an der Tagung in Mexico City teilzunehmen, hätte ich nie die ›Jungfrau von Guadalupe‹ sehen können. Es ist so gut zu wissen, dass unsere

Welt doch nicht alles erklären kann. Ich habe das Bild des bärtigen Mannes in den Pupillen im Gemälde der Jungfrau von Guadalupe mit eigenen Augen gesehen. Die Wissenschaft kann bis heute weder Pinselstriche noch tierische, pflanzliche oder mineralische Farbstoffe in diesem uralten Heiligenbild nachweisen. Die ganze Geschichte der Menschheit ist voller Wunder.«[4]

Um ein Wunder ganz anderer Art ging es in dem Statement einer Studentin am berühmten MIT in Cambridge[5]: »Ehrlich gesagt, ich habe mit der leiblichen Auferstehung von Jesus nie etwas anfangen können. Wenn ein Mensch tot ist, dann ist er tot, die Gehirnströme erlöschen. Die Evangelisten haben klugerweise die Auferstehung nie beschrieben, sondern nur das leere Grab und das Erscheinen von Jesus vor seinen Anhängern. Ich habe das immer bildhaft interpretiert, als Symbol dafür, dass es ein Danach gibt und wir Jesus dorthin nachfolgen können. Doch als ich das erste Mal in unserem Forschungslabor gesehen habe, wie die Prinzipien des 4D-Druckens von intelligenten Materialien auch auf menschliche Organe übertragen werden können, war ich überwältigt. Das 4D-Drucken erweiterte die traditionellen 3D-Drucker um die zeitliche Dimension. Die Erzeugnisse, eben auch menschliche Organe, werden dadurch lebendig. Das könnte bedeuten, wenn die elektronischen Impulse des Lebens in dieser Welt enden, bleiben sie gespeichert und gehen in eine andere Welt über. Vielleicht wollte uns das Neue Testament diese andere Wirklichkeit durch das Bild der Auferstehung von Jesus lehren. Wer sein ganzes Leben lang sein Bewusstsein wie mit einem 4D-Drucker prägt, der transformiert diese Energie dann mit seinem Tod in die andere Wirklichkeit. Für mich steht fest, die Energie meines Lebens war schon immer da und wird auch nach meinem Tod in einer anderen Form erhalten bleiben.«

Das »Konzil der fünf Kontinente« war ein Ereignis, das einiges vom Bedeutungsverlust, den die Kirche erlitten hatte, wettmachen sollte. Großen Anteil daran hatte das Genie eines Mannes, der schon lange nicht mehr unter den Lebenden weilte. Wenn es so etwas wie einen Vater des Konzils gab, dann war es Teilhard de Chardin. Sein Geist war spürbar, verlieh dem Konzil eine Ahnung von einer guten Zukunft für die Menschheit. Die Melodie seines spirituellen Christentums klang manchmal durch. Man konnte beobachten, wie der Hinweis auf ein kluges Zitat von Teilhard ausreichte, um scheinbar unversöhnliche Positionen auf eine andere, höhere Ebene zu bringen. Das war genau das, was Teilhard sich immer gewünscht hatte: »Was ich vermitteln möchte, ist nicht eigentlich eine Theorie, ein System, eine Weltanschauung; sondern ein gewisser Geschmack, eine gewisse Wahrnehmung der Schönheit, der Erfahrung, der Einheit des Seins. Ich versuche, die ruhige Berauschung, die das Bewusstwerden der Tiefen des Weltstoffs in mir bewirkt, in Begriffe einer Theorie zu übersetzen; aber diese Theorie hat für mich nur eine Geltung durch die Resonanz, die sie in einem Bereich der Seele auslöst, der nicht dem Intellekt zugehört.«[6]

Die zentrale Kraft des Konzils war einer, der nicht gerne im Mittelpunkt stand: Papst Johannes XXIV. Der kleine Mann aus Indien hatte sich längst als ganz großer Mann entpuppt. Er strahlte Ruhe, Würde und spirituelle Kraft aus, als er zu seinem Schlusswort auf das Podest im Petersdom trat. Nicht der Schatten eines Zweifels war auch nur in einer Falte seines Gesichts erkennbar, das auf riesigen Bildschirmen in der Kirche, der Menschenmenge davor auf dem Petersplatz und den Zuschauern in der ganzen Welt gezeigt wurde. Mit beispielhafter Haltung ließ er sich nieder und begab sich in eine schweigende Versenkung, so als würde er in direkter Verbindung mit Gott stehen. Es war ein besonderer Augenblick, dem sich niemand entziehen konnte. Manch Zweifelnder wurde nur durch die Kraft dieses Bildes für Gott gewonnen.

Das Konzil hatte mit gespannter Erwartung begonnen und wurde vom Papst mit dem Wichtigsten beendet, das die Welt brauchte: der Hoffnung auf Versöhnung. »Dear brothers and sisters ...«, begann der Papst seine Rede. Er sprach über die Versöhnung des Menschen mit sich selbst, mit seinen Mitmenschen, mit der Natur und mit seinem Schöpfer. Auch die Kirche müsse sich versöhnen, vor allem mit jenen, die sie in der Vergangenheit zu Unrecht verfolgt hatte. Gerade unter ihnen seien oft die wahren Seligen zu finden.

Das Konzil hatte am 5. Mai 2032 auf dem Petersplatz begonnen und endete drei Jahre später im Petersdom mit dem lateinischen »Amen«.

---

1   Günther Schiwy (Hg.), Pierre Teilhard de Chardin (Autor): Das Tor in die Zukunft. Ausgewählte Texte zu Fragen der Zeit, Kösel-Verlag, 1989.

2   Konzile werden nach dem Ort, an dem sie tagten, benannt. Nachdem das 20. und das 21. Konzil die ersten beiden waren, die in Rom stattfanden, nennt man sie auch das Erste und das Zweite Vatikanische Konzil. Da das fiktive 22. Konzil in Rom beginnt und auch endet, nennen es die Autoren das Dritte Vatikanische Konzil.

3   Der alte lateinische Messgesang »Veni Sancte Spiritus« erinnert an die Herabkunft des Heiligen Geistes zu Pfingsten und an die Gaben des Heiligen Geistes. Die erste Strophe in der wörtlichen Übersetzung lautet: »Komm, Heiliger Geist, und sende vom Himmel her Deines Lichtes Strahl.«

4   »Unsere Liebe Frau von Guadalupe« ist das bedeutendste Marienheiligtum Mexikos. Der Überlieferung zufolge erschien vom 9. bis zum 12. Dezember 1531 am Stadtrand von Mexico City dem Indio Juan Diego Cuauhtlatoatzin viermal eine schöne Frau, die sich als »Maria, die Mutter des einzig wahren Gottes« bezeichnete. Am Ort der Erscheinung wurde zunächst eine Kapelle errichtet, 1709 wurde die erste Basilika geweiht, die später zu einem Museum umgebaut wurde. 1974 wurde die neue Basilika der Jungfrau von Guadalupe geweiht. Die Machart des Gnadenbildes ist wissenschaftlich unerklärt. Weder Pinselstriche noch tierische, pflanzliche oder mineralische Farbstoffe konnten auf dem groben und schwer zu bemalenden Kaktusfasergewebe nachgewiesen werden. Zudem zeigten nähere Untersuchungen, dass in den Pupillen der abgebildeten Frau das Brustbild eines bärtigen Mannes zu erkennen ist.

5   Das Massachusetts Institute of Technology (MIT) in Cambridge, USA, gilt als eine der weltweit führenden Hochschulen im Bereich von technologischer Forschung und Lehre.

6   Nach Günther Schiwy, Teilhard de Chardin (Anm. 1) Bd. 2, S. 144.

Epilog

Unendlich. Als Kinder haben wir bei der Betrachtung des nächtlichen Sternenhimmels vielleicht das erste Mal versucht, uns »unendlich« vorzustellen. Manche sind noch einen Schritt weiter gegangen und haben sich gefragt: Was wäre, wenn wir von außen auf das ganze Universum schauen könnten? Welche Gestalt hätte das Ganze?

Früher oder später stellen wir uns alle die Fragen, die uns vom Tier unterscheiden: Wer bin ich? Wie bin ich in die Welt gekommen? Wohin werde ich einmal gehen, wenn ich tot bin? Wer hat die Welt so geschaffen, wie sie ist? Wer ist verantwortlich für Glück und Leiden der Menschen? Gibt es einen Gott, der zu mir spricht und zu dem ich sprechen kann? Glaube ich an die große Geschichte, die mir meine Religion erzählt? Gibt es eine andere, bessere Religion oder geht es nicht in allen um das Gleiche? Bieten mir andere Weisheitslehren überzeugendere Antworten als die Religionen?

Findet man auf diese Fragen keine befriedigende Antwort oder zumindest die Hoffnung darauf, dann bleibt nur eine nüchterne Erkenntnis: Die Welt ist alles, was der Fall ist. Der Mensch ist aus Staub geschaffen, wirbelt im Laufe seines Lebens ein bisschen Staub auf, um nach seinem Tod wieder zu Staub zu zerfallen. Der Glaube an ein »Leben danach« ist eine poetische Fiktion, eine Geschichte, die der Mensch erfunden hat, um sich leichter mit der Endgültigkeit des Todes abzufinden. Kein sehr tröstlicher Gedanke, aber vielleicht die nackte Wahrheit. Das ist der Weg des Atheisten. Für ihn gibt es keine Auferstehung, kein Karma, keine Wiedergeburt, kein Aufgehen in einer höheren Ordnung, er fällt auf sich selbst zurück. Nachdem er alle anderen Beurteilungen außer seiner eigenen ablehnt, darf man ihm nur wünschen, dass er am Ende aus ganzem Herzen sagen kann: Das war mein Leben. Ich bin dankbar. Es war ein gutes Leben.

Die Entscheidung für oder gegen Gott oder zumindest für ein Weiterleben nach dem Tod ist keine, die man mit dem Verstand treffen kann. Selbst wenn man sich die Mühe machen würde, alle Argumente dafür und dagegen aufzuschreiben, um sie gegeneinander abzuwägen, wäre man am Ende so klug wie davor. Es gibt keine Website, auf der man wie bei einem Autokauf alle Varianten gegenüberstellen kann, um sich dann für die beste zu entscheiden. Für diejenigen, die an Gott glauben, ist keine rationale Begründung notwendig, für jene, die nicht an ihn glauben, kein Beweis möglich. Die Frage nach der Existenz Gottes ist eine »Alles oder nichts«-Frage. Zwar gibt es zwischen dem tiefen religiösen Glauben an einen Gott auf der einen und dessen totalen Ablehnung auf der anderen Seite viele Zwischenstufen, aber spätestens, wenn unser Ende näherrückt, müssen wir uns festlegen. Glauben wir an ein »Da kommt noch was« oder ein »Das war es dann«?

Warum glaubt der eine, der andere jedoch nicht? Aussuchen kann man sich das leider nicht. Religiöse Menschen empfinden es als Gnade, glauben zu dürfen. Naturwissenschaftlich gesehen gibt es zwar höchst wahrscheinlich kein »Gottesgen«, aber wir werden in drei Perioden unserer Entwicklung entscheidend geprägt: in der Schwangerschaft, in den ersten Lebensjahren und in der Pubertät. Vor allem im dritten biologischen Fenster, der Pubertät, formt sich unsere Einstellung zu wesentlichen Themen wie Sexualität und eben auch Religion. Die Eltern können dabei eine Rolle spielen, es gibt aber auch genug Beispiele gläubiger Eltern mit nichtglaubenden Kindern und umgekehrt. Die Epigenetik, also der Anpassungsprozess unseres Erbguts an seine individuelle Umwelt, ist so komplex, dass wir weit davon entfernt sind, diesen zu durchschauen. Nach den drei epigenetischen Prägephasen ändert sich kaum mehr etwas an unserer Einstellung zu Gott. Deshalb ist es sinnlos, überzeugte Atheisten oder tief religiöse Menschen in die eine oder andere Richtung missionieren zu wollen. Viel Blut ist dafür schon völlig sinnlos vergossen worden. Auch in ihrer letzten Stunde wandeln Menschen ihre Einstellung zu Gott nur ganz selten.

Es ist ungefähr 250 Jahre her, dass die Mehrzahl der Menschen anfing, sich die Frage nach dem Sinn in ihrem Leben zu stellen. Bis dahin vermittelte die Kirche ein stabiles Glaubensgerüst, in dessen Mittelpunkt die von Gott geschaffene Ordnung stand, die jedem seinen Platz darin zuwies, danach war mit Fegefeuer, Himmel und Hölle ebenfalls alles klar geregelt. An der Existenz Gottes zweifelte vom einfachen Bauern bis zum gelehrten Wissenschaftler niemand. Erst seit dieses religiöse Weltbild immer mehr in den Hintergrund und der individuelle Mensch mit seinem Verstand in den Mittelpunkt rückte, lässt uns die Frage nach dem Sinn unseres Lebens nicht mehr los. Denn an der Sicherheit, dass wir einmal sterben müssen, hat sich leider nichts geändert. In jungen Jahren treibt uns die Frage »Was will ich vom Leben?«, im Alter gewinnt die Frage »Hat mein Leben Sinn gemacht?« immer mehr an Bedeutung.

Es gibt eine östliche Weisheitslehre, wonach jeder Mensch bei seinem Tod die Möglichkeit erhält, jeden Gedanken, jedes gesprochene Wort und jede Tat nochmals zu durchleben, aber nicht aus seiner Perspektive, sondern jeweils aus der Sicht der Betroffenen. Das wäre dann ein »Jüngstes Gericht«, dem wir alle, ob gläubig oder nicht, unterworfen wären.

Religiöse Menschen gehen wohl davon aus, dass sie nach dem Tod vor ihren Gott treten. Nehmen wir einmal für einen Augenblick an, dass zumindest die drei Religionen Judentum, Christentum und Islam jeweils den für sie richtigen Gott verehren. Erwarten wir dann, dass sich alle Verstorbenen in einer großen Eingangshalle mit Pfeilen, die die Richtungen zu den drei Religionen weisen, wiederfinden? Und wenn ein Christ seinem Pfeil folgt, dann kommt eine weitere Unterteilung in katholisch, orthodox und protestantisch. Und als Katholik landet er wieder vor einer Weggabelung, die in den römisch-katholischen, in den altkatholischen und in den armenisch-apostolischen Glauben trennt? Und bei den Moslems erfolgt ebenfalls eine Verteilung nach Schiiten und Sunniten und dann weiter nach Wahhabiten, Salafisten? Und wo landen die Buddhisten, die Hinduisten oder die australischen Aborigines, die seit 40.000 Jahren an die Ahnengeister wie die Regenbogenschlange oder das Große Känguru glauben?

Die Vorstellung an diesen Wartesaal vor dem Eingang zum richtigen Gott ist absurd. Wenn, kann es wohl nur einen Gott geben. Was aber, wenn tatsächlich nur eine Religion den einzig wahren Gott verehrt und alle anderen tote Götzen anbeten? Wird dieser Gott dann nur jene annehmen, die der einen richtigen Religion angehören und alle anderen in die ewige Verdammnis schicken? Dann müsste in der Hölle ein ziemliches Gedränge herrschen. Das kann wohl kaum die Absicht eines barmherzigen Gottes oder eines allwissenden Weltenbaumeisters sein. Wie dessen Bauplan für das Universum und den Menschen aussieht, das können wir nicht einmal erahnen.

Die ungeheuer schnelle Zunahme der Komplexität des menschlichen Gehirns in den letzten 200.000 Jahren ist das erstaunlichste Geschehen in der ganzen Geschichte der Evolution. Was wäre, wenn sich dieses Wachstum an Intelligenz und Bewusstsein des Menschen in ungeahnte Dimensionen fortsetzen würde? Was würden diese Gehirne denken, welche Kunstwerke würden diese Gehirne hervorbringen, welche Philosophie, welche Ethik, welche Religion, welche Wissenschaft würden sie entwickeln?

Ist die Welt nicht auch alles, was der Fall sein könnte? Vielleicht entwickelt sich das menschliche Bewusstsein in einem Ausmaß, das wir uns heute noch gar nicht vorstellen können. Dürfen wir nicht zumindest darauf hoffen, dass wir uns gerade mitten in einem Prozess befinden, an dessen Endpunkt der unendliche Kosmos mit einem unendlich erweiterten Bewusstsein des Menschen verschmilzt? Spiritualität in diesem Sinne ist die Sehnsucht danach, dass wir das Göttliche in allen Dingen finden können, vor allem in uns selbst. Wir müssen dazu lediglich unsere Augen und Ohren öffnen. Ohne unsere Sinne finden wir keinen Sinn. Wer seinem Gott die Tür zu seinem Haus nur dann öffnet, wenn ihm danach ist, weil er sich nach seelischer Befriedigung sehnt oder weil er Angst um sein Kind hat, der wird Gott nicht finden. Wir können unser Wesen nicht in einen kleinen spirituellen Teil, um den wir uns kümmern, wenn es uns gerade passt, und einen riesigen Teil, der den Alltag bewältigt, spalten.

Spiritualität beginnt damit, sich mit allen Dingen verbunden zu fühlen. Auch der rationale moderne Mensch kann sich darauf einlassen, dass es Dinge gibt, die er mit seinem Verstand nicht erfassen, von denen er sich aber berühren, überraschen und überwältigen lassen kann wie die Vielfalt der Schöpfung in den seltsamen Wesen auf dem Meeresgrund oder die überwältigende Pracht des Kosmos, wie sie uns das Hubble-Teleskop zeigt.

Gott, Allah, Jesus, Alpha und Omega, der kosmische Christus von Teilhard de Chardin, Darwin und die Evolutionstheorie, die geheimnisvolle Welt der Quanten im Mikrokosmos, die Geburt und das Erlöschen der Sterne im Makrokosmos: Wie lässt sich das alles zusammenfügen?

Natürlich existiert keine »Universal Theory of Everything«. Es hat aber immer wieder außergewöhnliche Menschen gegeben, die zumindest versucht haben zu erahnen, wie sich unser kurzes irdisches Dasein zu einer Einheit mit der ganzen kosmischen Entwicklung zusammenfügen könnte. Teilhard de Chardin war so ein Mensch. Seine Gedankenwelt beginnt mit einem Satz von Jesus:

»Ich bin das Alpha und das Omega, der Erste und der Letzte, der Anfang und das Ende.«

Teilhard de Chardin hat in diesem Satz eine Weisheit entschlüsselt, lange bevor wir das Weltall aus der Perspektive des Hubble-Teleskops sehen konnten: Alles war im Punkt Alpha, im

Urknall, bereits vorgegeben. Die kosmische Entwicklung folgt ausgehend von diesem Punkt Alpha der Formel »je komplexer, desto bewusster« und strebt einer Vollendung im Punkt Omega zu. In ihm vereinigen sich Geist und Materie.

Alpha und Omega sind nicht zwei isolierte einzelne Punkte, wenn man das Bibelzitat von Jesus richtig interpretiert. So wie die vielen anderen Bilder der Bibel muss man diesen Satz mit den Ohren jener Menschen hören, die ihn überliefert haben. Das waren Juden, Menschen, die wie Jesus Aramäisch zur Muttersprache hatten, die im Denken der Semiten beheimatet waren. Benennen Semiten den Anfangs- und den Endpunkt einer Strecke, meinen sie damit nicht zwei einzelne Punkte, sie meinen die ganze Strecke dazwischen.

Es gibt eine kreative Kraft, die die Evolution wie ein Motor bei ihrem Streben nach »Mehr-Sein« antreibt. Faszinierend ist, dass Charles Darwin und Teilhard de Chardin völlig unabhängig voneinander auf diese Kraft gestoßen sind. Diese Kraft ist die Liebe. Die Liebe, die universellste, die ungeheuerlichste und die geheimnisvollste der kosmischen Energien.

Der Punkt Omega ist die Ur-Sehnsucht nach Vereinigung und das Verlangen, selbst ganz zu werden. Der einzelne Mensch wird nicht untergehen in diesem Ganzen, sondern darin aufgehen. Dieses Ganze ist nicht ein abstraktes Etwas, sondern eine Person. Teilhard nennt diese Person den kosmischen Christus. In ihm ist die Liebe bereits vollkommen verwirklicht. Er ist die wichtigste Kraftquelle für den nach Erfüllung strebenden Menschen.

Folgt man der Annahme, dass alle Menschen durch den Urknall im Punkt Alpha miteinander verbunden sind, werden sie sich am Ende im Punkt Omega als Brüder und Schwestern verstehen. Der Mensch befindet sich auf einer langen, ungewissen Reise zu einer neuen Form der Liebe: zur wahren Nächstenliebe. Auf diesem Weg vermindern sich allmählich die egoistischen Bedürfnisse der Menschen. Sie hören auf damit sich zu bekriegen, auszubeuten oder ihre Lebensumwelt zu zerstören. Es wächst die

Einsicht, dass die Menschheit nur überleben wird, wenn sie sich als ganzheitlichen Organismus sieht und entsprechend organisiert.

Das könnte mehr als ein verklärter Wunschtraum sein, wenn wir die zeitliche Dimension dieser Entwicklung berücksichtigen. Es hat geschätzte 13,8 Milliarden Jahre vom Punkt Alpha, der gemeinsamen Entstehung von Materie, Raum und Zeit im Urknall, bis heute gedauert. Wir sind daher noch sehr weit vom Punkt Omega entfernt, in dem sich alles wieder vereinigen könnte.

Wenn wir uns das ganze Universum als einen gigantischen Schöpfungsprozess vorstellen, taucht vielleicht ein Gedanke in uns auf. Ein Gedanke, der uns die Augen öffnet.

Nichts ist kostbarer als das,

was Du in den anderen bist und die anderen in Dir.

So gewiss wir im Universum sind,

so gewiss ist das Universum in uns.

Das Ganze hat die Gestalt des Menschen.

Unendlich.

Nachwort –
Warum wir dieses Buch
geschrieben haben

Meine katholische Kirche – so fern und doch so nah
von Andreas Salcher

»Bin ich der Einzige, mit dem Gott nicht spricht?«, habe ich mich
oft als Kind gefragt. Man müsse bereit sein für Gott, antworteten
mir meine gläubigen Freunde. Das war ich offenbar nicht. Denke
ich an die Kirche meiner Schulzeit, spüre ich sofort die harten
Bänke und diesen merkwürdig abgestandenen Geruch, der sich
von der Luft irgendwie auf all die schwarz gekleideten Männer
übertrug, sodass sie diesen nie ganz loswurden. Ich erinnere mich
an den ständigen Bewegungswechsel in der Messe, von zumindest
in Ruhe sitzen dürfen, dann knien und dann stehen. Dazu mur-
melte ich jene wenigen Gebete, die ich kannte, während ich bei
den vielen unbekannten versuchte, wenigstens eine Sekunde später die von meinen kundigeren Nachbarn aufgeschnappten Wort-
fetzen nachzuahmen. In den kurzen Phasen, wo nichts von mir
verlangt wurde, hoffte ich immer darauf, dass endlich Gott zu mir
direkt sprechen würde. Ich schloss meine Augen ganz fest und
erwartete ein Zeichen von ihm. Doch wenn ich sie öffnete, war
alles wie vorher.

Dafür gewann ich die Herzen meiner Religionslehrer. Sie
waren froh, zumindest einen neugierigen Schüler in der Religi-
onsstunde zu haben, der ständig Fragen stellte und sich nie mit
einer Antwort zufriedengab. So ging ich einmal zur Tafel und

zeichnete eine Zeitachse auf, die meine These belegen sollte, dass Maria offensichtlich schon vor ihrer Geburt dazu ausersehen war, ohne Erbsünde geboren zu werden. Daher war es ja göttliche Vorbestimmung und nicht ihre eigene Leistung, dass sie als Gottesmutter ausgewählt wurde. Alle anderen Frauen hätten doch gar keine Chance gehabt. Mit meinen Religionslehrern, die damals alle noch Priester waren, hatte ich Glück. Sie ließen sich auf meine durch keinerlei theologisches Wissen behinderten Gedankengebäude ein und waren klug genug zu erkennen, dass es für die katholische Kirche wohl besser war, wenn ich dieser nicht zu nahe kam. Ich war keinerlei Anwerbungsversuchen ausgesetzt.

Vielleicht fehlte mir von Anfang an eine der wichtigsten Grundvoraussetzungen, um mich in der Kirche wohlzufühlen. Katholisch zu sein, hieß früh aufstehen und das war mir nicht in die Wiege gelegt. Der Gedanke, den sonntäglichen ungestörten, langen Schlaf zu opfern, war mir wesensfremd. Da meine Eltern keine Kirchengeher waren, gab es deshalb keine Probleme. Die einzigen Messen, die ich besuchte, waren die Schulmessen und die Hochzeiten, Taufen und Begräbnisse meiner Verwandtschaft. Daran hat sich bis heute nichts geändert, außer dass sich die Begräbnisse mir wichtiger Menschen in letzter Zeit mehren. Als letzten Sommer meine Mutter verstarb, war ich dann sehr froh, dass mir mit Altabt Burkhard und Pater Martin vom Stift Melk zwei Geistliche beistanden, die ohne zu zögern den Weg auf den Wiener Zentralfriedhof auf sich nahmen, um meiner Mutter den letzten Dienst zu erweisen. Ich weiß, wie wichtig ihr ein ordentliches Begräbnis war. Obwohl sie nie eine praktizierende Katholikin war, ersuchte sie mich oft, für sie in der Stephanskirche eine Kerze anzuzünden, um dann hartnäckig nachzufragen, ob ich das denn auch nicht vergessen hatte. Das Beispiel meiner Mutter lässt mich ahnen, dass der Glaube an Gott im Leben vieler Menschen häufig doch eine größere Rolle spielt, ohne dass ihnen das bewusst ist.

Trotz einer gewissen Distanz hat mein Interesse an der Kirche im Laufe meines Lebens nie ganz nachgelassen. Ein Grund dafür war, dass ich mich nach meiner kurzen linken Phase mit 18 Jahren entschloss, der Jungen ÖVP beizutreten. Die ÖVP bezeichnete sich ja zumindest im Jahr 1979 noch als christliche Partei und meine größte Sorge galt daher der Frage, ob ich denn regelmäßig in die Kirche ginge. Diese Frage wurde mir nie gestellt, als Hindernis erwies sich nur der Portier der Parteizentrale, der mich fast nicht hineingelassen hätte, weil ich ihm keine Ansprechperson nennen konnte.

In der christlichen Partei lernte ich dann dafür ein Wesen kennen, dem ich im Laufe meines Lebens immer wieder begegnen sollte: den »So-als-ob-Katholiken«. Letzterer lässt sich am besten durch ein Zitat von Albert Schweitzer charakterisieren: »Wer glaubt, ein Christ zu sein, weil er die Kirche besucht, irrt sich. Man wird ja auch nicht zu einem Auto, weil man in eine Garage geht.«

Was Karl Rahner und Hans Küng mit Teilhard de Chardin verbindet

Mitten in einem langen, ereignislosen Sommer beschloss ich, einer spontanen Eingebung folgend, den tausend Seiten starken Wälzer »Das Christentum« des Kirchenrebellen Hans Küng durchzuarbeiten. Eine Erfahrung, die ich nur jedem empfehlen kann, der, ohne ein Theologiestudium absolvieren zu wollen, die faszinierende Geschichte der noch immer größten Religion der Welt erforschen will. Das erste Mal erfuhr ich, wie aus einer jüdischen Sekte eine Weltreligion wurde, warum Paulus dafür viel wichtiger als Petrus war, wie Menschen um »ewig gültige Wahrheiten« rangen, um diese dann im Namen Gottes zu verkünden und Andersgläubige zu verfolgen. Vor allem lernte ich, dass es immer Menschen waren, die über Heil und Unheil der Kirche entschieden. Mich faszinierten dabei die großen Ordensgründer wie Benedikt,

Ignatius von Loyola oder Franziskus genauso wie der schillernde Borgia-Papst Alexander VI., der seinen eigenen Sohn zum Kardinal machte, Mätressen schätzte, den Kirchenstaat festigte und als Friedensstifter die Welt zwischen Spanien und Portugal teilte. Als Spanier übervorteilte er dabei natürlich die Portugiesen und überging die Engländer. Gott dürfte sich in der Auswahl seines Personals offensichtlich sehr wenig eingemischt haben, auch wenn er bis heute vor jedem Konklave beschworen wird.

Hans Küng erwies sich jedenfalls als gute Wahl für eine Einführung in meine mir bis dahin völlig unbekannte Religion. Vor allem schrieb Küng für einen Theologen durchaus verständlich, was man von der zweiten theologischen Lichtgestalt des 20. Jahrhunderts, Karl Rahner, nicht sagen konnte. Über Karl Rahner soll sein eigener Bruder gesagt haben, wenn er noch ein Leben hätte, würde er versuchen, die Werke von Karl Rahner zu verstehen.

Johannes Paul II. hat Hans Küng bekanntlich die Lehrerlaubnis entzogen und dafür dessen Tübinger Professorenkollegen Joseph Ratzinger zum Chef der Glaubenskongregation in Rom berufen. Was wäre eigentlich passiert, wenn der liebe Gott, der über seiner Kirche wacht, eingegriffen hätte und die Entscheidung umgekehrt ausgefallen wäre? Wenn also Hans Küng seine ganze Energie und seine Geisteskraft nicht gegen, sondern für die Kirche hätte einsetzen können und Joseph Ratzinger, statt als Benedikt XVI. am Amt des Papstes zu zerbrechen, ein geachteter Theologe geblieben wäre? Wie würde die Kirche aussehen, wenn Hans Küng sein visionäres Zukunftsmodell »Weltethos«[1] zum Leitbild der Kirche im 21. Jahrhundert hätte machen dürfen?

Es ist bezeichnend, dass die Kirche zwei ihrer bedeutendsten Theologen des 20. Jahrhunderts wie Karl Rahner zeitweise und Hans Küng radikal mit Lehrverboten belegte. Noch weit schlechter behandelte eine furchtsame Kirche ihr visionäres Genie Teilhard de Chardin. Seine Bedeutung und fiktive Rehabilitierung durch die Kirche werden in diesem Buch ausführlich beschrieben. Es ist der

Kirche zu wünschen, dass diese Fiktion einmal Realität wird. Leser, die diese Idee unterstützen, könnten sich mit diesem Anliegen an ihren Bischof oder den Nuntius in ihrem Land wenden.

Ein Papst hautnah

Teilhard de Chardin starb fünf Jahre bevor ich geboren wurde, Hans Küng konnte ich trotz einiger Bemühungen nie kennenlernen, Joseph Ratzinger begegnete ich einmal in der Grabeskirche in Jerusalem und hörte ihm ein bisschen zu, als er eine deutsche Pilgergruppe führte. Dafür durfte ich Johannes Paul II. ziemlich nahe kommen.

Ich hatte es meiner Funktion als junger Abgeordneter zu verdanken, dass ich mit der Tochter und dem Schwiegersohn des damaligen österreichischen Bundespräsidenten zu einer Morgenandacht von Johannes Paul II. in Castel Gandolfo eingeladen wurde. Audienzen in Castel Gandolfo unterscheiden sich von jenen im Vatikan dadurch, dass man eben nicht durch scheinbar Hunderte von Türen geführt wird, um immer darauf zu hoffen, dass hinter der nächsten endlich der Papst steht. Der Weg in Castel Gandolfo führt durch einen schmalen Gang, an dessen Ende man in eine kleine Privatkapelle mit ganz wenigen Bankreihen tritt. Ich ging mit Absicht als Letzter in der Erwartung, dass ich dann auch ganz hinten landen würde, um zumindest den Papst mit meiner Schwäche in der Liturgie zu verschonen. Zufall oder Fügung wollte es, dass alle Bankreihen voll waren und ich gemeinsam mit einem Kollegen ganz nach vorne gebeten wurde. Und dann sah ich ihn. Drei Meter vor mir kniete Johannes Paul II. vor dem Altar und betete schweigend in einer Intensität, die ich nie erlebt hatte. Seit diesem Augenblick hatte ich nicht den geringsten Zweifel daran, dass Karol Wojtyła mit seinem persönlichen Gott sprach und dieser seine Kraftquelle war. Gerade weil vorher keine große Ehrfurcht mittels eines langen Zeremoniells, wie im Vatikan üblich, aufgebaut wurde, wirkte das Charisma dieses knienden, fast liegenden Mannes in seiner weißen Soutane umso stärker.

Nachdem die Zeit scheinbar unendlich lange stehen geblieben war, richtete er sich auf und begann die Messe auf Deutsch zu zelebrieren. Gott sei Dank war mein Nachbar sattelfest in der Liturgie und ich machte einfach alles nach, was er vormachte. Das einzige Malheur passierte, als ich einen Augenblick unachtsam war und einige Sätze, die mir bekannt vorkamen, selbstbewusst mit voller Lautstärke mitsprach. Ich merkte aber, dass außer meiner nur die Stimme des Papstes zu hören war, und verstummte ganz schnell. Nach der Messe gab es eine Audienz, bei der Johannes Paul II. mit jedem von uns einige Worte wechselte, wir das obligate »Der Papst und ich«-Foto und einen Rosenkranz erhielten. Diese persönliche Begegnung mit dem Menschen Karol Wojtyła änderte meine Einstellung zum katholischen Glauben nicht, verstärkte aber mein Interesse an spirituellen Persönlichkeiten. Vielleicht war das genaue jene Art, die Gott für mich ausgewählt hatte, um ihm zu begegnen.

Warum ich lieber von den lebendigen Heiligen lerne,
als die toten anzubeten

Tatsächlich hatte ich das große Glück, einige herausragende Priester und Mönche kennenzulernen, ja sogar Freundschaft mit ihnen schließen zu dürfen. Dazu zählt der Altabt des Stiftes Melk, Burkhard Ellegast, den Paulo Coelho nach einem gemeinsamen Abendessen im Stiftskeller bis heute als seinen persönlichen Meister bezeichnet. Paulo Coelho hat viel früher als ich die unaufdringliche Lebensklugheit dieses Mannes, der es vom Sohn des Stiftsfleischhauers zum Abt gebracht hatte, erkannt. Der Glaube von Abt Ellegast macht Mut, weil er immer wieder auch öffentlich seine Zweifel, vor allem an sich selbst, eingesteht.

Der wichtigste spirituelle Mensch in meinem Leben ist der Benediktinermönch David Steindl-Rast. Er lebt in der kleinen Benediktinerabtei in Salzburg, wenn er nicht gerade um die Welt reist, um Vorträge zu halten und selbst Neues zu lernen. Was macht Bruder David so besonders?

Man spürt, dass er lebt, was er sagt. Seine Spiritualität ist nicht abgehoben, sie ist konkret. Sie ist sichtbar, wenn man ihm in die Augen blickt, sie ist hörbar, wenn er die Stimme erhebt, und sie berührt, weil man sich sofort mit seinem Herzen verbunden fühlt. David Steindl-Rast war der Erste, der mich einen Hauch davon spüren ließ, was das Prinzip von Jesus gewesen sein muss, was echte Menschenliebe bedeutet. Ich weiß nicht, wie Bruder David es macht, aber nach meinen persönlichen Begegnungen empfinde ich einfach immer den Wunsch, ein etwas besserer Mensch zu werden. Wo immer er ist, sammeln sich Menschen um ihn, füllen sich Räume und alle hören gebannt zu. Er hat die unwahrscheinliche Gabe, die Herzen der Menschen zu öffnen. Oft genug habe ich erlebt, wie sich Menschen vor seine Füße werfen und ihn umarmen. Ich habe ihn einmal gefragt, wie er denn damit umgehe, dass ihn manche wie einen Heiligen verehren. »Ach, ich nehme diese positive Energie dankbar auf, lasse sie durch mich durchgehen und schicke sie zum Himmel.«

Hätte die katholische Kirche mehr, die aus dem Holz von Bruder David geschnitzt sind, dann würden Mitgliederschwund, fehlender Priesternachwuchs und die Abwendung der kritischen Intelligenz der Kirche weit weniger zu schaffen machen.

Die Frauen und die Kirche – eine unerwiderte Liebe

Bisher habe ich nur über Männer geschrieben. Das ist kein Zufall. Die katholische Kirche ist in ihrem äußeren Erscheinungsbild männlich. Und sie leidet auch heute noch unter einem Frauenbild, das der Kirchenheilige Thomas von Aquin frei von jeder politischen Korrektheit im 13. Jahrhundert formuliert hat: »Das Weib verhält sich zum Manne wie das Unvollkommene und Defekte zum Vollkommenen.« Das würden heute natürlich selbst die reaktionärsten Kirchenmänner so nicht auszusprechen wagen. Ich habe aber durchaus einige kennengelernt, die so denken.

Faktum ist, dass die vielen Frauen, welche die Kirche heute noch tragen, fast ausschließlich im Hintergrund agieren. Ganz oben steht als unerreichbares Vorbild die Gottesmutter Maria. Dann folgen die Ordensschwestern, über die ich mir noch kein klares Bild gemacht habe. Da kämpfen in mir die Bilder der aufopferungsbereiten Mutter Teresa und die der strengen Schwestern, die vielen ihrer Schülerinnen das Leben so zur Hölle gemacht haben, dass diese so bald wie möglich aus der Kirche austraten. Ich bekenne gerne, dass sich meine Einstellung zu den Ordensschwestern zum Positiven gewandelt hat. Das hängt mit den vielen persönlichen Gesprächen zusammen, die ich bei den Recherchen für dieses Buch geführt habe, und den faszinierenden Lebensgeschichten, auf die ich dabei gestoßen bin. Die Ärztin und Gründerin der »Missionsärztlichen Schwestern« Anna Dengel soll hier als eines von vielen Beispielen dienen. Sie kämpfte dagegen, dass muslimische Frauen in Pakistan im 20. Jahrhundert hilflos an einfachen Krankheiten starben, weil sie von keinem der fast ausschließlich männlichen Ärzte behandelt werden durften. Anna Dengels Botschaft »Die Stärke der Frauen ist viel größer, als sie selbst vermuten« ist leider in der heutigen Kirche noch nicht angekommen.

Zu dominant war lange Zeit das katholische Idealbild der braven Ehefrau und Mutter einer großen Familie, die schon als junge Frau das Haar streng nach hinten gekämmt trug. War sie aus gutem Haus, dann kam oft noch die Perlenkette dazu. Diesen Typus gab es wiederum in zwei Ausprägungen: Die selbstgerechte Moralistin, die erst andere an ihren moralischen Ansprüchen zerbrechen ließ, um irgendwann an der Aussichtslosigkeit ihres Unterfangens zu verzweifeln. Spätestens dann, wenn sie erfuhr, dass ihr Ehemann durchaus ein abwechslungsreiches Sexualleben hatte, allerdings nicht mit ihr. Das konnte sie noch verdrängen, aber wenn er sie dann noch wegen einer Jüngeren verließ und damit der Schein nach außen zerbrach, klammerte sie sich meist noch stärker an die Kirche. Der zweite Typus war die Aufopfernde, die ihr Leben damit verbrachte, ständig die Bedürfnisse anderer zu erfüllen. Meist erst sehr spät erkannte sie, dass sie nie ihr Leben gelebt, sondern alle eigenen Lebensträume unterdrückt hatte.

Beide Typen haben eines gemeinsam: Sie sind eine aussterbende Art. Viel zu lange hat die Kirche ihre selbstlosen Dienerinnen vernachlässigt. Wenn die Kirche die Frauen verliert, hat sie keine Überlebenschance. In meinem Freudinnenkreis sind die meisten Frauen aus der Kirche ausgetreten, obwohl sie sich sehr nach spiritueller Erfüllung sehnen, oft beten oder meditieren. Um ihre Spiritualität zu leben, brauchen sie nirgendwo Mitglied zu sein. Sie pflegen durchaus ihre Rituale, indem sie sich aus den unterschiedlichen Religionen und Traditionen das heraussuchen, was sie am meisten anspricht. Einen neuen Typus von katholischer Frau habe ich noch nicht oft getroffen. Zumindest nicht in Europa. In der Welt sieht die Kirche mittlerweile anders aus, bunter, sinnlicher, spiritueller und vor allem weiblicher.

Warum schreibt ein Außenstehender
ein Buch über die Zukunft der katholischen Kirche?

Ich sehe mich eher als Suchenden denn als praktizierenden Gläubigen. Ich kann mit dem Weltethos von Hans Küng und dem kosmischen Christus von Teilhard de Chardin mehr anfangen als mit den 245 gültigen Dogmen der katholischen Kirche. Das was Religion bewirken kann, habe ich erlebt, als beim vierten Waldzell Meeting im Jahr 2007 führende Vertreter der Weltreligionen Christentum, Judentum, Buddhismus und Islam gemeinsam Kerzen in der Stiftskirche von Melk entzündet haben. Das Wunder war nicht, dass der Dalai Lama dabei war, sondern dass der Präsident der bedeutenden islamischen Al-Azhar-Universität ursprünglich um Verständnis dafür gebeten hatte, dass es ihm aus religiösen Gründen nicht möglich wäre, sich zu beteiligen. Und plötzlich stand er dann doch auf, nahm eine Kerze und wurde Teil einer Zeremonie, die zeigte, dass der wahre Glauben Grenzen nicht verteidigt, sondern überschreitet. Der Gott, an den ich glaube, hat sich in diesem Augenblick gefreut.

Der Gedanke für dieses Buch ist schon lange in mir gereift. Mein wichtigster Lehrer und Mentor hat mich darin noch in unserem letzten Gespräch wenige Tage vor seinem Tod bestärkt. Mir war von Anfang an bewusst, dass ich die gewaltige Aufgabe dieses Buches nicht allein bewältigen könnte. Letztlich habe ich meine Entscheidung von einem Treffen mit Johannes Huber abhängig gemacht, den ich einmal bei einem Vortrag zum Thema Zukunft der Kirche in kleinem Kreis erleben durfte. Zu meiner großen Überraschung war er Feuer und Flamme für die Idee. Die Gunst des Augenblicks nutzend fragte ich ihn, ob er sich vorstellen könnte, das Buch als Co-Autor mit mir zu schreiben. Sein spontanes »Selbstverständlich, das reizt mich« löste meine Bedenken. Wer zehn Jahre lang persönlicher Sekretär von Franz König, einem der wichtigsten Kardinäle des 20. Jahrhunderts, war, der kennt die Kirche von innen und ist in ihr bis heute bestens vernetzt. Durch sein Doppelstudium der Theologie und Medizin bringt er große Fachkompetenz mit. Sein Blick auf die Kirche ist undogmatisch, kenntnisreich, optimistisch und liebevoll. Bei seiner Lebensgeschichte wäre alles andere auch ein Wunder.

Dort, wo Pannonien beginnt und die Alpenausläufer auf die langsam ansteigenden Karpaten treffen, liegt am Fuße kleiner Berge, deren Name keine große Zukunft oder gar Weltgeschichte vermuten lässt, ein alt verträumtes Städtchen – Hainburg – an den Hundsheimer Bergen – oder: Hainburg an der Donau. Seine Geschichte ist zwar älter als die vieler Metropolen, aber seine geografische Lage war in den letzten Zeiten denkbar ungünstig: unmittelbar hinter Hainburg – in dem Dorf mit dem fast hintergründigen Namen »Wolfsthal« – endete der Zugverkehr des freien Westens. Der Eiserne Vorhang versperrte jede freie Durchfahrt und die Bewohner Hainburgs verspürten und erahnten über Jahrzehnte in einer geografischen Prägung die Randposition ihres Städtchens, das zwar über eine bescheidene Tabakindustrie, über eine Anlegestelle der Donau-Dampfschiffsfahrt-Gesellschaft und über ein in der Nähe der Bestattung gelegenes Krankenhäuschen verfügte, von den großen Verhandlungen der westlichen Welt aber unberücksichtigt blieb – und vor allem über keine weiterführenden, höheren Schulen verfügte. Und so praktizierten die dort lebenden Menschen das, was über Jahrhunderte das Bildungsprogramm des alten Europas war: Die halbwegs aufgeweckten Knaben wurden der Kirche übergeben, die sich um ihre intellektuelle Zukunft kümmern sollte, natürlich vor dem Hintergedanken, so dem Klerus immer wieder frisches Blut zuzuführen.

Eine solche Adresse war das Knabenseminar Hollabrunn, inmitten von Feldern und Weingärten, wo seit über hundert Jahren die Wiener Erzdiözese subsidiär die Möglichkeit schuf, auch sozial schwächere Kinder zur höheren Schulreife zu führen, in einem öffentlichen und gut beleumundeten Gymnasium, wo auch ein Bundeskanzler der historischen Widersprüche, Engelbert Dollfuß, die Schulbank drückte. Hier wurde nicht nur gelernt, sondern auch geformt. Schon in der ersten Klasse musste nachgearbeitet werden, was möglicherweise das Elternhaus nicht bot: wie man verschiedene Speisen mit den entsprechenden Bestecken ansehnlich bis zum Mund führt, welche Wörter man meiden soll und welche zu bevorzugen wären und wie mit viel Sport Heimweh und depressive Phasen zu umgehen und das in diesem Alter langsam ansteigende Testosteron in Schranken zu halten wäre. Denn der Weg zur höheren kirchlichen Karriere sollte offen gelassen werden, die Empathie für die heilige Kirche wurde so und meist erfolgreich geprägt. Das Elternhaus wurde belassen, aber doch immer mehr an den Rand gestellt. Je nachdem, wie die Feiertage im Kalender angesiedelt waren, konnte man mitunter nur dreimal im Jahr die Pflanzstätte verlassen und Ferien zu Hause machen: zu Weihnachten, zu Ostern und im Sommer.

Die Zeit dazwischen wurde von Präfekten, die permanent anwesend waren – Angehörige des geistlichen Standes –, gestaltet: Theaterspiele, Musizieren, ein Handwerk erlernen, tägliche Messe, Studierzeiten und vor allem viel Sport. Den Religionslehrern, die im Hause wohnten, kam dabei ein besonderer Stellenwert zu – so auch dem Gymnasialprofessor Dr. Hans Hermann Groer. Sein Hang zu taktilen Streicheleinheiten war bekannt. Sein Charisma bewegte viele, den geistlichen Stand einzuschlagen oder zumindest Theologie zu studieren. Als Erzbischof machte er allerdings nicht die gleiche bona figura wie sein Vorgänger.

Franz König war ein faszinierender Mann, der nicht nur viele Sprachen beherrschte, sondern dort das Wort ergriff, wo man die katholische Kirche nicht vermutete: in der Al-Azhar-Moschee in Kairo, im persischen Persepolis und beim Gewerkschaftsbund – das motivierte natürlich, sich der Theologie zuzuwenden, selbst wenn man eigentlich Arzt werden wollte – oder zumindest beides zu machen, nämlich Theologie und Medizin gleichzeitig zu studieren.

Bereits damals wurde ein innerkirchliches Problem immer stärker: der Priestermangel, und so entschloss sich der Kardinal, für sein Sekretariat Laien einzustellen, um Kleriker für die Seelsorge zu schonen. Der Sohn des Bundespräsidenten Walter Kirchschläger machte den Anfang.

Die unmittelbare Nähe zu Dr. König prägte natürlich enorm. Mit ihm konnte man eine Welt kennenlernen, die man sonst nicht erlebt hätte: Gast im Hause Edward Kennedys in Washington DC, Abendessen mit dem Herausgeber der »New York Times«, Treffen mit Paul Getty, dem spanischen König und dem Dalai Lama, um nur einige Beispiele zu nennen, und vor allem die permanente Intellektualisierung seiner Lieblingsfragen: Woher komme ich, wohin gehe ich und schlussendlich – was ist der Mensch?

Und vor allem: Wohin geht die Kirche? Was Papst Franziskus unter großen Geburtswehen – meist ohne Schmerzmittel – der Kurie und der Weltkirche heute verordnet, bahnte sich schon unter dem Kardinal Franziskus König an, dessen zweite Amtszeithälfte zur Periode des großen Widerspruches wurde – in der Diagnose und im Therapieplan für die katholische Kirche. Das heute oft und auch in diesem Buch thematisierte Ringen der Sancta Ecclesia um ihre historische Funktion in der zukünftigen Heilsgeschichte konnte man hautnah Tag für Tag unter Königs Periode erleben – so lange, bis sein polnisches Antidot die Zukunftsperspektiven Montinis, des späteren Papstes Paul VI., und Königs in die Tiefgefriertruhe verbannte, der Kirche eine dogmatische Eiszeit verordnete, die Franziskus nun erneut und immer zügiger, sich der zeitlichen Begrenztheit eines jeden bewusst, aufzutauen versucht. Die kirchliche Jetztzeit ähnelt in vielem der Ära Königs, die damals allerdings mit einer großen Demütigung endete.

Dabei hat das »Aggiornamento«, die Anpassung an die neue Zeit, mit Begeisterung und einem Faszinosum begonnen, der sich auch der junge Konzilstheologe Joseph Ratzinger, der spätere konservative Papst Benedikt XVI., damals nicht entziehen konnte. Der Patriarch von Venedig, Roncalli, der schon als Nuntius in Ankara die verbrecherischen Zeichen der NS-Zeit richtig einzuschätzen vermochte und jüdischen Menschen Hilfestellungen an-

244

bot, war als späterer Johannes XXIII. der festen Überzeugung, dass die Zukunft der Kirche neu verhandelt werden müsste. Die historische Initiative des zweiten Vatikanums, das er begann und Montini als Paul VI. weiterführte, sollte die Kirche tauglich machen für die neue Zeit. Dabei spielte Franz König als junger, physisch gesunder und belastbarer, ausgeglichener und polyglotter Erzbischof von Wien die Figur des Schach-Königs. Damals war der Eiserne Vorhang nur 50 Kilometer von Wien entfernt und so lag es nahe, den Wiener Erzbischof zu Erkundungsfahrten in den kommunistischen Osten zu schicken. Denn der römische Pontifex, der seine Prägejahre in der laizistisch-moslemischen Türkei verbrachte, hatte die Absicht, mit der von Gott ironischerweise zugelassenen kommunistischen Satanokratie Gespräche zu beginnen, um das Leben der dortigen Christen zu erleichtern. Dafür war der Vatikan bereit, Verhandelbares vom Dogmatischen zu trennen – nicht nur in der Ostpolitik, sondern auch in der theologischen Selbstdarstellung: Angelo Giuseppe Roncalli, Giovanni Battista Enrico Antonio Maria Montini, Agostino Casaroli und Franziskus König[2] waren die Kürzel dieser neuen Geistigkeit, an die heute Jorge Mario Bergoglio anzuknüpfen versucht, nachdem sie über mehr als zwei Jahrzehnte vom Polen Karol Wojtyła schubladiert wurde. Und genauso wie der heutige Papst vom polnischen Wojtyła-Episkopat abgelehnt wird, wurde auch Franziskus König von Papst Johannes II. aufs Eis gestellt und brüskiert – zu groß waren die Differenzen ihres intellektuellen und theologischen Weltbildes, zu unüberwindlich auch das Zukunftskonzept für die Kirche.

Und obwohl diese Unterschiedlichkeit viele inhaltliche Seiten des katholischen Glaubens berührte, begonnen hat die Kontroverse der Konzils-Vatikanisten um König und den späteren Papst Johannes Paul II. bei der vatikanischen Ostpolitik. Dabei waren die Kardinäle von Wien und den Vereinigten Staaten, mit denen König schon wegen seines perfekten Englisch eine enge Beziehung pflegte, die Konklave-Lobbyisten des Polen. Ob der Erzbischof von Chicago von Präsident Reagan einen Wunschzettel ins Konklave mitbrachte, mit dem Inhalt, es möge doch ein Kardinal aus dem kommunistischen Osten gewählt werden, um auch damit den Kommunismus aufzuweichen, kann mit schriftlichen Dokumenten nicht nachvollzogen werden, gilt aber als nicht unwahrscheinlich. Auf jeden Fall waren es aber König und die amerikanischen Konklave-Teilnehmer, die Wojtyła auf ihr geistliches Schild hoben, der dann letztendlich auch die Mehrheit bekam und zum Papst gewählt wurde. Damit wurde der Kommunismus tatsächlich weiter unterhöhlt, die katholische Weltkirche in ihrer Entwicklung jedoch arretiert, was Papst Franziskus heute täglich schmerzhaft erfährt. Noch schmerzhafter erlebte es der Wiener Kardinal, der eine völlig andere Zukunftsperspektive für seine Kirche besaß. Er setzte vor allem auf den Dialog, mit den Fernstehenden, den historischen Gegnern der Kirche, aber auch – im Auftrag Johannes XXIII. – mit den kommunistischen Regimes. Das war für Wojtyła ein besonderer Stachel, ein schmerzhafter Dorn in seinem Auge. Denn Dialoge hatten für ihn nur einen Zweck: die Bekehrung der Dialogpartner; das war aber dort, wo Kardinal König Zwiesprache hielt, unwahrscheinlich. Deswegen lehnte der polnische Papst eine solche Dialogbereitschaft ab und war darüber hinaus felsenfest überzeugt, dass der Kommunismus in sich zusammenbrechen werde, weshalb jedes Gespräch mit seinen Vertretern vergeudete Zeit wäre. Mit dieser Prognose behielt Wojtyła recht und usurpierte sich damit die Kompetenz, Dialoge abzulehnen oder zuzulassen.

Franz König war auch Präsident eines von Paul VI. eingerichteten Sekretariats, das von Amts wegen Gespräche mit der kirchlichen Außenwelt führen sollte. Es gab ein Sekretariat für nichtkatholische Christen, für gottgläubige Nichtchristen und für Nichtglaubende. Letzteres leitete König und war von dem Glauben beseelt, in jeder dieser Gruppierungen ein gemeinsames Vielfaches zu suchen: Bei den nichtkatholischen Christen ist es der Glaube an Jesus von Nazareth, bei den Nichtchristen das Bekenntnis zu einem Gott und Schöpfer, bei den Nichtglaubenden hingegen ist es das gemeinsame Fundament des Menschseins, das sowohl Gläubige als auch Atheisten vereint und Grundlage eines Dialogs sein könnte. Dies lehnte Johannes Paul II. ab. Wo nicht bekehrt werden kann, dort ist eine kirchliche Wortspende sinnlos. Und so schloss er das Sekretariat für Nichtglaubende, König verlor mehr oder weniger über Nacht seine römische Präsidentenfunktion. Und auch seine Berechtigung, jenen Satz in Zweifel zu ziehen, der heute interessanterweise bei der Familiensynode von Königs Nachfolger Schönborn erneut hinterfragt wurde: »extra ecclesiam nulla salus« (»außerhalb der Kirche gibt es kein Heil«).

Dabei ging die im Vatikan fußgefasste polnische Administration ohne Eleganz vor, wie man an einem anderem Dialogverbot, das König auferlegt wurde, illustriert bekommt.

Als Präsident für Nichtglaubende pflegte König das Gespräch mit den Freimaurern, weil er die gegenseitige Polemik für anachronistisch und auch unbegründet hielt. Über viele Jahre wurden von beiden Seiten Briefe und Gedanken ausgetauscht, das gegenseitige Verständnis, aber auch das Vertrauen wuchsen, bis eines morgens König aus dem »Osservatore Romano«, also aus der Zeitung erfuhr, dass ihm der Papst über Ratzinger ausrichten ließ, er möge diese Gespräche stoppen. Feinheit und Taktgefühl in der Kommunikation wurden bekanntlich damals in der Glaubenskongregation nicht mehr mit Noten beurteilt.

Wenn jetzt die Familiensynode versucht, auch in Fragen der Partnerschaft und Sexualität Verhandelbares von Dogmatischem zu trennen, so knüpft sie dort an, wo König von Wojtyła blockiert worden war. Nicht nur der Erzbischof von Wien, sondern auch Vertreter des deutschen Episkopats waren der Meinung, das Gewissen der Eheleute als letzte Entscheidungsinstanz mehr zu respektieren – vor allem auch in Fragen der Empfängnisverhütung –, als dies der polnischen Tradition entsprach, in der Karol Wojtyła die Beseelung mit dem Geschlechtsverkehr koinzidierte und deswegen sowohl die Pille als auch die künstliche Befruchtung verbot – beides würde mit dem Beseelungsvorgang interferieren.

Und hier offenbarte sich auch der intellektuelle Höhenunterschied zwischen dem damaligen Bischof von Rom und dem Bischof von Wien, für den es ein permanentes Anliegen war, den Dialog mit den Wissenschaften zu pflegen und die persönliche Entscheidung, an einen Gott zu glauben, als eine intellektuell redliche Variante von zwei Möglichkeiten darzustellen. Denn Königs wichtigster Wunsch war, die religiöse Überzeugung so in das Licht der Vernunft einzubetten, dass zwischen beiden keine Widersprüche entstehen. Dass auch dies nicht garantiert würde – neben vielen anderen Problemen, die mit dieser Ernennung der Kirche entstünden –, war ihm in der Sekunde klar, als ihm der damalige Nuntius mitteilte, dass Hans Hermann Groer zu seinem Nachfolger bestellt wurde.

Dabei hatte Groers Name nicht einmal auf jener Kandidatenliste gestanden, die der Nuntius vorher dem Kardinal gezeigt und dann nach Rom geschickt hatte. Dort stand an oberster Stelle Florian Kuntner, der Weihbischof von Wiener Neustadt, der zufällig mit seinen Dechanten am Vormittag jenes Tages in Rom der Generalaudienz beiwohnte, als Groer unmittelbar vor Bekanntgabe seiner Ernennung nach Rom zum Papst berufen wurde. Johannes Paul II. wandte sich bei der Generalaudienz Kuntner zu und sagte ihm auf Deutsch: »Wir sehen uns ja heute Nachmittag nochmals« – zur großen Verwunderung des Weihbischofs. Tatsächlich traf am Nachmittag Groer im Vatikan ein – der Papst hatte für die Bischofsernennung allerdings Kuntner vor Augen gehabt, den offensichtlich polnische Administratoren, die Dauergäste in Maria Roggendorf waren, mit Groer ausgetauscht hatten, nicht wissend, was das für die Kirche von Österreich noch zu bedeuten haben würde.

Damals machte König zum letzten Mal von seinem Recht als Kardinal Gebrauch, beim Papst vorzusprechen – der die ganze

Viertelstunde schwieg und die Gesprächsverweigerung auch auf seinen Kardinal ausdehnte. Er brachte damals dieses Opfer, damit – wenn die Heilsgeschichte die Zeit wieder zulässt – ein neuer Dialoggeist die Kirche wieder öffnet. Und ausgerechnet am Sterbetag des Kardinals König verkündete der weiße Rauch über der Sixtina das »Habemus papam«, der den Namen Franziskus wählte.

---

[1] Mit seinem Projekt Weltethos versucht Hans Küng, die Gemeinsamkeiten der Weltreligionen zu beschreiben und ein gemeinsames Ethos aus den Grundwerten aufzustellen. Die Prinzipien des Projekts Weltethos sind:
> kein Zusammenleben auf unserem Globus ohne ein globales Ethos
> kein Frieden unter den Nationen ohne Frieden unter den Religionen
> kein Frieden unter den Religionen ohne Dialog zwischen den Religionen
> kein Dialog zwischen den Religionen und Kulturen ohne Grundlagenforschung
> kein globales Ethos ohne Bewusstseinswandel von Religiösen und Nichtreligiösen
[2] Der offizielle Titel von Kardinal König im Vatikan war Franziskus Cardinalis König.

Danke

Wir bedanken uns beim Ecowin Verlag und dem Red Bull Media House für den Mut, ein forderndes Buchprojekt gewagt zu haben. **Hannes Steiner** ist uns ein echter Freund und ein visionärer Verleger. Das gesamte Team des Ecowin Verlages mit Verlagsleiter **Robert Hadzetovic** und Cheflektorin **Birgit Schmitz** hat uns mit ganzer Kraft geholfen, dieses Buch professionell zu realisieren. Unser Lektor **Arnold Klaffenböck** hat uns mit großer Kompetenz begleitet.

Wir danken **Klaus Bassiner, Tatjana Schröder-Halek** und **Sascha Strohmer,** die uns geholfen haben, die dramaturgischen Hürden dieses Buches zu bewältigen. **Thomas Plötzeneder** und **Christian Gehrer** von Gehrer Ploetzeneder DDWS Corporate Advisors haben uns pro bono mit ihren internationalen Kontakten einen großen Dienst erwiesen.

Ganz besonders dankbar sind wir der Gesellschaft Jesu, die uns bei unseren Recherchen in Rom entscheidend unterstützt und uns wichtige Gesprächspartner aus allen Teilen der Weltkirche vermittelt hat. Besonders möchten wir uns beim Provinzial der Jesuiten in Österreich **Pater Bernhard Bürgler SJ** und beim leider in der Zwischenzeit tödlich verunglückten **Pater Severin Leitner SJ** bedanken.

Viele Menschen sind uns für dieses Buch für lange, teilweise sehr persönliche Gespräche zur Verfügung gestanden. Die meisten von ihnen können wir hier aus Gründen der Vertraulichkeit nicht nennen. Stellvertretend für alle Gesprächspartner danken wir **Ednan Aslan, Franz Xaver Brandmayr, Jörg Bremer, Reinhard Heiserer, Pater Norbert Hofman, Nadja Kayali, Pfarrerin Ines Knoll, Helmut Krätzl, Michael Kraus, Dorothea Nürnberg,**

Golli Marboe, Schwester Beatrix Mayrhofer, Otto Neubauer, Michaela Pilters, Marco Politi, Helmut Schüller, Mathilde Schwabeneder, Paul Wuthe, Paul M. Zulehner.

Die Rohfassung dieses Buches haben wir einigen ausgewählten Menschen vorab anvertraut. Jeder einzelne von ihnen hat sich so viel Mühe gegeben, es lesefreundlicher und besser zu machen, als hätte es sich um sein eigenes Buch gehandelt: **Barbara Feldmann, Klaus Geisslmayr, Lilian Genn, Bernhard Görg, Eva Maria Heusserer, Petra Hirnschall, Christine Hoffmann, Astrid Kleinhanns, Johanna Mihevc, Axel Neuhuber, Markus Obenauf, Monika Ottenschläger, Elham Pedram, Thomas Plötzeneder, Günter Rattay, Manuela Rattay, Rüdiger Salat, Markus Schindler, Claudia Szymanski, Witold Szymanski.**

Wenn Sie etwas Gutes tun wollen:
Zukunft für Kinder – ZUKI (www.zuki-zukunftfuerkinder.at), dieses von Claudia Stöckl und Marlies Steinbach geleitete Hilfsprojekt bietet Patenschaften für Straßenkinder in Kalkutta an. Das gespendete Geld wird direkt in Kinderheime und Schulen investiert, wovon ich mich als Beiratsmitglied immer wieder überzeugen konnte.

Ihre Meinung zu diesem Buch ist uns wichtig.
Wir freuen uns über Ihre E-Mail an andreas@salcher.co.at oder huber@drhuber.at. Sie können uns auch auf der Website www.andreassalcher.com besuchen oder auf Twitter @SalcherAndreas folgen.

Andreas Salcher und Johannes Huber

Quellen und Übersichtsliteratur

Arnold Angenendt: Toleranz und Gewalt – Das Christentum zwischen Bibel und Schwert; Aschendorff, 2009

Matthias Beck: Glauben – Wie geht das? Wege zur Fülle des Lebens; Styria, 2013

Jorge (Papst Franziskus) Bergoglio und Abraham Skorka: Über Himmel und Erde: Jorge Bergoglio im Gespräch mit dem Rabbiner Abraham Skorka – Das persönliche Credo des neuen Papstes; Riemann, 2013

Joseph Campbell: Der Heros in tausend Gestalten; Insel, 2011

Richard Dawkins: Der Gotteswahn; Ullstein, 2011

Teilhard de Chardin: Die Entstehung des Menschen; C. H. Beck, 2006

Teilhard de Chardin: Der Mensch im Kosmos; C. H. Beck, 2010

Daniel Deckers: Papst Franziskus: Wider die Trägheit des Herzens; C. H. Beck, 2014

Karlheinz Deschner: Der gefälschte Glaube: Eine kritische Betrachtung kirchlicher Lehren und ihrer historischen Hintergründe; Knesebeck, 2004

Karlheinz Deschner: Die Politik der Päpste: Vom Niedergang kurialer Macht im 19. Jahrhundert bis zu ihrem Wiedererstarken im Zeitalter der Weltkriege; Alibri, 2013

Josef Dirnbeck: Anstoß in Rom: So war das mit dem Konzil. 50 Jahre II. Vatikanisches Konzil; Tyrolia, 2012

Hans-Peter Dürr: Wir erleben mehr als wir begreifen; Herder, 2007

Andreas Englisch: Franziskus – Zeichen der Hoffnung: Das Erbe Benedikts XVI. und die Schicksalswahl des neuen Papstes; C. Bertelsmann, 2013

Reshad Feild: Ich ging den Weg des Derwisch: Das Abenteuer der Selbstfindung; Rowohlt, 1997

Annemarie Fenzl, Wolfgang Moser (Hg.), Franz König (Autor): Woher komme ich? Wohin gehe ich? Anregungen für einen Weg der Hoffnung; topos, 2014

Jürgen Wasim Frembgen: Reise zu Gott: Sufis und Derwische im Islam; C. H. Beck, 2000

Khalil Gibran: Der Prophet; Diogenes, 2005

Hermann Hesse: Das Glasperlenspiel; Suhrkamp, 1972

Dieter Hildebrandt: Saulus Paulus: Ein Doppelleben; Deutscher Taschenbuch Verlag, 1999

Gerhard Jelinek: Reden, die die Welt veränderten; Ecowin, 2009

Paul Kennedy: Aufstieg und Fall der großen Mächte: Ökonomischer Wandel und militärischer Konflikt von 1500 bis 2000; Fischer, 1991

Paul Kennedy: In Vorbereitung auf das 21. Jahrhundert, geb. Ag.; Fischer, 1993

Franz König: Gedanken für ein erfülltes Leben; Herder, 2004

Franz König: Offen für Gott – offen für die Welt: Kirche im Dialog; Herder, 2006

Helmut Krätzl: Das Konzil – ein Sprung vorwärts: Ein Zeitzeuge zieht Bilanz. 50 Jahre Zweites Vatikanisches Konzil; Tyrolia, 2012

Michael Kraus (Hg.): Die Freimaurer; Ecowin, 2011

Erwin Kräutler: Mein Leben für Amazonien: An der Seite der unterdrückten Völker; Tyrolia, 2014

Hans Küng: Das Judentum, geb. Ag.; Piper, 1991

Hans Küng: Das Christentum: Die religiöse Situation der Zeit; Piper, 1999

Hans Küng: Der Anfang aller Dinge: Naturwissenschaft und Religion; Piper, 2008

Hans Küng: Ist die Kirche noch zu retten?; Piper, 2011

Hans Küng: Handbuch Weltethos: Eine Vision und ihre Umsetzung; Piper, 2012

Eugen Lennhoff, Oskar Posner und Dieter A. Binder: Internationales Freimaurerlexikon; Herbig, 2000

Ignatius von Loyola: In allem – Gott, geb. Ag.; echter, 2009

Manfred Lütz: Der blockierte Riese: Psycho-Analyse der katholischen Kirche; Pattloch, 2014

Ludwig Marcuse: Ignatius von Loyola. Ein Soldat der Kirche; Diogenes, 2008

Carlo Maria Martini und Umberto Eco: Woran glaubt, wer nicht glaubt?; dtv, 1999

Matthias Matussek: Das katholische Abenteuer: Eine Provokation; Deutsche Verlags-Anstalt, 2011

Otto Neubauer: Mission Possible; Sankt Ulrich, 2013

Hanspeter Oschwald: Vatikan – die Firma Gottes; Piper, 2000

Otto H. Pesch: Das Zweite Vatikanische Konzil: Vorgeschichte – Verlauf – Ergebnisse – Nachgeschichte; topos, 2001

Josef Pieper: Das Viergespann, brosch.; Kösel, 1998

Richard David Precht: Wer bin ich – und wenn ja wie viele?: Eine philosophische Reise; Goldmann, 2009

Karl Rahner und Herbert Vorgrimler: Kleines Konzilskompendium: Sämtliche Texte des Zweiten Vatikanischen Konzils; Herder, 2008

Ernest Renan: Das Leben Jesu; Diogenes, 2003

Gudrun Sailer: Frauen im Vatikan. Begegnungen, Porträts, Bilder; St. Benno, 2008

Günther Schiwy: Das Teilhard de Chardin Lesebuch; Walter, 1998

David Steindl-Rast: Credo: Ein Glaube, der alle verbindet; Herder, 2010

Barbara Tuchman: Die Torheit der Regierenden. Von Troja bis Vietnam; Fischer Taschenbuch, 2012

Neale Donald Walsch: Gespräche mit Gott – Bd. 1: Ein ungewöhnlicher Dialog; Goldmann, 1996

Franz Werfel: Stern der Ungeborenen: Ein Reiseroman; Fischer Taschenbuch, 2010

Ken Wilber: Wege zum Selbst: Östliche und westliche Ansätze zu persönlichem Wachstum; Goldmann, 2008

Hubert Wolf: Krypta: Unterdrückte Traditionen der Kirchengeschichte; C. H. Beck, 2015

Philip Zaleski und Paul Kaufman: Bewusster leben Tag für Tag: Die Praxis der großen spirituellen Traditionen; Knaur, 2006

Paul M. Zulehner: Mitgift: Autobiografisches anderer Art; Patmos, 2014

Herzlich willkommen auf der letzten Seite des Buches!

Sie gehören zu jenen 17 Prozent Menschen, die gleich am Anfang wissen wollen, wie eine Geschichte ausgeht. Sie beginnen daher ein Buch von hinten zu lesen. Die Zusammenfassung dieses Buches für Sie in drei Sätzen:

Das Buch erzählt, wie sich die Welt unter Papst Franziskus I. und seinen beiden Nachfolgern, dem US-Amerikaner Papst Franziskus II. und dem Inder Papst Johannes XXIV., bis ins Jahr 2035 radikal verändern wird.

Im Zentrum steht das Ringen um eine Versöhnung zwischen dem gewaltigen wissenschaftlichen Fortschritt und der gewachsenen Sehnsucht der Menschen nach Spiritualität.

Auch der rationale, moderne Mensch kann sich darauf einlassen, dass es Dinge gibt, die er mit seinem Verstand nicht erfassen, von denen er sich aber berühren, überraschen und überwältigen lassen kann.

Drei Zitate aus dem Buch:

»Gott ist nicht katholisch.«
Papst Franziskus

»Der erste Trunk aus dem Becher der Naturwissenschaft macht ungläubig; aber auf dem Grund des Bechers wartet Gott.«
Werner Heisenberg,
deutscher Nobelpreisträger für Physik

»Eines Tages, nachdem wir Herr der Winde, der Wellen, der Gezeiten und der Schwerkraft geworden sind, werden wir uns in Gottes Auftrag die Kräfte der Liebe nutzbar machen. Dann wird die Menschheit, zum zweiten Mal in der Weltgeschichte, das Feuer entdeckt haben.«
Teilhard de Chardin, visionärer französischer Jesuit,
Theologe und Naturwissenschaftler